PSICOLOGIA E
ASSISTÊNCIA SOCIAL

COLEÇÃO PSICOLOGIA SOCIAL

Coordenadores:
Pedrinho A. Guareschi – Universidade Federal do
Rio Grande do Sul (UFRGS)
Sandra Jovchelovitch – London School of
Economics and Political Science (LSE) – Londres

Conselho editorial:
Denise Jodelet – L'École des Hautes Études en Sciences Sociales – Paris
Ivana Marková – Universidade de Stirling – Reino Unido
Paula Castro – Instituto Superior de Ciências do Trabalho e da Empresa (Iscte) – Lisboa
Ana Maria Jacó-Vilela – Universidade do Estado do Rio de Janeiro (Uerj)
Regina Helena de Freitas Campos – Universidade Federal de Minas Gerais (UFMG)
Angela Arruda – Universidade Federal do Rio de Janeiro (UFRJ)
Neuza Maria de Fátima Guareschi – Universidade Federal do Rio Grande
do Sul (UFRGS)
Leoncio Camino – Universidade Federal da Paraíba (UFPB)

Dados Internacionais de Catalogação na Publicação (CIP)
(Câmara Brasileira do Livro, SP, Brasil)

Psicologia e Assistência Social : encontros possíveis no
contemporâneo / Lílian Rodrigues da Cruz,
Neuza Guareschi, Bruna Moraes Battistelli (organizadoras). –
Petrópolis, RJ : Vozes, 2019. – (Coleção Psicologia Social)

Vários autores.
Bibliografia.
ISBN 978-85-326-5976-7

1. Assistência social 2. Política social 3. Psicólogos – Brasil
I. Cruz, Lílian Rodrigues da. II. Guareschi, Neuza.
III. Battistelli, Bruna Moraes. IV. Série.

18-20521   CDD-302

Índices para catálogo sistemático:
1. Psicologia Social   302

Cibele Maria Dias – Bibliotecária – CRB-8/9427

LÍLIAN RODRIGUES DA CRUZ
NEUZA GUARESCHI
BRUNA MORAES BATTISTELLI
(orgs.)

PSICOLOGIA E ASSISTÊNCIA SOCIAL

Encontros possíveis no contemporâneo

EDITORA VOZES

Petrópolis

© 2019, Editora Vozes Ltda.
Rua Frei Luís, 100
25689-900 Petrópolis, RJ
www.vozes.com.br
Brasil

Todos os direitos reservados. Nenhuma parte desta obra poderá ser reproduzida ou transmitida por qualquer forma e/ou quaisquer meios (eletrônico ou mecânico, incluindo fotocópia e gravação) ou arquivada em qualquer sistema ou banco de dados sem permissão escrita da editora.

CONSELHO EDITORIAL

Diretor
Gilberto Gonçalves Garcia

Editores
Aline dos Santos Carneiro
Edrian Josué Pasini
Marilac Loraine Oleniki
Welder Lancieri Marchini

Conselheiros
Francisco Morás
Ludovico Garmus
Teobaldo Heidemann
Volney J. Berkenbrock

Secretário executivo
João Batista Kreuch

Editoração: Elaine Mayworm
Diagramação: Sheilandre Desenv. Gráfico
Revisão gráfica: Nilton Barz da Rocha / Nivaldo S. Menezes
Capa: Studio Graph-it
Arte-finalização: Editora Vozes

ISBN 978-85-326-5976-7

Editado conforme o novo acordo ortográfico.

Este livro foi composto e impresso pela Editora Vozes Ltda.

SUMÁRIO

Uma carta-apresentação, 7

Cartas à Assistência Social, 15

É possível libertar a Psicologia? – Caminhos em direção a psicologias da libertação, 36

O vínculo familiar e comunitário como operador que conecta a Psicologia e a Política de Assistência Social, 52

O trabalho na Política de Assistência Social – Contribuições da análise do trabalho como atividade, 66

A Psicologia e a produção do perigo no SUAS – Caminhos perigosos?, 88

Religião e assistência na salvação pelo trabalho – Governamentos da pobreza em uma mirada genealógica, 103

"Não estávamos seguros" – Tensionamentos entre os discursos do direito e da caridade no campo da Assistência Social, 120

O silenciamento da violência, 135

"Corações de papel reciclável" – Encontros e desencontros na socioeducação, 152

"Socorro, meus filhos estão no abrigo!" – Histórias do/no acolhimento institucional, 169

Vulnerabilidade e acesso – Espaços de resistência e negociações nas políticas sociais, 189

"Rádio no Livro" – O dispositivo clínico "Rádio na Rua" em movimento de escrita, 208

Ortopedias políticas e a produção de "mulheres universais" na Política Nacional de Assistência Social (PNAS), 232

Sobre as/os autoras/es, 249

UMA CARTA-APRESENTAÇÃO

Cara/caro leitora/leitor,

Ao abrir este livro, desejamos que você tenha um encontro potente que colabore com seu trabalho e amplie as possibilidades no cotidiano entre a Psicologia e a Assistência Social, visto que por vezes nos deparamos com o desamparo e a falta de interlocutores críticos no contexto da vida profissional.

Optamos por fazer uma carta-apresentação, pois cartas são, por definição, conversas com temporalidade diferenciada que permitem múltiplas leituras conforme contexto e leitor. Cartas e conversas são formas de resistência; uma aposta que fazemos. Um convite à delicadeza e ao cuidado. Para você, que receberá nosso livro, esperamos que o mesmo possa ser um instrumento que contribua para seu trabalho, mas também uma ferramenta de cuidado que instigue outras práticas.

Não sabemos em que momento esta obra chegará às suas mãos... Também não podemos arriscar as condições sociais, econômicas e/ou culturais em que estaremos inseridos no país quando você estiver lendo. Contudo, ousamos dizer que não há como dissociar o cenário macropolítico das discussões referente às práticas cotidianas no campo da Assistência Social. Muito provavelmente você, cara/caro leitora/leitor, terá contato com este livro em outro momento, em outra conjuntura social, econômica e política; diferente da que estamos vivendo, neste final de 2018.

Em um exercício de otimismo, esperamos contar com discussões e proposições mais afinadas e com a diminuição das desigualdades sociais no Brasil. Um desejo de tempos melhores que amparem nossa produção, assim como o seu trabalho e interesse pelo tema que propomos nesta obra. Infelizmente lhe escrevemos atravessados por um cenário assustador, onde defensoras/es dos direitos humanos são assassinadas/os, rechaçadas/os; o discurso meritocrático sobrepõe-se ao da equidade; políticas para diminuição das desigualdades sociais são "vendidas" como práticas assistencialistas que devem ser combatidas; e, principalmente, a/o usuária/o da Política de Assistência Social é criminalizada/o enquanto incapaz de se inserir em um mercado formal de emprego, como se este fosse acessível a todas as pessoas. Uma conjuntura propícia para que questionemos o avanço do radicalismo e dos preconceitos em relação à população pobre. No momento em que lhe escrevemos, por exemplo, há uma espécie de criminalização da pobreza que encarcera uma parcela da população, empurra-a para o trabalho informal ou subemprego e estereotipa aquelas/aqueles que precisam de benefícios como o Bolsa Família.

Você deve estar se perguntado por que enfatizamos a conjuntura, o momento histórico e o cenário macropolítico nesta apresentação. Pois bem, por muito tempo, as/os psicólogas/os foram questionadas/os por não considerarem o contexto sócio-econômico-político em suas práticas de trabalho cotidianas. Neste livro, convidamos-lhe a pensar as implicações que nos cercam em cada momento histórico, imbuídas pela necessidade de constituirmos práticas ético-políticas que possam produzir outros efeitos em relação à política de governo que se institui. Precisamos responder às demandas que nos colocam como sendo naturalizadas? Ou podemos exercitar a crítica quanto a como elas se constituem e que efeitos produzem?

Escolhemos iniciar este texto escrevendo-lhe em formato de carta porque acreditamos que tal modalidade possa ser mais próxima e afetiva, além de incluir um convite ao diálogo/reflexão. Queremos falar com você que, assim como nós, está preocupada/o com as práticas psicológicas, a Política de Assistência Social, bem como os temas que as atravessam. Que diálogos construir? Munidas da preocupação em dialogar com diferentes perspectivas e construir outras possibilidades no campo da Assistência Social, convidamos professoras/es, alunas/os de pós-graduações, profissionais com experiência na área de diferentes partes do país engajadas/os com a produção de conhecimentos referentes à Psicologia na Assistência Social. Em um cenário de criminalização da pobreza, apostamos no alargamento da discussão quanto a temas centrais ao trabalho da

Psicologia no Sistema Único de Assistência Social (SUAS) e no diálogo como potência para outras práticas psicológicas.

Você notará que os estilos de escrita e formas de abordagem à política são múltiplos. Respeitamos o modo como cada pesquisadora/pesquisador escolheu narrar seus encontros com a Assistência Social. Na potência do encontro apostamos e endereçamos esta carta inicial para leitoras/es às/aos quais fica o convite para que possam relacionar-se com a política de assistência e produzir novos agenciamentos.

Nesse sentido, o objetivo da obra *Psicologia e Assistência Social – Encontros possíveis no contemporâneo* centra-se em problematizar a implicação da Psicologia com a atual conjuntura política, econômica e social do país e, por consequência, com as políticas públicas de assistência social. A partir desta análise é possível pensar em alternativas e na construção de formas de enfrentamento às constantes violações de direito e diminuição do Estado no campo dos direitos sociais. Para tal, convidamos pesquisadoras/es de todo o país para compor uma visão sistêmica sobre as questões centrais que transversalizam a atuação nas políticas de assistência social. Assim, o livro foca na análise de conceitos fundantes da política que atravessa o cotidiano dos trabalhadores na Assistência Social. O mesmo inicia com um capítulo que busca articular as discussões propostas e ampliar o cenário de debates quanto ao trabalho na Política de Assistência Social. Para adensar a discussão, conceitos como vínculo familiar e comunitário, vulnerabilidade, perigo e práticas de caridade contemplam um campo importante para os trabalhadores na Assistência Social e são considerados em cinco capítulos da obra. As políticas voltadas aos adolescentes, público-alvo de muitas instâncias da Política de Assistência Social, também foram pontuadas como foco importante de discussão por tratar-se de tema relevante, vide o pouco debate que temos quanto às dificuldades de acolher os jovens. Quanto ao tema, temos três capítulos que costuram sua discussão quanto à inserção dos adolescentes em serviços do Sistema Único de Assistência Social (SUAS) e como se faz necessário uma discussão quanto ao acolhimento deles e produção de alternativas de intervenção. O trabalho de psicólogas e psicólogos permeia a discussão dos capítulos, sendo central nas pesquisas realizadas pelos autores com experiência na área. O trabalho com a população de rua e a problematização quanto à centralidade da mulher na Política de Assistência Social também são contemplados na obra.

Por entendermos que estamos vivendo tempos de retrocesso, principalmente no entendimento da Política de Assistência Social como um direito garantido constitucionalmente, alguns textos irão focar a continuidade de práticas filantrópicas e o quanto a religião ainda permeia o trabalho. Assim, com o conjunto dessas pesquisas, complexificamos o debate quanto à prática de psicólogas/os na Assistência Social. Entendemos que a importância da coletânea se dá pela continuidade na discussão e alargamento dos campos de análise tendo como cenário a atual conjuntura brasileira que, desde 2014, vem mostrando-se cada vez mais instável, com pouca valorização do campo das políticas sociais e enfraquecimento da garantia de direitos para a população. No ano de 2017, as/os trabalhadoras/es da Política de Assistência Social acompanharam o uso, de forma indevida, do orçamento destinado a essa área e presenciaram as ameaças de corte quanto ao orçamento para o ano de 2018 e uma burocratização para o acesso a benefícios sociais, como o Bolsa Família e a Prestação Continuada. Uma política de corte de benefícios que utilizou de técnicas apuradas, como o aumento da burocratização, exigindo da/do trabalhadora/trabalhador outros posicionamentos em seu trabalho.

Seguimos então com um resumo sucinto dos capítulos que compõem esta terceira obra sobre Psicologia e Assistência Social, publicada na Coleção Psicologia Social da Editora Vozes.

Abrimos a coletânea com o capítulo "Cartas à Assistência Social" (Bruna Moraes Battistelli e Lílian Rodrigues da Cruz), o qual contextualiza o cenário que vivenciamos a partir de 2016 na política nacional e tem por objetivo discutir o trabalho na Política de Assistência Social a partir da análise do desmonte que estamos vivenciando, mostrando como é possível construir possibilidades nesse cenário e apostando nos encontros com os pares e com os usuários.

No segundo capítulo, Maria Luiza Cidade e Pedro Paulo Bicalho, a partir da obra de Martin-Baró e Silvia Lane, discutem a Psicologia na América Latina e as possibilidades que se colocam para a área a partir dos pressupostos da Psicologia da Libertação. Questionam-se quanto à possibilidade de libertar a Psicologia de ideais hegemônicos, pensando em formas plurais de exercício da profissão.

Na sequência, Luciana Rodrigues e Neuza Guareschi, no capítulo "O vínculo familiar e comunitário como operador que conecta a Psicologia e a Política de Assistência Social", problematizam a prática da Psicologia na assistência e como o vínculo opera enquanto conector entre as duas instâncias, problematizando como este faz operar outras noções de política e como a Psicologia performa e é performada na Assistência Social.

"O trabalho na Política de Assistência Social", escrito por Helena de la Rosa da Rosa e Fernanda Amador, é o quarto capítulo, no qual se problematiza a Política de Assistência Social e como se constituem os modos de trabalhar e subjetivar nesse contexto. Utilizam, para tal, cenas do trabalho em um Centro de Referência Especializado de Assistência Social (CREAS).

O capítulo seguinte, escrito por Adriana Dourado e Andrea Scisleski, discute a constituição da noção de perigo e como esta é operada na Política de Assistência Social. As autoras se propõem a pensar como a Psicologia pode ou não trabalhar como operador da norma "ensinando" aos usuários modelos que não seriam situados como perigosos.

Anete Regina da Cunha e Luís Artur Costa problematizam a relação entre religião e Política de Assistência Social. Balizam a discussão questionando-se como a misericórdia cristã continua presente na Política de Assistência Social. Os autores partem dessa pergunta para debater a questão da religião e como esta transversaliza o trabalho, e como este surge como forma de governamento dos pobres.

Seguindo com uma discussão que se entremeia com a misericórdia cristã e a caridade, em "'Não estávamos seguros' – Tensionamentos entre os discursos do direito e da caridade no campo da Assistência Social" os discursos produzidos sobre as políticas públicas na mídia são apresentados e problematizados. A noção de caridade atrelada ao trabalho da assistência e a noção de usuário da assistência surge como debate central do trabalho de Gabrielly da Fontoura Winter e Betina Hillesheim. As autoras utilizam recortes de reportagens do jornal *Zero Hora* para analisar o proposto.

Os dois capítulos seguintes têm como foco o trabalho com medidas socioeducativas em meio aberto. Primeiramente, Marisa Batista Warpechowski e Luciane De Conti apresentam em seu texto os efeitos da violência de Estado, pensando a prática do trabalho com adolescentes em situação de medida socioeducativa em meio aberto. Discutem a questão da escuta como intervenção possível no acompanhamento de adolescentes e suas famílias em um CREAS. Na sequência, Maria Dornelles Ribeiro e Sandra Djambolakdjian Torossian dialogam sobre o tema das medidas socioeducativas a partir da construção de um caso. O jovem protagonista da narrativa apresentada pelas autoras foi acompanhado em um programa em meio aberto e tem sua história recontada através do blog que o mesmo construiu durante esse processo. Essa história do jovem é perpassada pelas condicionalidades impostas pelo programa ao qual foi referenciado e a dificuldade do mesmo em cumpri-las.

Em relação ao tema do acolhimento institucional na Assistência Social, no capítulo "'Socorro, meus filhos estão no abrigo!' – Histórias do/no acolhimento institucional" Bruna Moraes Battistelli, Neuza Guareschi e Lílian Cruz discutem o trabalho em serviços de acolhimento institucional para crianças e adolescentes a partir de recortes de uma monografia para conclusão de curso de especialização. As relações que se estabelecem entre a judicialização e a medicalização da vida são o principal ponto de articulação do capítulo.

Camilla Fernandes Marques, Anita Bernardes e Priscilla Lorenzini de Oliveira articulam a discussão acerca de práticas cotidianas das políticas sociais e objetivam pensar a relação entre o acesso às políticas sociais e a vulnerabilidade. Este foco circunscreve-se no campo das políticas sociais, a partir da articulação entre saúde e assistência social, para pensar certos modos de negociação com as formas de governo de condutas.

Em "'Rádio no livro': O dispositivo clínico 'Rádio na Rua' em processo de escrita", Alexandre Missel Knorre narra a construção de um dispositivo com o objetivo de trabalho com pessoas em situação de rua. O autor, em um exercício diferenciado de escrita, apresenta os componentes do dispositivo "Rádio na Rua". As políticas para pessoas em situação de rua situam-se no eixo da proteção social especial.

Para finalizar, Simone Maria Hüning e Érika Cecília Soares Oliveira apresentam "Ortopedias políticas e a produção de 'mulheres universais' na Política Nacional da Assistência Social (PNAS)". Discutem como se dá a produção de ortopedias políticas que normalizam subjetividades femininas nessa política, principalmente as identidades mãe e esposa e a gestão de um ideal de mulher em que tal política parece apostar.

Assim, gostaríamos de salientar que a linha de unidade desses trabalhos diz respeito à necessidade de pensarmos criticamente o campo das políticas públicas de assistência social em um fazer político não desarticulado com o que estamos vivenciando no cenário macrossocial brasileiro. A relação entre Psicologia e Assistência Social precisa ser constantemente discutida e colocada em análise por tratar-se de campo recente de inserção para as/os psicólogas/os e por constituir-se como um cenário repleto de contradições. A crença na construção de uma obra conjunta com pesquisadoras/es de diferentes regiões do Brasil consiste no entendimento de que a academia tem papel importante na luta que os trabalhadores diariamente enfrentam em seus cotidianos. Apostamos em um fazer pesquisa que precisa estar em articulação com as necessidades daqueles que se propõem a operar uma política pública ainda frágil, como a da Assistência Social.

Assim, segue o convite para que você nos acompanhe nesta nova jornada de discussões referentes à Assistência Social.

Boa leitura!

Bruna, Lílian e Neuza

CARTAS À ASSISTÊNCIA SOCIAL

Bruna Moraes Battistelli

Lílian Rodrigues da Cruz

Como começar um ensaio sobre Assistência Social e Psicologia? O desejo é pensar para além das impossibilidades que sempre surgirão em um trabalho tão delicado e, por vezes frágil, como na referida política. Tomadas pela experiência da primeira autora com cartas na escrita acadêmica, apostamos nelas. Uma forma de escrita ameaçada pela rapidez e agilidade do computador, redes sociais e aplicativos de comunicação. Como dialogar com diferentes pessoas que irão ler o livro? Por que não uma conversa? Um diálogo? Quem disse que pesquisas precisam ter a mesma forma de escrita?

Assim, em um formato dialógico, em cartas, permitimo-nos construir uma *conversa-capítulo-de-livro* com aqueles que trabalham na Política de Assistência Social. Técnicos, coordenadores, educadores, agentes administrativos, terceirizados ou estatutários, não delimitaremos um foco ou público específico. É na multiplicidade de profissões que a Assistência Social é construída em diferentes contextos pelo país. Um trabalho em equipe que precisa acontecer conforme as necessidades e demandas do território em que se está inserido. Um trabalho que deve responder às demandas específicas das famílias e do território que circunscrevem o serviço. Assim, o objetivo deste capítulo é provocar a reflexão nos trabalhadores e pensadores da Assistência Social, ou melhor, aqueles e aquelas que se sentirem convocados a pensar sobre o cotidiano de trabalho no campo da referida política. Nossa escrita, através de diferentes cartas e destinatários, vai perpassar a descrição do panorama que nos encontramos enquanto escrevemos este texto, instigará a discussão quanto ao trabalho em equipe e como podemos pensar formas de acolhimento nesse meio. A liberdade que nos permitimos, escrevendo em forma de ensaio, segue um correio irregular, onde algumas cartas são apresentadas como que roubadas do carteiro. Sinta-se provocada/o a nos escrever, a construir redes de diálogo, trocas, escritas. Um convite ao encontro e a formas coletivas de enfrentamentos...

Carta 1 – Má intenção? Ou projeto de governo? O desmonte do Suas em perspectiva

Para: Você que trabalha na Política de Assistência Social

Escrevemos a você que persiste e resiste enquanto trabalhador/a da Política de Assistência Social. Uma tentativa de escrever algo que lhe interesse e que nos convoque a pensar possibilidades para uma frágil política "adolescente". Para tal tarefa, recorremos ao pensamento de autores como o sociólogo francês Löic Wacquant. Assim, nossa correspondência divide-se em partes dialogando com as questões que entendemos/escolhemos como interessantes.

Desde as eleições de 2014, o cenário político brasileiro vive em ebulição, com um processo de ruptura democrática em 2016. Retrocesso quanto aos direitos sociais e garantias constitucionais vão ganhando espaço ao redor do mundo. Acompanhamos a ascensão de políticos de extrema-direita em países da Europa e nos Estados Unidos. Os pequenos fascismos ocupam a internet, território em que parece estar liberada a defesa de violências como racismo, machismo e homofobia. Outros países na América Latina também passam por retrocessos sociais, políticos e econômicos. Assim, partimos da possibilidade de análise do cenário macropolítico brasileiro em aproximação com Wacquant (2007), que estudou as prisões norte-americanas e a constituição dos guetos negros em Chicago. O autor problematiza a diminuição do Estado de Bem-Estar Social e o alargamento do Estado Penal nos anos de 1990, que culmina no que denominou de "Estado Centauro" nos Estados Unidos.

> Uma cabeça liberal, montada num corpo autoritário, aplica a doutrina do *deixar passar, deixar ir* a montante, em relação às desigualdades sociais, aos mecanismos

que as geram (o livre-jogo do capital, desrespeito do direito do trabalho e desregulamentação do emprego, retração ou remoção das proteções coletivas), mas mostra-se brutalmente paternalista e punitivo quando se trata de administrar suas consequências no nível cotidiano (WACQUANT, 2007, p. 88-89).

Para situar as proximidades que estamos propondo é importante ilustrarmos o que ocorre no Brasil no momento. Estamos em meados de 2017, com recentes notícias de retrocesso no orçamento para a Política de Assistência Social, um governo federal pouco interessado nas políticas públicas de um modo geral: Saúde, Educação, Assistência Social e Previdência Social são questionadas e têm seus orçamentos diminuídos. Os serviços públicos são refutados e colocados em suspeita. O cenário de garantia de direitos sociais passa a ser ameaçado.

Constatamos a proximidade do que narra Wacquant e o que estamos vivenciando nos últimos meses no Brasil. Ou seria nos últimos anos? Sabemos que sempre é complicado e delicado trabalhar com paralelos como os que estamos propondo, pois se trata de contextos sociais, políticos e econômicos configurados de modo bastante peculiares; mas pensados enquanto práticas de governo, seguimos por este caminho.

O interessante é que Wacquant pontua que o projeto de governo liberal encontra adeptos tanto em políticos de direita quanto naqueles identificados com a esquerda. Cita os socialistas franceses que prontamente passaram a copiar o modelo norte-americano. Este modelo passa a ser tomado por outros países como sendo o ideal. Jessé de Souza, sociólogo brasileiro, ajuda-nos a entender que não é de hoje o desejo pelos modelos construídos pelos norte-americanos. Em *A ralé brasileira* (2009), o autor analisa o mito da brasilidade pautado, dentre outros pontos, na cópia do modelo norte-americano de Estado.

Dialogar com um autor francês que pensa acerca do modelo norte-americano de Estado faz com que constantemente precisemos abrir parênteses enquanto aproximamos realidades. Um deles diz respeito ao modelo de Estado de Bem-Estar Social, que muito parcamente foi implantado em nosso país (se é que foi implantado). As garantias sempre foram frágeis; aliás, direitos em um país múltiplo como o nosso sempre foi uma questão controversa. Um ideal de Estado nasce nos governos de Getúlio Vargas e produz, entre outras coisas, um mito de brasilidade, como aponta Souza (2009).

Hoje parece que há uma radicalização dessa fragilidade quanto a garantias de direitos. Um exemplo: no início de 2017, os políticos que tomaram o poder após o *impeachment* da presidenta Dilma Roussef vieram a público anunciar uma operação de pente fino no programa Bolsa Família. Muitas famílias tiveram o benefício bloqueado e precisaram constituir outras formas de comprovação de sua situação financeira. Claro que sabemos que há irregularidades no programa, assim como em muitos outros e em diversos âmbitos da sociedade. Mas questionamos: Por que o interesse insistente no Bolsa Família? A culpabilização do usuário do Bolsa Família é construída com o auxílio dos veículos midiáticos e grupos da sociedade interessados em justificar reformas, como a trabalhista e a da previdência. É preciso flexibilizar para aumentar as possibilidades de emprego, anunciam os jornais. O que isso tem a ver com o trabalho na Assistência Social? Você deve estar se perguntando onde queremos chegar com esta carta. Pensando nas condições de possibilidade do trabalho na política de assistência, gostaríamos de lhes perguntar: É possível pensar o trabalho na Assistência Social sem passar por essas demandas? Como constituímos nosso trabalho sem pensar sobre as questões que permeiam o cotidiano? O fantasma da sobreimplicação assombra todos os serviços. O recado é bem simples: "Não pense em crise, trabalhe".

A organização punitiva do Estado neoliberal é projetada sob a égide do trabalho precarizado (WACQUANT, 2007). É para este que os usuários do Bolsa Família devem ser empurrados, pois o importante é manter os números de saída do programa, independentemente do destino dos sujeitos. Essa é uma versão pessimista do trabalho com a política de assistência. Walter Benjamin (1987) dizia que a barbárie provoca produções e que a partir delas era possível se impulsionar, mesmo com pouco, para buscar novas possibilidades de experiência. Como acolhemos as narrativas da pobreza, da miséria que carregam os usuários atendidos por nós? E as nossas narrativas de pobreza e precariedade?

Wacquant (2007) nos mostra como esse processo foi sendo implementado nos Estados Unidos na década de 1990. Não havia erro, não havia "má intenção". Tratava-se da instituição de uma nova ordem de política social: o crescimento do Estado Penal em relação ao Estado Social. Outra possibilidade de contar histórias passava a ser construída. Pobres deveriam ser encaixados em padrões. Há os merecedores e os não merecedores. Há aqueles que se aproveitam do que "é oferecido", afirmará a narrativa hegemônica quanto aos programas e serviços oferecidos, principalmente em se tratando da Política de Assistência Social. Ficamos imaginando quantas vezes você já deve ter ouvido situações similares. Ao trabalhador da Assistência Social parece que também cabe defender o usuário do serviço que passa a ser figura criminalizada pelo discurso hegemônico que fortalece um modelo penal.

Assim, precisamos entender como vem se constituindo o processo de desmonte do sistema de garantia de direitos brasileiro. Com uma das maiores populações carcerárias do mundo, há muito vivenciamos a predominância do Estado Penal sobre um possível Estado Social (no caso brasileiro, este sempre foi compensatório, mínimo e em constituição). Mas o que vivemos nos últimos meses é um ataque ao que resta desse nosso já frágil Estado Social. Você, caro/a trabalhador/a, convive com uma política ainda adolescente que parece prestes a sucumbir. Mas como não sucumbir ao que nos é proposto? Ou seria imposto? Como produzir diferença quando o prescrito é normalização e controle da população que depende dos programas sociais do governo? A política de Assistência Social trata (*grosso modo*) da administração das populações e territórios pobres. Queiramos ou não, o controle/governo da pobreza está no nosso horizonte de trabalho diariamente. Como subverter esse cenário? Como produzir práticas eticamente implicadas com as vidas dos usuários? Como efetivamente trabalhar em prol da garantia de direitos e subverter as lógicas de controle para uma parcela da população?

Quem são nossos usuários? Sabemos? Ou sabemos apenas o que os formulários nos pedem?... Qual nível de captura nossas práticas produzem? Quantos direitos nós, enquanto trabalhadoras/es, estamos garantindo? A quantos direitos temos acesso enquanto trabalhadoras/es? Em tempos de discussão da terceirização ampla do trabalho, precisamos olhar o lugar que também ocupamos...

Queremos visibilizar uma aposta que diz respeito a dois pontos: entender o cenário macropolítico no qual estamos inseridos e viver uma vida ética (que pode nos levar a uma prática eticamente inspirada). Uma ressalva é importante: falamos aqui de um lugar situado, enquanto uma psicóloga e uma professora universitária. E assim nos permitimos colocar em questão a produção em Psicologia na área das políticas públicas. Como nos permitimos situar a Assistência Social enquanto campo importante de pesquisa para a Psicologia Social? Certo fetiche pelo micropolítico (quase sempre erroneamente situado como sinônimo de pequeno/menor) tomou conta das produções em Psicologia nos últimos anos, tornando-se parcialmente um conceito complexo. Pensando em como Deleuze e Guattari situaram o conceito, não há como pensar política sem colocarmos em questão as relações macro/micropolíticas que se encontram imbricadas.

Assim nos despedimos.

Carta 2 – Precisamos falar sobre quem atendemos no dia a dia dos serviços...

Para: Quem acolhe na Política de Assistência Social

Ao receber esta carta, esperamos que esteja bem. Os tempos são difíceis, nós bem sabemos, mas esperamos que você que persiste acreditando no Sistema Único de Assistência Social (SUAS) mantenha-se na luta, pois o campo de trabalho nas políticas públicas não tem sido dos mais fáceis. Queremos uma pequena pausa: Qual espaço o acolhimento ocupa no cotidiano da Assistência Social? Será que não burocratizamos a acolhida?

Neste segundo momento, permitimo-nos um desvio, uma pequena pausa, um pouco de ar para não sufocarmos pensando apenas sobre onde estamos e como a Política de Assistência Social é frágil e está em risco. Permitimo-nos debater com você sobre algo fundamental no campo do trabalho: o usuário. Pensar sobre este é pensar sobre como constituímos o trabalho e como articulamos nossas implicações. Nosso compromisso ético é com quem? Com o quê? Sem cair em dicotomias e/ou posições idealistas, gostaríamos de convidá-lo a um exercício de análise de implicação.

> A implicação denuncia que aquilo que a instituição deflagra em nós é sempre efeito de uma produção coletiva de valores, interesses, expectativas, desejos, crenças que estão imbricados nessa relação. Assim, é a análise da implicação que permite acessar a instituição, produzir conhecimento de forma processual e singular, tendo o pesquisador como vetor para o mapeamento das forças presentes, dos efeitos dos encontros (ROMAGNOLI, 2016, p. 153).

Ter claro os lugares dos quais falamos, o posicionamento de nossas falas e o quanto elas são situadas nos auxiliam a provocar mudanças de perspectivas em nosso cotidiano. Nós, que lhe escrevemos, estamos posicionadas a partir do campo da pesquisa em Psicologia Social; certo distanciamento que nos permite uma "proteção" quanto ao que vem ocorrendo na Assistência Social no país e na cidade em que trabalhamos/moramos. Pensar em implicação, assim, passa por perguntarmos o quanto você se identifica enquanto trabalhador de uma política pública. Trabalhador que, assim como os usuários, têm direitos sociais fragilizados, ameaçados e, por vezes, retirados. Você executa um trabalho que supostamente deveria garantir direitos. Mas como estão os seus direitos? Pensar sobre práticas situadas e localizadas é também problematizar isso em um posicionamento político, nem sempre esperado das/os psicólogas/os, por exemplo. Enquanto pesquisadoras nos questionamos: Qual o lugar da academia nesse cenário? A universidade pública também é colocada como um dos novos (ou nem tão novos) vilões da crise pela qual o país passa. Como a universidade pública acolhe o pesquisador-trabalhador e suas demandas é uma de nossas preocupações.

Pensar em implicação é questionarmos, a você e aos colegas, sobre como nos relacionamos com os usuários, por exemplo. Quais efeitos a instituição provoca em nossos acolhimentos cotidianos?

Algumas questões surgem e precisam ser explicitadas: Quando iniciamos um trabalho em um Centro de Referência de Assistência Social (CRAS), em um Centro de Referência Especializado de Assistência Social (CREAS), em um abrigo, quais expectativas criamos? O que pensamos alcançar com nosso trabalho na Assistência Social? O trabalho não irá erradicar a pobreza, muito menos diminuir as desigualdades sociais. No máximo conseguiremos manter ao alcance das famílias um mínimo que garantirá o suportável. Um cenário complicado e um tanto pessimista, mas um exercício de problematização necessário para pensar as práticas produzidas nos diferentes serviços que compõe o SUAS.

E assim, da mesma forma que criamos expectativas em relação ao serviço realizado, temos muitas expectativas também quanto aos usuários: Irão mudar de vida! Irão arrumar emprego! Voltar para a escola! Aderir ao acompanhamento e aos atendimentos! Projetos de vida que muitas vezes são construídos a partir de estereótipos de uma suposta "vida digna". Vida digna enquanto estatuto jurídico que produz seu negativo: a vida indigna de ser vivida, como situa Agamben (2002). O autor afirma que a "nova categoria de vida sem valor (indigna de ser vivida) corresponde ponto por ponto, ainda que em uma direção pelo menos aparentemente diversa, à vida nua do *homo sacer* e é suscetível de ser estendida bem além dos limites imaginados por Binding" (2002, p. 146). A vida digna como aquela que tem valor jurídico e, portanto, não é deixada para morrer. Os usuários engrossam as estatísticas e se colocam enquanto alvos do racismo de Estado. Assim, questionamo-nos sobre o quanto a ferramenta de construção de projetos de vida não acirra as fronteiras entre a vida que é deixada às diversas formas possíveis de se deixar morrer.

Expectativas de um ideal de vida, projetos de vida pré-fabricados a partir do que se supõe ser o melhor para o outro (o outro sempre situado enquanto usuário)... Documentos em forma de parâmetros são criados e a lógica da construção de projetos de vida perpassa os textos e os níveis de proteção. Para a equipe técnica, auxiliar em planejamentos de vida aparece como objetivo do trabalho. O aviso sempre acompanha essas produções institucionais: Cuidado para que o projeto de vida seja do usuário e não do trabalhador! É preciso prudência para que não criminalizemos as famílias e a pobreza. Precisamos suspender nosso juízo moral quando em relação com os usuários. Prudência parece nos permitir a construção de uma prática de trabalho mais ética e implicada com a produção de vida dos usuários.

Seguindo por esse caminho, pensamos em compartilhar uma preocupação: Como estamos contando as vidas com as quais nos encontramos nos serviços de assistência? Como estamos escrevendo as histórias que ouvimos? Que registros são possíveis? Que histórias permitimos que sejam contadas? Chimamanda Adichie (2009) afirma que o risco é o de criarmos uma história única sobre o usuário (ou seja, uma história unidimensional, única como tamanhos de roupas). Moraes e Tsallis (2016) nos inspiram a tomar a produção de narrativas e a contação de histórias enquanto perspectiva ética de trabalho em pesquisa acadêmica, e, por que não, também na política de assistência.

Propomos, então, um pequeno exercício de reflexão: Que histórias permitimos que os usuários nos contem? Que histórias contamos dos usuários que atendemos? Conseguimos lidar com a pobreza do outro? Com a miséria? Com vidas que se desenvolvem de maneiras distintas das nossas? Conseguimos acolher as narrativas construídas pela equipe do serviço? Acolhemos as narrativas construídas pelos usuários? Ou continuamos trabalhando de forma individualizada, mesmo que "em equipe"? Acolher, acompanhar e garantir direitos, na nossa percepção, estão atrelados à possibilidade de construção de múltiplas narrativas, não apenas aquelas que partem de saberes como o Serviço Social e a Psicologia.

E compartilhamos com vocês talvez a indagação mais importante: Conseguimos nos perceber enquanto sujeitos em risco, e em situação de fragilidade de vínculos? Muitos que leem nossa carta trabalham sem direitos trabalhistas garantidos, com vínculos precários de trabalho. Trabalhadoras/es inseridas/os no mercado com assalariamento aquém de sua qualificação profissional. Facilmente as normativas técnicas e cadernos de orientações situam os usuários enquanto sujeitos que devem ser protegidos e fortalecidos em relação aos seus vínculos familiares e/ou comunitários. Mas conseguimos olhar nossos direitos (ou a falta deles) e nossas fragilidades? Um exercício que pode parecer um pouco perverso e, por vezes, perigoso, mas necessário para criarmos vínculos com aqueles que atendemos. Um exercício que pode humanizar os laços criados em um serviço de assistência social, que pode aproximar histórias e possibilitar a abertura para a construção de outras práticas.

Para além de um usuário da Política de Assistência Social, o que mais são as muitas pessoas que nos procuram no dia a dia do trabalho? Permitimos-nos escutá-las? Como a Política de Assistência Social constitui corpos marcados pela pobreza e pela fragilidade?

Que histórias únicas construímos em relação às pessoas que são atendidas em nossos locais de trabalho? Narrativas de vida são construídas nos diferentes serviços frequentados pelos usuários, de prontuário em prontuário, de atendimento em atendimento... uma série de únicas narrativas são fixadas. A questão de Deleuze (2013) é oportuna aqui: Como liberamos a vida de onde ela está aprisionada?

Uma cena surge à memória: na entrada da Fundação de Assistência Social estão muitos usuários do Programa Bolsa Família. Precisam atualizar o Cadastro Único e, para isso, têm de se deslocar até o centro da cidade. Não há Cadastro Único (ou atualização do mesmo) nos serviços que ofertam o CRAS pela cidade[1]. Uma usuária explica para outra que é preciso pegar uma autorização no CRAS da sua região e depois dessa ir até o órgão que centralizou o Cadastro Único. Não há respeito nenhum quanto ao proposto enquanto política. Não há respeito ao usuário, nem ao profissional que precisa trabalhar diariamente com os usuários. As/os trabalhadoras/es se incomodam com o que foi proposto? Imaginamos que sim... O que puderam fazer em relação a uma situação como essa? Cremos que muito pouco...

Será que os usuários entenderam a situação como violação de garantia de direitos? Também não sabemos. O que se coloca em jogo é um projeto de precarização da política muito bem planeja-

---

1. Cena presenciada no térreo da Fundação de Assistência Social e Cidadania em Porto Alegre, em 2016.

do. Há um plano de governo em jogo que, para ser colocado em prática, precisa minar aos poucos as políticas sociais. Escolhe-se um inimigo, a saber: o usuário que está "vivendo às custas das políticas de Estado".

> [...] o foco da ação do Estado apenas na base das hierarquias de classe e casta, e em gênero; a suposição prática de que os atendidos pelo *welfare* são "culpados até que provem sua inocência" e que sua conduta deve ser estreitamente supervisionada, bem como retificada por medidas restritivas e coercitivas; e o recurso à *deterrence* e ao estigma para se obter modificação de comportamento. [...] essa lei assimila os beneficiários para quem o *workfare* servirá como analogia da liberdade condicional, de modo a assegurar que eles obedeçam às normas nacionais reafirmadas do trabalho assalariado e da moralidade familiar [...] (WACQUANT, 2007, p. 149).

Questionamos como construímos uma relação ética com os usuários se o trabalho parte de uma premissa um tanto cruel de controle e vigilância? Somos os agentes do pente fino, da vigilância e da prescrição... É possível construir uma suspensão das intenções quando estamos inseridos em serviços públicos? Como trabalhar pensando e se colocando para além do que exigem de nós? Um questionamento que pode provocar angústia, pois, por vezes, o que nos resta é jogar o jogo. Nem sempre é possível fugirmos do que nos é colocado.

Pensando nos usuários e no que produzimos enquanto práticas cotidianas de trabalho, é preciso pensar em um verbo que por vezes ronda nosso dia a dia: merecer... Para Wacquant, a passagem de um Estado Social para um Estado Punitivo está calcada na noção de meritocracia: há um pobre "merecedor" e um "não merecedor" (MALAGUTI, 2012). Os não merecedores devem ser empurrados para os segmentos inferiores do mercado de trabalho (sem discussão quanto à disponibilidade e às condições de trabalho), corrigindo os comportamentos supostamente desviantes e desviados que são a causa da "doença" chamada pobreza. A responsabilidade pela situação financeira é individual e intransferível. A reforma não é bem uma reforma: está mais para uma reciclagem de medidas antigas que passam a ser revisitadas como novidades. Há quanto tempo tenta-se flexibilizar a terceirização das leis trabalhistas no Brasil? A culpabilização de determinados setores pela situação econômica e política do Brasil é algo novo? Não há (ou nunca se teve) um interesse real em reduzir a pobreza, mas há hoje uma intensa campanha para reduzir a pretensa dependência das famílias assistidas em relação aos programas sociais. Enfim, pretende-se diminuir o custo (dos já baixos) investimentos em políticas públicas.

Como situar nossas práticas frente a esse cenário que pode produzir paralisia e apatia? Foucault nos sugere "tornar difícil os gestos mais simples" (FOUCAULT, 2010, p. 356). Dizendo de outro modo, o importante não é destruir o que construímos, mas colocar em suspeita tudo que nos parece simples e fácil de executar, questionar os automatismos.

Estamos vivendo tempos em que questionar e interrogar são tomados como ameaças... Como se essas posições fossem destruir o trabalho nas políticas públicas. Há uma visão de que as políticas públicas estão acima de qualquer suspeita, sendo que qualquer tentativa de interrogar suas evidências ou desnaturalizar as maneiras de fazer e pensar é compreendida como destrutiva ou pouco propositiva (CRUZ & HILLESHEIM, 2013, p. 190). As autoras sugerem problematizar as práticas de trabalho na Assistência Social como uma forma de otimismo, de afirmação da possibilidade de mudanças, de outras composições, de outras relações.

Acolher enquanto possibilidade de resistência, enquanto ação que nos permite um pouco de respiro em meio às turbulências do cotidiano, é o que desejamos para aqueles que se propõem diariamente executar a Política de Assistência Social. Sem mais, nos despedimos...

Carta 3 – A que nos permitimos? Um parêntese necessário para pensar o trabalho da Psicologia na Assistência Social

Para: Política de Assistência Social

Cara Política de Assistência Social, por meio desta queremos cumprimentá-la, pois tão democraticamente vem acolhendo uma boa parcela de trabalhadoras/es da Psicologia. Um tanto quanto sem saber o que fazer, inúmeros profissionais vêm se aventurando no seu campo de trabalho, em companhia de colegas do Serviço Social.

Não há como fugir do trabalho da Psicologia na Política de Assistência Social. Muito se tem produzido sobre esse tema ultimamente; temática central de muitas pesquisas e interesse das/os trabalhadoras/es. Uma vez, uma professora assistente social perguntou qual era o foco do trabalho da Psicologia na Assistência Social. Questionou se seria "curar" a pobreza, provocando a plateia de psicólogas/os que assistia à aula naquele momento.

Muitas/os psicólogas/os iniciaram o trabalho na Assistência Social não necessariamente como uma escolha, mas enquanto possibilidade de trabalho, pois na última década foi a que mais empregou, principalmente psicólogas/os. E aí emergem questões: O que fazer? O que nos permitimos? Estamos repetindo modelos aprendidos na graduação? Estamos tentando transpor modelos que lemos nos cadernos de orientação dos serviços? A partir de que referenciais produzimos nossas práticas cotidianas de acolhimento, atendimento e entendimento da política?

"É preciso suspender as expectativas e as intenções", um psicólogo-oficineiro-educador-músico[2] diz. Mas o mesmo afirma: Para suspender expectativas é preciso primeiro conhecê-las. Um exercício aparentemente simples... Ou não? Como suspendemos nossas expectativas enquanto trabalhadores de CRAS, CREAS, abrigos? O que seria operar a partir dessa perspectiva? É possível suspendermos expectativas? Desafios levam a perguntas, perguntas levam a mais perguntas... E perguntas têm potencial de desnaturalização, de desacomodação.

Conseguimos produzir práticas que possibilitem aos usuários superarem as vulnerabilidades nas quais estão inseridos? Em um cenário vulnerável, em que a precarização dos vínculos de trabalho é cada vez mais forte, como pensar em alternativas de

---

2. Indagação de Alexandre Missel, mestrando no PPG em Psicologia Social e Institucional, sob orientação da Professora Lílian Rodrigues da Cruz.

intervenção? Como pensar em possibilidades? Não estamos aqui defendendo a invenção enquanto algo etéreo e mirabolante. O que podemos oferecer enquanto serviço público? Como trabalhadoras/es de um serviço público precisamos pensar nossas implicações. O quão angustiante é ler que "a saída" é sempre a invenção de outras práticas? Preocupamo-nos com as produções acadêmicas que, mesmo sem intencionalidade, colocam a responsabilidade para o trabalhador. Como se coubesse somente a este a arte da invenção de práticas menos governamentalizadas, reforçando assim uma produção individualizante de responsabilidade quanto ao trabalho na Assistência Social. Invenção não pode ser banalizada enquanto estratégia de trabalho e possibilidade para as/os trabalhadoras/es nas políticas públicas. Assim, cara Política de Assistência Social, entendemos que para o trabalho em parceria com a senhora é preciso que a/o trabalhadora/or consiga realizar uma análise da conjuntura na qual também está inserida/o também.

Precisamos situar que as/os psicólogas/os ainda encontram dificuldades para situar o trabalho com a senhora, o que muitas vezes pode aparecer enquanto crítica. Rodrigues (2017) exemplifica tal situação narrando a fala de uma trabalhadora que justifica a falta de outros psicólogos no SUAS devido às reclamações/indagações que os profissionais dessa categoria fazem em relação à Psicologia na Assistência Social.

Seguimos conversando. Por hora, nos despedimos...

Carta 4 – Um CRAS para chamar de meu

Da: Assistência Social

Para: Trabalhadoras/es

Agradeço a carta que me foi encaminhada; não sei se é pertinente responder as questões que me foram colocadas. Aproveito o espaço para ampliar essa discussão que vocês iniciaram. Escolho pensar nos espaços da política nas cidades e na precarização que venho sofrendo desde que fui criada. Nasci fadada à morte precoce, com laços frágeis; sinto-me como aquele sujeito com a morte anunciada. Uma política para pobres preguiçosos, alguns me acusam. Frequentemente sou colocada como a causa de muitos problemas no país. Dizem que não ensino a pescar, que facilito o peixe. Não sei mais como me defender de tantas acusações. O cansaço me toma, assim como a muitos de vocês que trabalham nos serviços criados em meu nome. Meu futuro parece estar nas mãos de usuários e trabalhadoras/es. Mas muitas/os destas/es, infelizmente, parecem paralisados com as excessivas e intensas mudanças que vêm ocorrendo no país. Deixando um pouco o desabafo de lado, seguem outras questões que podem auxiliar o trabalho de vocês. Ao receber esta, espero que ainda seja possível resistir.

"O CRAS é meu", esta frase pode já ter sido ouvida por alguns de vocês, uma pessoalização da relação com o serviço. Algumas/ns trabalhadoras/es passam a constituir a mesma relação de posse com os usuários, produzindo tutela e controle ao invés de acolhimento. "Este usuário é meu" permeia o imaginário de muitas/os trabalhadoras/es e a rotina de muitas reuniões de equipe. A possessividade pode ser danosa aos processos de pertencimento dos usuários ao serviço. Em um país tão amplo como o Brasil, muitas realidades vão se constituindo nos serviços que passaram a existir com a minha criação. A precarização dos vínculos empregatícios vai gerando rompimento de vínculos em muitas regiões brasileiras (RIBEIRO et al., 2014; CORDEIRO & SATO, 2017). Com a alta rotatividade de trabalhadores e a fragilização das relações de trabalho, um rodízio se efetua e, assim, não posso garantir fortalecimento de vínculos como bem dizem os documentos que me dão aporte. Não há acolhimento porque não há vínculo. Ou não há acolhimento, pois as/os trabalhadoras/es estão envoltas/os em uma burocracia que captura e engessa o cotidiano do trabalho. Em municípios de menor porte, as histórias contadas em formações e espaços de partilha de experiências é de que assim como o CRAS/CREAS/abrigo/usuários, muitas vezes os conselhos municipais também parecem ter donos. São "propriedades" de algumas/ns trabalhadoras/es. Ou são geridos pelo gestor municipal com o objetivo de controlar o que é discutido no mesmo. Me pergunto: E o usuário nessa história de controle social? Como vocês viabilizam a participação dos mesmos nos espaços de discussão?

Enfim, o CRAS/CREAS/abrigo é de quem? Ou para quem? Enquanto trabalhadoras/es, por vezes, mesmo sem se dar conta, vocês colocam suas prioridades acima daquelas dos usuários. Assim, o serviço passa a ter dono: a/o trabalhadora/or que não consegue se desapropriar... O vínculo por demais sólido ultrapassa a ideia de trabalho. Como construir vínculos que não passem pela apropriação, pelo sufocamento e pela dificuldade de pensar acerca do que é produzido? Violações de direitos são feitas em meu nome, e eu não posso nem me defender. Quem protege os usuários de vocês (trabalhadoras/es)? Tenho minhas falhas de concepção. Preciso ainda avançar em algumas discussões, mas nem tudo é de minha total responsabilidade. Gosto da provocação de Canguilhem (1973) às/aos psicólogas/os quanto ao como se orientam enquanto ciência. Nem aos extremos da Filosofia nem ao extremo da delegacia de polícia. Quais caminhos são possíveis no cotidiano do trabalho?

Como constituir um trabalho mais ético? É minha questão a quem decide por permanecer no trabalho comigo. Como constituir um trabalho bordado nos encontros entre diferentes sujeitos? Acolher, construir, constituir, encontrar, afetar e afetar-se... Modulações verbais que precisam ganhar força para que vínculos não sejam apenas novas formas de captura juntamente com autonomia, risco e vulnerabilidade.

O serviço é de quem dele necessitar, aponta a prerrogativa. Alguns dizem que eu deveria, assim como o Sistema Único de Saúde (SUS), ser universal. Qual lugar ocupam as demandas dos usuários nos nossos contextos de trabalho? Conseguimos realizar a escuta destes? Ou escutamos aquilo que queremos escutar? Muitas vezes temos a impressão de que os usuários já sabem o que dizer... Como esta impressão foi se constituindo? Para a assistente social, o pedido por benefício eventual, a afirmação de uma miséria econômica; para a psicóloga surgem os "problemas pessoais", aqueles que precisam de encaminhamento, principalmente de saúde mental. Como fazer parar esse processo?

O processo de escuta parece que foi cooptado pela Psicologia, mais precisamente pelas linhas teóricas relacionadas à clínica. Uma preocupação me surge nesse momento: Se essa/e profissional não pode fazer clínica no contexto dos serviços, como fica a questão da escuta? Uma polêmica na qual não irei me deter agora... Com os especialismos, estaríamos ficando surdos? Maria Paula Meneses (2008) afirma que o problema é a forma como escolhemos contar o mundo. A autora nos provoca a pensar em como escolhemos contar...

Assim, desafio vocês – caras/os trabalhadoras/es – a se enxergarem enquanto contadores de histórias de vida. Como conto o encontro com o outro? Como me deixo inundar com as histórias que nos são contadas para além dos estereótipos e preconceitos? Para compor mundos com os quais nos relacionamos nos serviços, precisamos apurar nossa escuta e nossa habilidade de contar histórias... Apurar nossos sentidos. De piegas, irão me chamar nesse momento...

Para além de suspender expectativas, é preciso suspender preconceitos. E temos muitos. Gastamos tempo questionando a pertinência ou não do referencial teórico dos colegas, apontamos os problemas e as dificuldades de dialogar, mas, por vezes, gastamos pouco tempo em tentar dialogar abertamente com o outro. E se não há possibilidade de diálogo com o outro (o colega), como conseguiremos sustentar o diálogo com o usuário? Diálogo que não tem nada a ver com imergir o usuário em um mundo de siglas, programas e burocracias. Conseguimos comunicar de fato o que está ocorrendo? Ou enrolamos o usuário em uma trama burocrática da qual tem pouco escape? Uma trama burocrática que nos enreda e nos "embrutece". O risco de ficarmos surdos é grande, o risco de silenciarmos o usuário é maior ainda. Trabalhar na assistência é uma prática arriscada... Como fazer do risco um meio potente de trabalho? Como conseguir arriscar mais? E arriscar aqui não tem nada a ver com grandes eventos e mudanças... Falo de um risco micropolítico...

Em um cenário caótico como o nosso de construção de insegurança social, deslegitimação das políticas públicas e dos direitos trabalhistas e previdenciários, como podemos nos colocar em risco? Fico pensando que uma pista nos é colocada quanto ao lugar que o usuário ocupa em nossos serviços (a insistência neste ponto mostra a preocupação com pensar junto com vocês possibilidades de respiro). Talvez a potência que se precise para a Assistência Social esteja na insistência que os documentos colocam em articular o trabalho com as potencialidades do território e na construção de vínculos. É preciso "ouvir" os documentos um pouco mais, permitir que os usuários possam participar do planejamento e da avaliação das ações, e nos permitir articular nossas práticas com o território que se coloca nos serviços. Por que o medo de pensarmos as potencialidades do território? Mesmo que tratemos de precariedades, violências e situações de vida muito vulneráveis é preciso que possamos avaliar e levantar também aquilo que o território pode oferecer.

É possível que ele (usuário) avalie as ações que estão sendo ofertadas? É possível que ele participe do planejamento dos serviços e projetos? Sua fala é legitimada quando consegue se pronunciar? O risco que talvez vocês podem e devem assumir seja este: Construir um cotidiano de trabalho *com* os usuários. O que impede de se radicalizar essas experiências? Por vezes, é avaliado que os usuários se queixam demais. Mas, e vocês? Não se queixam? Não colocam empecilhos em tudo? O que estão produzindo nas suas relações? Vivemos um tempo perigoso. Tudo muda rapidamente, pouco tempo de absorção para aquilo que vem "pronto"; os direitos que antes pareciam assegurados parecem se dissolver. E uma pergunta cerca a todas/os: Como sobreviver a tudo isso?

Seguindo por essa linha de raciocínio, penso: a proximidade entre usuário e trabalhador por vezes é assustadora... Há uma proximidade de vulnerabilidade que só cresce. Um risco de desfiliação que só aumenta com leis como a da terceirização do trabalho. As/os trabalhadoras/es, por vezes, precisam lutar por mínimas condições de trabalho. Não sei se essa é a realidade de você que está lendo minha carta, mas, pensando em termos nacionais, é a realidade de muitas/os trabalhadoras/es que precisam se submeter a condições precárias e inseguras de trabalho. Volto a um ponto que alguém questionou nessa troca de cartas: Como garantir direitos sem ter seus próprios direitos garantidos? Para ilustrar tal situação, há produções quanto ao trabalho em CREAS no Rio Grande do Norte (RIBEIRO et al., 2014) que apontam que nesses serviços no Estado não há trabalhadoras/es concursados. Em Porto Alegre, muitas/os trabalhadoras/es precisam conviver com colegas que têm um vínculo empregatício diferente do seu. Uma mesma equipe pode ter trabalhadores contratados das mais diferentes formas.

Faço votos de que possamos seguir dialogando!

Encerrando por aqui...

Você deve estar pensando em como lidar com tudo isso. O que fazer de diferente? Como fazer diferente nos serviços? Como não se afogar em pessimismo e paralisia? Talvez a pista esteja em podermos agir eticamente, simples assim. Não há fórmulas que caibam e sirvam para todos os serviços em todos os lugares. Fórmulas são coirmãs da prescrição e da ordem; precisamos dosar nosso desejo pelas mesmas em nossos ambientes de trabalho. A política é uma diretriz que nem sempre consegue contemplar a contento o cotidiano de trabalho. As orientações e normativas técnicas apontam um desejo de produção que seja apropriado ao que é necessário aos diferentes cenários pelo país. Muitas vezes, há o desejo de respostas por parte das/os trabalhadoras/es ansiosas/os por "nortes" para o trabalho. Gostamos de pensar na política e seus textos complementares enquanto uma diretriz que, além de propor alguns pontos para nos atentarmos, coloca-nos na responsabilidade de avaliar e planejar nossas práticas conforme o cotidiano dos municípios e serviços. Enfim, posicionamo-nos na responsabilidade de pensar uma prática situada. Uma cartografia do cotidiano pensada e planejada em conjunto com os usuários. Acompanhar territórios e sujeitos para além de suas vulnerabilidades e situações de risco. O que pode o *corpo-usuário-do-Bolsa--Família*? Precisamos acompanhar os processos de vulnerabilidade e fragilidade que vão se construindo em nossos territórios. A vulnerabilidade enquanto uma produção e não um estado permanente da pessoa. Assim, um acompanhar que permite uma abertura para escutar e, talvez com isso, consigamos uma abertura para trabalhar *com*. Um trabalhar em equipe, *com* os usuários, *com* outras disciplinas. Uma ética de trabalho já prevista na política e respectivos textos norteadores.

Uma prática ética é implicada com os demais sujeitos e com as relações que vão sendo construídas. Não há como pensar o trabalho na assistência que não seja em relação. Respeitamos o outro com quem trabalhamos? Parece uma pergunta simples, e por vezes piegas. Mas necessária. Que lugar as relações ocupam em nossas práticas? Uma pergunta complicada, principalmente com o crescimento das burocracias que vimos acompanhando. Que relações estamos produzindo com as burocracias? Uma pergunta que também se faz necessária. O CRAS/CREAS/abrigo não pode ser de uma pessoa... O CRAS/CREAS/abrigo não é casa da/o trabalhadora/or que trabalha nele há muitos anos... Os serviços não são propriedade de quem os fundou no município... Os serviços não podem ser das/os trabalhadoras/es... E a Assistência Social não pode ser feita só nos serviços e burocracias. Ela deve ser prática que transversalize o território (para além da ideia de território geográfico)...

Quais riscos queremos correr? O quanto conseguimos nos desafiar? Desafiar-se, por vezes, é se permitir trabalhar com o colega de outra profissão. Confiar na avaliação que vem do trabalhador de Ensino Médio. Aceitar ser questionado por um usuário. Compor com o trabalho do outro. Seria a assistência um adolescente em risco? (Daqueles considerados perigosos demais para continuar existindo?)... O fantasma (nem tão fantasma assim) do assistencialismo e do primeiro-damismo nos assombra. O retrocesso é um risco já instituído. Como nos mantermos em tempos como o que vivemos? Que lutas e embates são possíveis? Se alguém leu até aqui em busca de respostas, poderá terminar este texto bastante frustrado. Para operar da forma que propomos é preciso se abrir a um exercício de dúvida. É preciso se arriscar nas perguntas... São elas que nos permitirão os movimentos.

Referências

ADICHIE, C.N. *O perigo da história única*. 2009 [Vídeo e transcrição de fala disponível em: <https://www.ted.com/talks/chimamanda _adichie_the_danger_of_a_single_story/transcript?language=pt> acesso em 27/03/2017].

AGAMBEN, G. *Homo sacer*: o poder soberano e a vida nua I. Belo Horizonte: UFMG, 2002.

BENJAMIN, W. *Obras escolhidas* – Magia e técnica, arte e política. São Paulo: Brasiliense, 1987.

CANGUILHEM, G. *O que é a psicologia?* 1973 [Disponível em <http://posds.idance.com.br/wp-content/uploads/2009/07/que_psicologia.pdf> acesso em 26/03/2016].

CORDEIRO, M.P. & SATO, L. Psicologia na Política de Assistência Social: Trabalho em um "setor terceirizado". *Estudos de Psicologia*, v. 34, n. 1, 2017, p. 41-52.

CRUZ, L.R. & HILESHEIM, B. Por uma crítica das práticas psicológicas na assistência social: Tantas coisas podem ser mudadas. In: BRIZOLA, A.L.C.; ZANELLA, A.V. & GESSER, M. (orgs.). *Práticas sociais, políticas públicas e direitos humanos*. Florianópolis: Abrapso-Nuppe/CFH/UFSC, 2013, p. 181-193.

CRUZ, L.C. & RODRIGUES, L. Carta para a usuária da Assistência Social. In: BERNARDES, A.G.; TAVARES, G.M. & MORAES, M. (orgs.). *Cartas para pensar políticas de pesquisa em Psicologia*. Vitória: Edufes, 2014, p. 46-50.

DELEUZE, G. *Conversações*. São Paulo: 34, 2013.

FOUCAULT, M. Conversa com Michel Foucault (Ditos & escritos VI). *Repensar a política*. Rio de Janeiro: Forense Universitária, 2010, p. 289-347.

MALAGUTI, V. (org.). *Loïc Wacquant e a questão penal no capitalismo*. Rio de Janeiro: Revan, 2012.

MENESES, M.P. *Outras vozes existem, outras histórias são possíveis*. Niterói: Grupalfa/UFF, 2008.

MORAES, M. & TSALLIS, A.C. Contar histórias, povoar o mundo: A escrita acadêmica e o feminino na ciência. *Revista Polis e Psique*, v. 6, n. 1, 2016, p. 39-50.

RIBEIRO, A.B. et al. Desafios da atuação dos psicólogos nos Creas do Rio Grande do Norte. *Fractal*, v. 26, n. 2, 2014, p. 461-478.

RODRIGUES, L. *Performances do vínculo na Política de Assistência Social*: Um objeto múltiplo. Porto Alegre: UFRGS, 2017 [Tese de Doutorado em Psicologia Social e Institucional, 126s.].

ROMAGNOLI, R.C. Relações macropolíticas e micropolíticas no cotidiano do CRAS. *Revista Psicologia & Sociedade*, v. 28, n. 1, 2016, p. 151-161.

SOUZA, J. *A ralé brasileira* – Quem é e como vive. Belo Horizonte: UFMG, 2009.

WACQUANT, L. *Punir os pobres* – A nova gestão da miséria nos Estados Unidos. 3. ed. Rio de Janeiro: Revan, 2007.

É POSSÍVEL LIBERTAR A PSICOLOGIA?

Caminhos em direção a psicologias da libertação

Maria Luiza Rovaris Cidade

Pedro Paulo Gastalho de Bicalho

Este capítulo tem como ponto de partida uma questão-problema abrangente, mas que ao mesmo tempo possui especificidades na relação da prática psicológica no campo da assistência social, haja vista a atual conjuntura que aponta para um cenário de desmonte das políticas públicas: É possível libertar a Psicologia? Essa temática surge inspirada na obra do psicólogo espanhol radicado em El Salvador, Ignácio Martin-Baró, e da psicóloga brasileira Silvia Lane, a partir de inquietações que nos surgem enquanto autora e autor da latino-américa, psicóloga e psicólogo, pesquisadores em Psicologia. Nos sentidos explorados por Martin-Baró em direção a uma proposta de psicologia da libertação, a ideia de libertação abarca o estabelecimento de uma práxis crítica de atuação-intervenção nos sentidos de recuperação da memória histórica dos povos, a desideologização do senso comum e da experiência cotidiana e a potencialização das virtudes populares. Busca-se com este capítulo, portanto, refletir sobre possíveis caminhos em direção a psicologias da libertação, a inseparabilidade entre tais caminhos e a ideia de libertação da própria Psicologia enquanto campo de produção de conhecimento e de práticas profissionais, aqui referenciadas no campo da Assistência Social. Assim, este capítulo procura abordar algumas das memórias históricas da Psicologia; elementos da ideologia dominante e movimentos de desideologização da Psicologia; e, por fim, a libertação e a luta dos povos da América Latina, no sentido de produzirmos reflexões sobre o compromisso social da Psicologia e a transformação social latino-americana no caminho das políticas públicas.

Introdução

> "Acredito que é na encruzilhada das contradições que as estratégias de mudança podem ser encontradas."
>
> *Anne McClintock* (*Couro imperial*: raça, gênero e sexualidade no embate colonial)

Como vimos na página anterior, este capítulo tem como ponto de partida uma questão-problema abrangente: É possível libertar a Psicologia? Longe de tentar encerrá-la, parte-se da questão no sentido de movimentar reflexões. Essa temática surge inspirada na obra do psicólogo espanhol radicado em El Salvador, Ignácio Martin-Baró, e da psicóloga brasileira Silvia Lane, a partir de inquietações que nos surgem enquanto psicóloga e psicólogo da latino-américa, pesquisadores em Psicologia. Deparamo-nos, no cenário atual de retrocessos, com um *status* paradoxal da Psicologia enquanto campo de saber e de práticas profissionais na Modernidade ocidental: por um lado, um viés normatizador e hegemônico de produção de conhecimento voltado às esferas do desenvolvimento humano e suas possíveis manifestações; por outro lado, uma certa localização periférica da Psicologia em relação a outros campos de saber, especialmente as ciências exatas e naturais (FOUCAULT, 1994).

Nesse sentido, surgem outras questões: Seria possível libertar a Psicologia de seu próprio estabelecimento hegemônico enquanto um campo de afirmação de verdades em torno do humano no Ocidente? Seria possível a construção de novas possibilidades de história e de outras psicologias? Tratar de uma ideia de libertação não é tarefa fácil. Para Lola Aniyar Castro, "uma discussão sobre libertação é uma discussão sobre dominação" (2004, p. 93). Nos sentidos explorados por Martin-Baró em direção a uma proposta de psicologia da libertação, tal ideia abarca o estabelecimento de uma práxis crítica de atuação-intervenção nos sentidos de recuperação da memória histórica dos povos, a desideologização do senso comum e da experiência cotidiana e a potencialização das virtudes populares (MARTIN-BARÓ, 2006).

Porém, como produzir esse exercício de reflexão como intervenção no próprio contexto da Psicologia, considerando-se a intervenção não apenas voltada para o exterior? Como recuperar a memória histórica das práxis psicológicas, desideologizar a Psicologia e potencializar as virtudes populares na produção de saber--fazer psicológico? Este capítulo, portanto, tem a intenção de habitar esse paradoxo histórico da Psicologia como uma encruzilhada em direção a uma reflexão de produção de psicologias plurais de libertação. Como nos traz Rodrigues (2005), *"para-doxo, isto é, o que incomodamente se posta 'ao lado' do que é denominado, então, doxa ('opinião'), e eu julgava seguro o alicerce"* (p. 83). A encruzilhada aponta diferentes caminhos indefinitivos, ou seja, possibilidades de habitar, refletir e se movimentar dependendo de cada momento, pessoa, contexto e temporalidade.

Habitar os paradoxos em vez de procurar anulá-los. Busca-se com este capítulo, enfim, refletir sobre possíveis caminhos em direção a psicologias da libertação e a inseparabilidade entre tais caminhos e a ideia de libertação da própria Psicologia enquanto campo de produção de conhecimento e de práticas profissionais. Assim, este texto procura abordar algumas das memórias históricas da Psicologia; elementos da ideologia dominante e movimentos de desideologização da Psicologia; e, por fim, a libertação e a luta dos povos da América Latina no sentido de produzirmos reflexões sobre o compromisso social da Psicologia e a transformação social latino-americana.

Memórias históricas e histórias da Psicologia

A noção de historicizar enquanto processo reflete a recusa de um solo aparentemente consistente ao assumirmos as flutuações históricas, o embate de forças, as indeterminações e as contingências como integrantes do processo de produção de conhecimento (PRADO FILHO, 2012). A Psicologia, tão múltipla e por vezes passível de definições abrangentes como visualizamos hoje, também é fruto de processos históricos. Como nos traz Martin-Baró: "A Psicologia, o fazer psicológico teórico e aplicado, como qualquer outra atividade, está condicionada por interesses sociais em disputa" (2014, p. 592-593). Reconhecida como profissão no Brasil a partir da década de 1960, a Psicologia tem, em sua fundação, elementos, interesses e acontecimentos muito anteriores a esse período que marca a regulamentação do exercício profissional no país.

Resgatar algumas dessas memórias é, portanto, tarefa indissociável do fazer psicológico em direção à sua libertação, visto que "uma boa maneira de se abordar o exame crítico do papel do psicólogo consiste em voltar às raízes históricas da própria Psicologia" (MARTIN-BARÓ, 1996, p. 14). A Psicologia que reconhecemos hoje, enquanto campo múltiplo de formação, produção de conhecimento e de práticas de intervenção que circundam as subjetividades e experiências humanas, consolidou-se enquanto ciência, ou seja, produziu e foi produzida a partir da afirmação de um estatuto de verdade da racionalidade científica nos fins do século XIX e início do século XX na Europa Ocidental. Em uma análise histórica e crítica sobre a pesquisa científica em Psicologia, Michel Foucault (1994) afirma que foi no lugar de uma certa marginalidade que a Psicologia se consolidou enquanto saber.

Segundo Foucault (1994), com o advento do Positivismo enquanto método científico, a busca por uma prática objetiva e neutra de observação de fenômenos teve como efeito a produção de um certo *resto*: as emoções do pesquisador, que poderiam causar interferência na observação dos fenômenos. Surge aí a necessidade de se estudar e compreender as próprias emoções, a fim de que os treinamentos pudessem ser ofertados aos observadores para que sua interferência fosse mínima, se possível nula, em seu trabalho de descrição dos fenômenos, como nos casos dos laboratórios instituídos por Wundt na Alemanha e por Binet na França.

Como o químico que exorciza a alquimia (FOUCAULT, 1994), práticas em diferentes perspectivas do campo psicológico foram se consolidando a partir de uma bifurcação: as psicologias que se propõem científicas, *grosso modo*, em um sentido tradicional de ciência, a partir do trabalho de análise de dispositivos clássicos como emoções, inteligência e cognição; e, por outro lado, as psicologias em interface com a Filosofia, a Sociologia e a Política em seus múltiplos vetores e intersecções com outros campos do saber, de contestação e ativismo, a partir de teorias críticas que acolhem diferentes concepções a respeito de subjetividades.

Por mais plural que seja o campo psicológico (FERREIRA, 2010) e por mais múltiplo que seja em suas diferentes concepções dentro dos polos dessa bifurcação, a dualidade *ciência tradicional* x *perspectivas críticas* constitui uma rede de saber-poder que se consolida historicamente no Ocidente e se movimenta a partir de muitas direções, superando esse aspecto inicial dualista. Por um lado, em sua faceta hegemônica, a Psicologia se consolida historicamente a partir da legitimidade do saber psicológico enquanto desenvolvimento da técnica, da positivação de testes, da psicometria, de laboratórios experimentais e da noção de replicabilidade de resultados, da elaboração de laudos e pareceres sob uma certa noção de verdade, da afirmação da possibilidade de alteração de comportamento pela via terapêutica.

Como aborda Cristina Rauter:

> As ciências humanas (psicologia, psiquiatria, criminologia e outras) surgem historicamente como ponto de apoio para novas técnicas de gestão das massas humanas, capazes de controlá-las, fixá-las e de produzir indivíduos úteis do ponto de vista de produção e dóceis do ponto de vista político (RAUTER, 2003, p. 16).

Tais práticas e saberes tornam-se hegemônicos, visto que ganham contornos de especialidade: algo específico em seu campo de saber, e mais nenhum outro, pode afirmar verdades sobre o sujeito, para o sujeito e para algum outro que convoca tal avaliação. A noção de verdade constrói-se pela produção e reiteração de procedimentos e normas e de uma concepção unívoca de sujeito, cujo desenvolvimento é efeito de princípios básicos mantenedores da ideologia política dominante.

A Psicologia enquanto disciplina, em conjunto com outras, constitui-se como rede que atravessa o espaço social, organizada não apenas a partir do Estado como também em dispositivos celulares e institucionais, além dos métodos de controle e vigilância da população (RAUTER, 2003). Martin-Baró afirma que "a proliferação da Psicologia se devia à função que estava assumindo na sociedade contemporânea ao converter-se em uma ideologia da reconversão" (1996, p. 12). Ou seja, a Psicologia em uma perspectiva hegemônica cumpre o papel de adequação, normalização e de produção de uma visão patologizante do inadequado e do anormal perante as normativas sociais vigentes.

Nesse sentido, a Psicologia, em sua multiplicidade de concepções, é produtora de subjetividades. Afirma formas de ser e de viver, em consonância com suas concepções que balizam tanto a formação profissional quanto a prática de psicólogas e psicólogos em diferentes contextos, seja no quadro de políticas públicas, no trabalho clínico, organizacional, educacional, social e/ou em outras instituições. Na América Latina, especificamente, "à psicologia latino-americana ocorreu algo parecido com o que ocorreu à psicologia norte-americana no começo do século: o desejo de adquirir um reconhecimento científico e um *status* social fez com que ela desse uma série de tropeços" (MARTIN-BARÓ, 2006, p. 8). Assim, um desses tropeços pôde se configurar como a interface entre saberes psicológicos e jurídicos em destaque na produção científica no início do século XX: a produção da noção de delinquência justamente no período de pós-abolição dos regimes escravocratas, a partir de uma articulação entre saberes psicológicos e a criminologia.

A criminologia, enquanto campo que articula saberes que relacionam norma, transgressão e punição, nasce a partir da necessidade da burguesia de enfrentar uma questão em particular: a noção de delito (OLMO, 2004). Na América Latina, um contexto histórico-político particular de desenvolvimento do capitalismo marca a indissociabilidade entre o delito e a questão racial. Cristina Rauter (2003) afirma que a criminologia já nasce útil, uma vez que instrumentaliza e maximiza os efeitos violentos da realidade carcerária e de criminalização de experiências subalternas, naturalizando a segregação de determinados segmentos da sociedade sob uma máscara de cientificidade criminológica.

Assim, a história da Psicologia na América Latina é marcada por uma forte relação com necessidades para além do interesse de neutralidade na pesquisa do contexto europeu: a Psicologia também abarca a necessidade de produzir conhecimento que legitime a validade científica de um corte racial operante na sociedade latino-americana devido aos séculos de genocídio e escravidão de parte da população. Nomear essa relação hegemônica entre Psicologia e práticas jurídicas é criar movimentos de desnaturalização, no sentido de analisarmos as implicações da Psicologia em tais redes. Assim, podemos indicar possíveis caminhos de libertação.

Da inferioridade jurídica para a inferioridade biológica: Ideologia dominante e movimentos de desideologização

Ao abordar a noção de ideologia, a filósofa Marilena Chauí (2012) afirma que, a partir do marxismo, a noção de ideologia política pretende explicar a sociedade e a história: a sociedade através das formas dos regimes políticos e a história pelas transformações do Estado. A autora aponta que a ideologia não é um processo subjetivo consciente, ou seja, explícito, mas um "fenômeno objetivo e subjetivo involuntário produzido pelas condições objetivas da existência social dos indivíduos" (CHAUÍ, 2012, p. 86). Martin-Baró reitera que a questão latino-americana a partir da noção de ideologia se efetiva devido a uma estruturação injusta de seus sistemas sociais:

> Sobre sociedades pobres e subdesenvolvidas assentam-se regimes que distribuem desigualmente os bens disponíveis, submetendo a maioria dos povos a condições miseráveis que permitem a pequenas minorias desfrutar de todo tipo de comodidade e luxo (MARTIN--BARÓ, 1996, p. 8).

A ideologia burguesa, operante no modo de produção capitalista, especificamente por conta dos intelectuais, produz ideias que confirmam e reproduzem dimensões alienantes e reiterativas das perspectivas hegemônicas de produção de subjetividades. Um dos exemplos dessa problemática é a crença compartilhada de que os homens são desiguais por natureza ou por desejo próprio:

> Sem dúvida, uma análise positivista do campesino salvadorenho pode levar à conclusão de que se trata de uma pessoa machista e fatalista, de maneira semelhante a como o estudo da inteligência do negro norte-americano leva à conclusão de que seu coeficiente intelectual encontra, em média, um desvio típico de inferioridade do coeficiente intelectual do branco. Considerar que a realidade não é mais que um dado,

que o campesino salvadorenho é mais fatalista ou o negro menos inteligente constitui uma *ideologização da realidade* que termina consagrando como natural a ordem existente (MARTIN-BARÓ, 2006, p. 9, tradução livre)[3].

No contexto latino-americano, a interface entre Psicologia e Direito tem seu principal contexto histórico envolto de forma indissociável com a questão racial, especialmente no Brasil, devido ao período escravocrata e a suposta abolição da escravidão. O genocídio da população indígena, um segmento populacional inteiro de pessoas negras sequestradas de suas regiões de origem, e Estados negligentes em relação à elaboração de políticas públicas básicas de moradia e trabalho produzem um contexto social extremamente complexo em nossa realidade latino-americana. No bojo da noção de *delinquência,* cunhada por Cesare Lombroso e outros estudiosos da sociedade e do comportamento humano pelo viés da criminologia positivista dos séculos XIX e XX, articulada por Nina Rodrigues no Brasil (GÓES, 2016), localiza-se a questão racial, seus dispositivos de segregação e a ideologização da realidade latino-americana.

Com o intuito de analisar o comportamento criminoso perante a norma penal no sentido de produzir maneiras de prevê-lo e, se possível, erradicá-lo (BARATTA, 2013), as noções de delinquência, de periculosidade e de patologização do infrator marcam a transição entre a noção de inferioridade jurídica e de inferioridade biológica de uma parte da população brasileira a ser estigmatizada. Como aborda Rauter:

> O sucesso do positivismo criminológico entre nós tem uma dívida com a abolição da escravatura, porque o

---

3. Texto original: "Sin duda, un análisis positivista del campesino salvadoreño puede llevar a la conclusión de que se trata de una persona machista y fatalista, de manera semejante a como el estudio de la inteligencia del negro norteamericano lleva a la conclusión de que su cociente intelectual se encuentra en promedio una desviación típica por debajo del cociente intelectual del blanco. Considerar que la realidad no es más que lo dado, que el campesino salvadoreño es sin más fatalista o el negro menos inteligente, constituye una ideologización de la realidad que termina consagrando como natural el orden existente".

discuso do controle penal tem que mover-se do paradigma escravista da inferioridade jurídica para o da inferioridade biológica; ao contrário do primeiro, pura decisão política, o segundo precisa de demonstração científica (2003, p. 9).

O desenvolvimento de técnicas psicológicas de avaliação de sujeitos demarca a história da Psicologia no âmbito jurídico a partir da nomeação da psicologia forense como especialidade. Assim, psicologia, direito e criminologia "dão-se as mãos" e produzem noções estigmatizantes, amalgamadas pela ideologização desses saberes, que justificam o encarceramento de parte da população que fora anteriormente escravizada. Gloria Anzaldua questiona:

> Por que eles nos combatem?
> Por que pensam que somos monstros perigosos?
> Por que *somos* monstros perigosos?
> Porque desequilibramos e muitas vezes rompemos as confortáveis imagens estereotipadas que os brancos têm de nós (ANZALDUA, 2000, p. 230, grifo da autora).

Assim, ideologia política dominante e produção de valores, crenças, teorias e dispositivos de intervenção referenciados na criminologia positivista estão intimamente relacionados nas sociedades latino-americanas. Com o surgimento de perspectivas críticas de análise, passou-se a problematizar não somente a noção do sujeito delinquente e, portanto, desviante, como também a atuação profissional de psicólogas e psicólogos em diferentes contextos e nos processos de criminalização[4] que atingem experiências que transgridem normativas sociais. Diretrizes balizadas

---

4. Baseando-se em Foucault (2008), traçamos uma distinção epistêmica entre os processos de criminalização e processos de incriminação. Enquanto o último termo indica os processos relacionados à transgressão das normas oficiais, em caráter de lei penal, os processos de criminalização apontam para reações às transgressões de normas não necessariamente formais, mas igualmente constitutivas das estruturas sociais, produzindo distinções entre os sujeitos. Como nos traz Barbosa: "[...] os processos de criminalização estão pautados em informalidades, em conjuntos de determinações sobre maneiras corretas de ser e existir" (2017, p. 2).

na defesa dos interesses das maiorias e na afirmação dos direitos humanos, a partir da necessidade de garantia e efetivação de direitos, entram em cena na disputa dialética em relação às práticas ideologizantes.

Nesse sentido, impossível combater condições ideologizantes enquanto não questionarmos, além das noções de inferioridade jurídica ou biológica, talvez e especialmente a própria noção de inferioridade e sua necessidade para a formação de uma sociedade de classes. Martin-Baró (2006) identifica em sua época o que podemos afirmar que perdura até hoje, a questão mais importante com a qual se confronta as maiorias latino-americanas, ou seja, as classes populares: a situação opressiva de miséria e de dependência econômico-social que impõe uma condição inumana de existência aos povos latino-americanos.

Para pensarmos em uma proposta de libertação da Psicologia é imprescindível a produção de análises históricas de desnaturalização de tais processos e noções, como a de delinquência, no sentido de refletirmos sobre a construção ideológica dominante que opera em nossas sociedades e se refletem nas mais diferentes práticas psicológicas, da formação à produção de conhecimento em Psicologia. Desideologizar é destituir o caráter de natureza da hegemonia, como se assim sempre tivesse sido. Tais caminhos nos permitem colocar em análise as práticas normativas e naturalizadoras das práticas psicológicas ao questionarmos o estado de coisas e os fatos que aparecem como imutáveis e fixos, especialmente a própria Psicologia e sua relação de poder perante os sujeitos e coletivos.

A partir da necessidade de historicizar a Psicologia enquanto campo de produção de conhecimento e da análise da ideologia política dominante, podemos caminhar para as possibilidades de transformação desses elementos com vistas a uma sociedade mais justa para as maiorias populares. Para pensarmos a libertação dos povos e a psicologia da libertação, de quais elementos podemos fazer uso para potencializar nossa atuação na direção da defesa dos direitos dos povos latino-americanos?

Libertação, potencialização dos povos e lutas na América Latina

As condições mencionadas anteriormente, ou seja, as características históricas marcadas por uma ideologia dominante relacionada ao racismo e à manutenção das elites na América Latina se efetivam, especialmente, graças a mecanismos seculares de violência, controle e repressão social (MARTIN-BARÓ, 1996). Tais mecanismos, ao mesmo tempo em que têm impedido ou frustrado os esforços coletivos de mudança e transformação social, também implicam elementos materiais para a coletivização e o questionamento dos aparatos ideológicos no sentido das transformações de tais estruturas sociais opressivas e injustas. A noção de transformação histórica, para Marilena Chauí (2012), abarca a capacidade de ultrapassar as divisões sociais e contradições que sustentam a própria história.

Uma perspectiva revolucionária, ou seja, de possibilidade de transformação da história para uma nova historiografia nos sentidos de libertação, implica justamente a análise dessas condições materiais que compõem a ideologia dominante:

> Sem as condições materiais da revolução é inútil a ideia de revolução, "já proclamada centenas de vezes". Mas sem a compreensão intelectual dessas condições materiais, a revolução permanece como um horizonte desejado, sem encontrar práticas que a efetivem (CHAUÍ, 2012, p. 81).

Nesse sentido, práticas e saberes em direção à libertação têm muito a contribuir. Martin-Baró (2006) nos recomenda que a psicologia latino-americana deve descentrar sua atenção de si mesma. É necessário que assumamos um projeto que vise colocar em segundo plano o debate do *status* científico da Psicologia, ao propormos perspectivas diferenciadas e críticas a um serviço eficaz das necessidades das maiorias populares. Devemos constituir nosso objeto primordial de trabalho a partir dos problemas reais dos povos latino-americanos, ou seja, a condição de miséria e segregação que assola nossa realidade, não os problemas que preocupam outras localidades, como a Europa ou os Estados Unidos. É a isso que Martin-Baró (2006) denomina de potencialização da virtude dos povos, o que implica certos caminhos ético-políticos para as práticas em psicologia na América Latina:

> Portanto, se a necessidade objetiva das maiorias latino--americanas se constitui na sua libertação histórica de estruturas sociais de opressão e colonização, que mantém seus povos subjugados, é exatamente nisso que a psicologia deve focar suas preocupações e esforços (MARTIN-BARÓ, 2006, p. 11, tradução livre)[5].

Tomando como base os debates do educador brasileiro Paulo Freire (1983), uma ideia de libertação da psicologia para uma psicologia da libertação abarca o saber das pessoas sobre si mesmas enquanto sujeitos e coletividades, não apenas um saber psicológico sobre um outro externo, colocado na posição de objeto de conhecimento. A importância ética da ideia de potencialização dos povos implica aprendermos a ler a realidade circundante e a (re)escrevermos nossa própria história. Surge daí a necessidade, a partir da articulação entre a obra freireana e de Martin-Baró, de examinarmos não apenas o que somos enquanto sujeitos, coletivos e nação, mas o que poderíamos ter sido sob outras condições sociais, e talvez o mais importante, o que deveríamos e devemos ser frente às necessidades de nossos povos (MARTIN-BARÓ, 2006).

As lutas latino-americanas, por mais diversas que sejam, apontam para a necessidade primordial de descolonização dos saberes, das práticas e da gestão dos povos. É necessário que as pessoas assumam seus destinos, ou seja, suas histórias, laços sociais e narrativas de vida, e produzam saberes críticos sobre si mesmas, sobre o mundo e sobre os modos de inserção e vinculação (MARTIN-BARÓ, 2006). Nesse sentido, é imprescindível que a Psicologia tome esse movimento como possibilidades de direções ético--metodológicas, ou seja, possibilitar a produção e circulação de histórias, laços e narrativas visando a transformação das condições sociais seculares da América Latina. Em seu projeto de psico-

---

5. Texto original: "Por tanto, si la necesidad objetiva más perentoria de las mayorías latinoamericanas la constituye su liberación histórica de unas estructuras sociales que les mantienen oprimidas, hacia esa área debe enfocar su preocupación y su esfuerzo la Psicología".

logia social crítica, Silvia Lane aposta na necessidade de explicitar os vínculos com os interesses dominantes e de redirecionar as produções psicológicas nos sentidos de contribuição para a transformação social (BOCK; FERREIRA; GONÇALVES & FURTADO, 2007).

Tomar a potencialização dos povos e as lutas na América Latina como horizonte ético-político de formação, produção de conhecimento e práticas em psicologia produz uma fissura monumental nas diretrizes e bases da Psicologia enquanto ciência moderna e europeia. É necessária uma outra concepção de sujeito para a Psicologia: um sujeito social e histórico, como nos propôs Silvia Lane (BOCK; FERREIRA; GONÇALVES & FURTADO, 2007). Martin-Baró afirma que:

> [...] uma concepção de ser humano que insere sua universalidade em sua historicidade, ou seja, em sua natureza histórica, aceita que tanto as necessidades como a inteligência são em boa medida uma construção social e, portanto, que assumir os ditos modelos transculturais e trans-históricos, elaborados em circunstâncias distintas às nossas, pode nos levar a uma grave distorção do que são nossos povos na realidade (MARTIN-BARÓ, 2006, p. 10)[6].

Portanto, se aspiramos os caminhos da libertação sugeridos por Ignácio Martin-Baró, precisamos romper com nossos próprios processos de exploração e colonização do pensamento e das reflexões psicológicas. Efetivar uma psicologia da libertação exige a libertação da psicologia de uma historicidade naturalizada e imutável, das ideologias dominantes que defendem os privilégios de uma minoria da população e da naturalização das contradições e desigualdades sociais. Uma psicologia da libertação exige um posicionamento ético-político da libertação da própria psicologia, no sentido de rompermos com a ideia da defesa de uma disciplina

---

6. Texto original: "Sin embargo, una concepción del ser humano que pone su universalidad en su historicidad, es decir, en ser una naturaleza histórica, acepta que tanto las necesidades como la inteligencia son en buena medida una construcción social y, por lo tanto, que asumir dichos modelos presuntamente transculturales y transhistóricos, elaborados en circunstancias distintas a las nuestras, puede llevarnos a una grave distorsión de lo que en realidad son nuestros pueblos".

para a produção de teorias e práticas que articulem a defesa dos interesses dos povos latino-americanos.

Considerações finais: O compromisso social da Psicologia para a libertação

Ao abordar as temáticas que julga pertinentes para os caminhos em direção a uma psicologia da libertação, Martin-Baró pontua que:

> Não se trata, portanto, de se perguntar o que pretende cada um fazer com a Psicologia, mas antes e fundamentalmente, para onde vai, levado por seu próprio peso, o *que fazer* psicológico; que efeito objetivo a atividade psicológica produz em determinada sociedade (MARTIN-BARÓ, 1996, p. 13, grifos do autor).

Nesse sentido, as reflexões em torno da libertação da psicologia apontam muito mais para os efeitos de nossas práticas do que meramente seu planejamento, antecipação ou idealização. Indicam uma direção possível: a da coletividade, ou seja, a ação coletiva é transformadora. Os caminhos da libertação não estão necessariamente relacionados ao que cada um faz com sua prática profissional, mas, fundamentalmente, com o que fazemos, quais laços produzimos e qual a função de nossas intervenções enquanto campo de produção de conhecimento, de formação e atuação profissional. Este capítulo se propôs exatamente a exercitar reflexões em nível de coletividade: Quais as análises necessárias a respeito das práticas psicológicas e da Psicologia como um campo amplo e em construção, para além do indivíduo-psicólogo?

Intelectuais como Ignacio Martin-Baró, Silvia Lane e Marilena Chauí nos apontam alguns caminhos em direção à libertação. Longe de tratar a ideia de libertação como abstrata ou transcendente de nossa realidade social e política, tais intelectuais propõem justamente a materialidade. É somente a partir de leituras da realidade social e de uma tomada de posição em relação às elites ou aos povos que a Psicologia efetivamente vai atuar a partir de um compromisso social. Mas, de qual compromisso social tratamos?

Ao longo deste capítulo procurou-se articular alguns elementos do que se considera relevante para uma reflexão relacionada ao exercício profissional no campo da assistência com o paradigma do compromisso social da Psicologia. Historicizar, desideologizar e articular-se em conjunto com as lutas populares são ações fundamentais para o exercício da libertação da psicologia de sua própria história de hegemonias e defesa da ideologia política burguesa. Nesse sentido, Martin-Baró nos alerta:

> [...] para adquirir um novo conhecimento psicológico não basta nos localizarmos na perspectiva do povo; é necessário que nos envolvamos em uma nova práxis, uma atividade transformadora da realidade que nos permite conhecê-la não apenas pelo que é, como também pelo que não é, para que possamos orientá-la para o que deve ser (MARTIN-BARÓ, 2006, p.12)[7].

Uma nova práxis, ou seja, ação política transformadora que envolve a reconstrução da história para outros sentidos que não os da ideologia dominante a partir de encruzilhadas e contradições em movimento dialético de transformação. Uma nova práxis que pluraliza as formas de pensamento, de ação e de produção de conhecimento. Pluralizar a própria Psicologia, já que a América Latina e seus povos são tão plurais e, portanto, não há apenas uma ideia possível de libertação. Se o ser humano se transforma ao modificar sua realidade (MARTIN-BARÓ, 1996), é no exercício crítico de nosso trabalho enquanto profissionais da Psicologia que podemos não apenas modificar a realidade, mas transformar a nós mesmos em direção à libertação.

Referências

ANZALDUA, G. Falando em línguas: Uma carta para as mulheres escritoras do terceiro mundo. *Estudos Feministas*, v. 1, 2000, p. 229-236.

---

7. Texto original: "De ahí que para adquirir un nuevo conocimiento psicológico no baste con ubicarnos en la perspectiva del pueblo; es necesario involucrarnos en una nueva praxis, una actividad transformadora de la realidad que nos permita conocerla no sólo en lo que es, sino en lo que no es, y en ello en la medida intentamos orientarla hacia lo que debe ser".

BARATTA, A. *Criminologia crítica e crítica do Direito Penal*. Rio de Janeiro: Revan, 2013.

BARBOSA, R.B. *Políticas sobre drogas, direito à cidade e processos de subjetivação*: "Porque dignidade não pode ter endereço". Rio de Janeiro: UFRJ, 2017 [Tese de Doutorado em Psicologia].

BOCK, A.M.B.; FERREIRA, M.R.; GONÇALVES, M.G. & FURTADO, O. Silvia Lane e o projeto do "Compromisso Social da Psicologia". *Psicologia & Sociedade*, ed. esp. 2, 2007, p. 46-56.

CASTRO, L.A. *Criminologia da libertação*. Rio de Janeiro: Revan, 2004.

CHAUÍ, M. *O que é ideologia*. São Paulo: Brasiliense, 2012.

FERREIRA, A.A.L. *A pluralidade do campo psicológico*. Rio de Janeiro: EdUFRJ, 2010.

FOUCAULT, M. *O nascimento da biopolítica*. São Paulo: Martins Fontes, 2008.

_____. A pesquisa científica e a psicologia. *Dits et ecrits*. Paris: Gallimard, 1994, v. 1, p. 137-158 [Trad. Patrícia Netto Alves Coelho].

FREIRE, P. *Pedagogia do oprimido*. Rio de Janeiro: Paz e Terra, 1983.

GÓES, L. *A "tradução" de Lombroso na obra de Nina Rodrigues*. Rio de Janeiro: Revan, 2016.

MARTIN-BARÓ, I. Processos psíquicos e poder. *Psicologia Política*, v. 14, n. 31, 2014, p. 591-608 [Trad. Fernando Lacerda Jr.].

_____. Hacia una psicologia de la liberación. *Revista Electrônica de Intervención Psicosocial y Psicología Comunitária*, v. 1, n. 2, 2006, p. 7-14.

_____. O papel do psicólogo. *Estudos de Psicologia*, v. 2, n. 1, 1996, p. 7-27.

McCLINTOCK, A. *Couro imperial*: Raça, gênero e sexualidade no embate colonial. Campinas: EdUnicamp, 2010.

OLMO, R. *América Latina e sua criminologia*. Rio de Janeiro: Revan, 2004.

PRADO FILHO, K. Historicizar. In: FONSECA, T.M.G.; NASCIMENTO, M.L. & MARASCHIN, C. *Pesquisar na diferença*: Um abecedário. Porto Alegre: Sulina, 2012, p. 125-126.

RAUTER, C. *Criminologia e subjetividade no Brasil*. Rio de Janeiro: Revan, 2003.

RODRIGUES, H.B.C. A psicologia social como especialidade: Paradoxos do mundo psi. *Psicologia & Sociedade*, v. 17, n. 1, 2005, p. 83-88.

O VÍNCULO FAMILIAR E COMUNITÁRIO COMO OPERADOR QUE CONECTA A PSICOLOGIA E A POLÍTICA DE ASSISTÊNCIA SOCIAL

Luciana Rodrigues

Neuza Maria de Fátima Guareschi

É curioso que ao participar de discussões sobre a Psicologia e o Sistema Único de Assistência Social (SUAS), não importa o desdobramento da temática, há uma questão que sempre retorna: Qual é o papel da Psicologia na Assistência Social? É claro que existem muitos aspectos envolvidos nessa questão, por exemplo, como operar em uma política que restringe o uso de ferramentas que advém do campo psi – na medida em que o propósito é afirmar um sujeito de direitos, não um sujeito psicológico –, pois não correspondem às seguranças afiançadas pela Política de Assistência Social. Também são consideradas equivocadas quaisquer outras modalidades com fins terapêuticos (BRASIL, 2012a). Sim, é ansiogênico não ter uma receita de como fazer. Criar nem sempre é um processo fácil.

Houve uma ocasião, da qual participou a primeira autora desse texto, em que uma psicóloga, trabalhadora de um Centro de Referência de Assistência Social (CRAS) da região metropolitana de Porto Alegre, mencionou que em seu município as vagas para psicólogos na assistência social estavam diminuindo, em sua opinião, porque os psicólogos ficavam se debatendo com o que fazer e, ainda, negando-se a realizarem determinadas atividades, como disponibilizar benefícios aos usuários (vale-transporte é um exemplo).

Algumas vezes, escutamos rumores que questionavam para que serviria o psicólogo estar na Assistência Social, já que ele é convidado a compor a equipe mínima do CRAS e do CREAS. Mas os psicólogos estão na Assistência Social há muitas décadas, não lhes parece "óbvio" saber que psi compõe a equipe de trabalho de um abrigo? O que desorganiza essa "naturalidade" é a reordenação que os serviços sofreram com a promulgação da Política Nacional de Assistência Social (PNAS) e a criação do Sistema Único de Assistência Social (SUAS), pois aí então foi criado o CRAS, porta de entrada para essa grande política nacional, onde os profissionais devem atuar para garantia de direitos sociais, não para promover processos terapêuticos. Então surge a tal angústia.

No entanto, se atentarmos para a meta do fortalecimento dos vínculos familiares e comunitários presente na política, iremos perceber como o vínculo assume centralidade tanto no que se refere ao trabalho psi como na própria PNAS. Como mencionou uma psicóloga, trabalhadora de um CRAS durante uma roda de conversa que tinha como tema o SUAS e a Psicologia, o vínculo familiar e comunitário é "altamente orientador do serviço [...]". Desse modo, se a Psicologia produz práticas que tentam estreitar, fortalecer, reconstruir ou romper vínculos entre pessoas – e entre pessoas e coisas –, ela compõe e/ou atualiza versões de vínculo.

Nesse sentido, chamar psicólogos para integrar uma política na qual o fortalecimento dos vínculos é central não nos parece algo tão estranho, ou incongruente, pois não é o vínculo um tema tão caro à Psicologia? Falamos de vínculo desde o nascimento das crianças – e até antes dele, já que é sempre importante que o vínculo mãe-bebê aconteça durante a gestação. Falamos dele na travessia de todo o desenvolvimento humano – não são apenas as crianças que precisam de um bom vínculo para se desenvolver saudáveis, com alegria e com afeto. Falamos dele na clínica – "é preciso que terapeuta e paciente criem um bom vínculo". E ainda nós, psicólogos, convocados a trabalhar nos inúmeros serviços disponibilizados pelas políticas públicas, seja na Saúde, na Assistência Social, na Educação, falamos muito nele, operamos com ele: "Como fazer a Dona Maria se vincular com o programa/projeto/grupo?"; "Como preservar os vínculos familiares do Joãzinho, que está sob medida protetiva em um abrigo?"; "Como dar alta a um paciente tão bem vinculado ao serviço?"

Portanto, nosso objetivo com esta escrita é visibilizar como o vínculo, constituindo-se como um operador de referência tanto para as práticas no campo da Psicologia como no campo da Assistência Social, estabelece-se como um conector que permite uma ligação entre essas duas áreas, dando sustentação à atuação de psicólogos/as nos serviços disponibilizados pela Política Nacional de Assistência Social.

A organização socioassistencial que sustenta o vínculo

Embora a Assistência Social tenha aparecido como um dever do Estado a partir da Constituição de 1988, sendo firmada pela Lei Orgânica da Assistência Social (LOAS) em 1993, sua materialização como política pública é relativamente recente. No entanto, a história das práticas socioassistenciais no Brasil remonta ao período colonial, com a chegada das missões jesuítas que buscavam promover mudanças na população indígena. De lá para cá, são décadas de uma história marcada por benevolência, filantropia e parcerias público-privadas (COUTO, 2009). Assim, desde a Constituição de 1988 se passaram mais de quinze anos até a criação da Política Nacional de Assistência Social (PNAS), promulgada em 2004, que permitiu no ano seguinte a implementação do Sistema Único de Assistência Social (SUAS).

Ao longo desses anos de práticas desenvolvidas pelos serviços socioassistenciais pelo país, a academia conta hoje com inúmeros estudos que se debruçam sobre sua história, focando diferentes dimensões da emergência das práticas assistenciais, desde o trabalho filantrópico e benevolente à construção de políticas sociais que buscam a garantia de direitos. Discussões que perpassam trabalhos como os de Cardoso Junior e Jaccoud, (2005); Mestriner (2001); Couto (2006; 2009); Cruz e Guareschi (2009); Sposati (1991; 1995); Lasta (2015); as estratégias de governo da vida de Lockmann (2013); Rodrigues, Cruz e Guareschi (2013) e o governo da infância com Rizzini (2011), entre outros estudos.

Portanto, antes de seguirmos para a discussão que aponta o vínculo como um conector entre a Política de Assistência Social e o campo da Psicologia, a proposta nessa sessão é brevemente situar o leitor em relação aos pontos básicos da política e sua organização para entendermos a organização socioassistencial que dá sustentação ao fortalecimento dos vínculos, visto que "o fortalecimento dos vínculos familiares e a defesa e promoção do direito à convivência familiar e comunitária são metas que perpassam todas as normatizações da política nacional de assistência social" (BRASIL, 2012b, p. 94).

Primeiro, para entendermos a relevância de nos debruçarmos sobre a Política de Assistência Social, é preciso compreender o lugar que ela tem assumido no âmbito das políticas públicas brasileiras, pois não é sem propósito o crescente investimento que ela recebeu nos últimos anos. Dados divulgados pelos meios de comunicação oficiais do governo brasileiro enfatizaram que em 2012 os investimentos em Assistência Social se multiplicaram treze vezes em dezesseis anos[8]. Um grande crescimento que incluiu áreas como Segurança Social, Educação e Saúde. Entre estes, um dos principais investimentos foi o programa de transferência direta de renda, o Bolsa Família, que constitui o Plano Brasil Sem Miséria. Como demonstra o relatório do Plano (BRASIL, 2013), em 2014 o número de pessoas que saíram da extrema pobreza chegou a 22 milhões. No entanto, tal investimento não tem sido apenas dirigido ao Programa Bolsa Família, mas também à implantação e ampliação dos serviços que constituem o Sistema Único de Assistência Social (SUAS), sustentando a ideia de responsabilidade do Estado em garantir a proteção social para todos os cidadãos que dela necessitarem (BRASIL, 1988).

Desse modo, seguindo um modelo de organização baseado na Lei Orgânica da Assistência Social (LOAS), a Assistência Social, como política pública, está estruturada sob dois tipos de proteção: 1) a proteção social básica, que visa prevenir situações de

---

8. Informação disponibilizada pelo website do Ministério de Desenvolvimento Social e Combate à Fome. Disponível em: <http://www.mds.gov.br/saladeimprensa/noticias/2012/setembro/investimento-em-assistencia-social-multiplica-13-vezes-em-16-anos> acesso em abr./2015.

vulnerabilidade e risco social por meio do desenvolvimento de potencialidades e aquisições e do fortalecimento de vínculos familiares e comunitários; e 2) a proteção social especial, que objetiva contribuir para a reconstrução de vínculos familiares e comunitários, a defesa dos direitos, o fortalecimento das potencialidades e aquisições e a proteção de famílias e indivíduos para o enfrentamento das situações de violação de direitos (BRASIL, 1993). Essa organização demarca, por sua vez, duas importantes características da PNAS que permeiam todos os níveis da Assistência Social: 1) a implementação de serviços centrados na família e organizados por área geográfica em comunidades consideradas em risco social e vulnerabilidade; e 2) o fortalecimento dos vínculos familiares e comunitários como meta da política – que, como mencionei, perpassa todas as suas normatizações (BRASIL, 2012b).

Esse compromisso, firmado através da PNAS, é destacado também nas seguranças afiançadas que devem ser garantidas aos sujeitos que necessitam do auxílio socioassistencial. São elas: segurança de sobrevivência ou de rendimento e autonomia (garantia de rendimentos eventuais ou continuados), segurança de acolhida (ações de cuidado e proteção contra situações de abandono e fornecimento de suprimentos básicos como alimentação, roupas e abrigo) e a segurança de convívio ou vivência familiar – a qual se liga o fortalecimento dos vínculos. Assim, para a efetivação das metas e compromissos destacados na PNAS vimos ser criado, no ano de 2005, o Sistema Único de Assistência Social (SUAS) que, de forma semelhante ao sistema de saúde, é dividido em diferentes níveis de complexidade (básica e especial), através dos quais são oferecidos serviços de proteção social no território de comunidades caracterizadas como vulneráveis e/ou com risco social.

É no primeiro nível de proteção oferecido pela PNAS que encontramos o ponto da organização de serviços e programas, a partir do qual este capítulo situa suas análises e interrogações, ou seja, o Plano da Proteção Social Básica, que tem como objetivo "prevenir situações de risco por meio do desenvolvimento de potencialidades e aquisições, e o fortalecimento de vínculos familiares e comunitários" (BRASIL, 2004, p. 27). Para a efetivação desse propósito, o Centro de Referência de Assistência Social (CRAS) é a principal unidade pública responsável pela oferta de programas e serviços para pessoas em situação de vulnerabilidade social devido à pobreza, à privação (p. ex., a falta de renda e acesso aos serviços públicos) e/ou enfraquecido dos laços afetivos. É, portanto, a unidade encarregada de oferecer o registro no Cadastro Único para Programas Sociais[9] e que abriga o Serviço de Proteção e Atendimento Integral à Família (Paif), o qual visa assegurar ações que envolvem o fortalecimento dos vínculos familiares e comunitários, contribuindo tanto para a ampliação das perspectivas de vida das famílias como ao acesso a oportunidades (BRASIL, 2012a).

Já as situações nas quais as famílias e usuários se encontram em risco pessoal ou social (abuso físico e sexual, trabalho infantil, desabrigado por intempéries etc.) são encaminhadas para os serviços da Proteção Social Especial, que também são atravessados pelo fortalecimento dos vínculos familiares e comunitários. Diferente da Proteção Social Básica, este segundo tipo de proteção é dividido em dois níveis de complexidade: a Proteção Social de Média Complexidade, onde a unidade básica é o Centro de Referência Especializado de Assistência (CREAS) e a Proteção Social Especial de Alta Complexidade, que consiste em serviços que fornecem proteção integral para pessoas em situação de abandono, ameaça ou violação de direitos, necessitando de acolhimento institucional temporário (BRASIL, 2004). Como podemos notar, a implementação da PNAS e de seus serviços é permeada em ambos os níveis de proteção social pelos vínculos familiares e comunitários.

O vínculo como um conector entre a Psicologia e a Política de Assistência Social

Para sustentação desse arranjo político, que organiza uma política pública atravessada pela lógica do fortalecimento de víncu-

---

9. O Cadastro Único para Programas Sociais do governo federal é um instrumento utilizado para identificar e caracterizar as famílias de baixa renda (até meio salário mínimo por pessoa ou renda mensal total de até três salários mínimos). Informações disponibilizadas no site do MDS: <http://www.mds.gov.br/bolsafamilia/cadastrounico/> acesso em 18/10/2012.

los, encontramos a Psicologia entre as áreas profissionais chamadas a ocupar as equipes dos serviços implementados pelo SUAS. Atualmente há um grande volume de psicólogos trabalhando nos serviços disponibilizados a partir da PNAS, aproximadamente 23 mil[10] – um processo de inserção profissional que, com a reordenação das unidades e serviços implementados com o SUAS, não ocorreu sem tensionamentos.

O CRAS ilustra bem essa situação, pois se constituiu como uma unidade nova de atendimento socioassistencial, criada a partir da PNAS e que, de acordo com a Norma Operacional Básica de Recursos Humanos do SUAS (NOB-RH/SUAS), tem como equipe mínima de referência (independente do porte do município) profissionais de nível superior que incluem um assistente social e, preferencialmente, um psicólogo e técnicos de nível médio. Uma oferta de emprego que tanto alegrou os profissionais da Psicologia como disparou discussões quanto ao lugar que eles deveriam ocupar nos serviços da política. No município de Porto Alegre acompanhei algumas dessas discussões, tanto em um grupo de estudos da Fundação de Assistência Social e Cidadania (FASC) como nos encontros do Projeto Conversando sobre o SUAS[11], no qual uma psicóloga, trabalhadora de um CRAS da região metropolitana, mencionou que em seu município as vagas para psicólogos na Assistência Social estavam diminuindo (em sua opinião) porque os psicólogos ficavam debatendo muito sobre o que deveriam fazer nesse campo e, ainda, negando-se a realizar determinadas atividades, como disponibilizar benefícios aos usuários (vale-transporte é um exemplo). Em relação às discussões acadêmicas, escutei rumores que questionavam para que serviriam os psicólogos/as estarem na Assistência Social, especificamente no que diz respeito ao trabalho desenvolvido em unidades como o CRAS, posto que o

---

10. Segundo dados divulgados em 2014 pelo site do Conselho Federal de Psicologia. Disponível em: <http://site.cfp.org.br/cfp-apresenta-comissao-nacional-de-psicologia-na-assistencia-social/> acesso em 24/09/2015.

11. Desenvolvido pelo Conselho Regional de Psicologia do Rio Grande do Sul, na época, em parceria com o grupo de pesquisa *E-politics*, da Universidade Federal do Rio Grande do Sul.

trabalho da Psicologia em unidades de acolhimento institucional já encontra-se consolidado há décadas.

Assim, na medida em que crescia o número de psicólogos/as atuando nos serviços do SUAS, aumentavam também as discussões sobre o papel da Psicologia na nova política (SENRA & GUZZO, 2012; MOTTA & SCARPARO, 2013). E nessa movimentação, um dos principais pontos de tensionamento tem como condição de possibilidade o pressuposto de que, no trabalho social com as famílias, são consideradas equivocadas as "modalidades [ações] com fins terapêuticos" (BRASIL, 2012a, p. 16), pois essas não corresponderiam às seguranças afiançadas pela política: a segurança de sobrevivência (de rendimento e de autonomia), de acolhida e de convívio ou vivência familiar (BRASIL, 2012a).

Desse modo, como atuar em serviços que restringem o uso de ferramentas tradicionais do campo da Psicologia (como práticas clínicas e terapêuticas), se o propósito da política é afirmar um sujeito de direitos, não um sujeito psicológico? Sujeito (psicológico) que, desenvolvendo-se a partir do ideário individualista, constitui um modelo de subjetividade que marca a atuação do psicólogo (DIMENSTEIN, 2000, p. 97). Apesar dessa restrição, as orientações técnicas do Serviço de Proteção e Atendimento Integral à Família (Paif) "pressupõe[m] o trabalho no campo das subjetividades" (BRASIL, 2012b, p. 17), permitindo aos/às psicólogos/as o uso de "uma escuta dos aspectos subjetivos envolvidos nas situações de vulnerabilidades vivenciadas pelas famílias, possibilitando, quando for o caso, o encaminhamento aos serviços adequados na rede" (BRASIL, 2012b, p. 17). Possibilidade que situa a escuta como uma ferramenta que pode ser utilizada para identificar a necessidade de ações terapêuticas, mas não para o seu desenvolvimento no serviço da PNAS (BRASIL, 2012a).

No entanto, para além dos tensionamentos que podemos destacar nessa articulação política entre Psicologia e a efetivação de uma Política de Assistência Social, podemos situar o vínculo como um objeto estratégico, um ator que ao estabelecer uma conexão entre duas redes distintas de práticas – a rede que constitui a Psicologia e a rede da Assistência Social – permite aos profissionais da Psicologia um ponto de ancoragem no âmbito da proteção social. Como ouvi de uma psicóloga, técnica de um CRAS (em um dos encontros do Projeto Conversando sobre o SUAS), o vínculo familiar e comunitário é "altamente orientador do serviço [...]". Assim, se a Psicologia produz práticas que tentam estreitar, fortalecer, reconstruir ou romper vínculos entre pessoas – e entre pessoas e coisas –, ela compõe e/ou atualiza versões de vínculo na rede de práticas que compõe a Política de Assistência Social. Nesse sentido, chamar psicólogos/as para integrar os serviços do SUAS, nos quais o fortalecimento dos vínculos é um operador central, não parece algo tão estranho, ou incongruente.

Se nos voltarmos para o documento de referência da PNAS em relação ao tema dos vínculos, o Caderno do MDS intitulado "Concepção de convivência e fortalecimento de vínculos", veremos que a Psicologia, como campo de produção do conhecimento, atua ainda na *performance* do vínculo como objeto na Política de Assistência Social, pois diversos elementos de sua rede de práticas se conectam ao referido caderno, definindo e esclarecendo a noção de vínculo posta em circulação pela PNAS – o que nos permite situá-lo como um operador que ganha existência na rede de práticas da Assistência Social em sua relação com o campo de conhecimento da Psicologia.

Essa relação entre o campo de conhecimento da Psicologia e o da Política de Assistência (como constituinte de uma prática social) nos permite colocar em evidência a discussão entre a coprodução entre ciência e sociedade, já que a articulação dos saberes psicológicos, na construção da PNAS, também gera efeitos na produção dos modos de viver em sociedade. Como nos fala Jasanoff (2004), a produção científica, de expertise, de leis e da organização social não está separada da política. Assim, apontando a inseparabilidade entre ciência e sociedade, a autora sugere que possamos fazer uso de um idioma de coprodução. Segundo a pesquisadora, qualquer período histórico ou formações culturais e políticas particulares devem ser abordados a partir dessa coprodução, como uma proposição que reconhece que o modo como nós conhecemos o mundo (a natureza, a sociedade) é inseparável das maneiras segundo as quais escolhemos viver nele. Ou seja, o conhecimento e suas incorporações materiais são tanto produtos do trabalho social como constitutivas de formas de vida social.

Desse modo, pensar a relação da Psicologia e das práticas socioassistenciais é também discutir a produção de modos de vida e de sujeitos possíveis na articulação dessas redes. Em última instância, é pensar a produção de coletivos, em contraponto à noção de sociedade, onde humanos e não humanos estejam entrelaçados, mesclados, dividindo a responsabilidade pelas ações postas em curso na associação de diferentes entidades (LATOUR, 2001) que interagem na produção do vínculo no território da PNAS. Fazendo referência às palavras do autor, *"a sociedade é construída, mas não construída socialmente.* Os humanos, durante milênios, estenderam suas relações sociais a outros atuantes com os quais trocaram inúmeras propriedades, formando coletivos" (LATOUR, 2001, p. 227, grifo no original).

Portanto, demarcar o vínculo como um objeto que ganha existência no campo de atuação da PNAS, a partir das conexões estabelecidas com o campo de conhecimento da Psicologia, permite-nos situá-lo como um conector entre os respectivos campos, pois: 1) o fortalecimento dos referidos vínculos, como um compromisso da PNAS, é desenvolvido por ações cotidianas que incluem práticas desempenhadas pelos profissionais da Psicologia; 2) a criação de uma concepção de convivência e fortalecimento de vínculos dentro da própria política (BRASIL, 2013) é produzida a partir de elementos heterogêneos de diferentes redes de conhecimento, entre os quais vários advêm do campo de conhecimento da Psicologia.

Tais pontos nos possibilitam sugerir que o vínculo é produzido, ou seja, performado (MOL, 2002) em diferentes versões (DESPRET, 2004) a partir da interação dos diferentes elementos envolvidos na rede de práticas do campo da Política de Assistência Social. Além do mais, essa produção nos faz agir, produzir objetos e relações que antes não existiam ou que deixam de existir. Assim, o fortalecimento dos vínculos familiares e comunitários não compõe a política por um mero acaso, ou, apenas demarcando um vocabulário "politicamente correto", pois busca auxiliar tanto na superação de situações de risco (BRASIL, 2004) como minimizar vulnerabilidades no exercício da proteção social (BRASIL, 2013). Como um operador tão relevante para a política, faz-se importante pensarmos o que vincular e fortalecer os vínculos nos faz fazer

(LATOUR, 2012), deslocando a questão do ser daquilo que elas são para "what they can make us think, what they can make us invent"[12] (DESPRET, 2004, p. 219). Isso implica pensar o trabalho cotidiano para além do bem e do mal, ou seja, situarmos nossas discussões e análises no campo ético para que possamos pensar sobre o que desejamos para o coletivo com o qual trabalhamos.

Nesse sentido, cabe-nos interrogar a serviço de que se colocam práticas que buscam fortalecer os referidos vínculos que, segundo o relato de uma psicóloga técnica de um CRAS do Estado do RS, ajudam no "trabalho sobre subjetividade" e a "intervir numa mãe para ser menos sofredora, vítima de violência, menos briguenta, menos barraqueira, uma mãe melhor, um filho melhor [...] ajudar a tornar a família uma família melhor uns com os outros [...] ajudar o sujeito a se vincular". Se a meta dos vínculos se relaciona com a superação de vulnerabilidades e com a garantia de direitos sociais, o que uma intervenção que busca fazer uma mãe deixar de ser tão barraqueira tem a ver com isso? Nesse ponto é interessante voltar a atenção às emoções que se produzem em meio às práticas que buscam performar o fortalecimento dos vínculos familiares e comunitários, pois, talvez em muitos momentos, a centralidade que os vínculos assumem na política passam a se relacionar com a produção de uma regulação, de uma ordem social. Uma estratégia de governo das populações na qual o esforço para vincular as pessoas entre si, suas famílias à comunidade e aos serviços de assistência é um instrumento que tenta mobilizar sentimentos e comportamentos mais "adequados" entre os sujeitos, como em outra parte do relato que já mencionei, em que a psicóloga nos fala da importância do fortalecimento dos vínculos que ajudam a "intervir numa mãe para ser menos sofredora, vítima de violência, menos briguenta, menos barraqueira; uma mãe melhor, um filho melhor". Emoções que ligam os sujeitos entre si permitindo governá-los, conduzindo-os a assumir determinadas condutas e, por sua vez, condutas mais legítimas, aceitáveis e desejáveis para a regulação da ordem social de um Estado, como diferentes táticas para o governo da conduta das populações.

---

12. Tradução livre: "O que elas podem nos fazer pensar, o que elas podem nos fazer inventar".

No entanto, sendo múltiplos os elementos envolvidos em um encontro, sempre há muitas possibilidades que produzem arranjos diversos, objetos diversos e, talvez, outros modos de conduzirmos o governo de nossas vidas. Cada *performance* que produz fortalecimento de vínculos é localizada em um espaço específico, envolvendo sujeitos e objetos singulares que produzem algo que, para se repetir da mesma forma, precisariam de uma reprodução infinitesimalmente exata dos gestos, das práticas e de todos os elementos que envolveram aquela *performance*. O que se produz em um espaço diz respeito somente a ele. Portanto, como nos fala Despret (2004), também podem existir emoções de resistência que escapem à negociação de definir um *self* na ordem de uma moral:

> [...] By insisting on the negotiation of self and relationships and not on the adaptation of a single self to social, it then empowers certain versions of emotion that are given to us as what I will call emotions of resistance [...][13] (DESPRET, 2004, p. 249).

Há sempre possibilidades em jogo. Portanto, precisamos compreender não apenas como a Psicologia produz sujeitos, mas também explorar como ela produz emoções, modos de nos relacionarmos e de sentirmos, *selves* emocionais (VICEDO, 2013). *Selves* que não estão sempre ou apenas subjugados à captura da lógica de uma política governamental.

Referências

BRASIL. *Concepção de convivência e fortalecimento de vínculo*. Brasília: Ministério do Desenvolvimento Social e Combate à Fome/Secretaria Nacional de Assistência Social/Departamento de Proteção Social Básica, 2013.

_____. *Orientações técnicas sobre o Paif* – Serviço de Proteção e Atendimento Integral à Família (Paif), segundo a Tipificação Nacional de Serviços Socioassistenciais, vol. 1, 1. ed. Diário Oficial da União. Bra-

---

13. Tradução livre: "Insistindo na negociação de *self* e nas relações, não na adaptação de um *self* único ao social, então, empoderam-se algumas versões da emoção que são dadas a nós como o que eu chamarei emoções de resistência".

sília: Ministério do Desenvolvimento Social e Combate à Fome/Secretaria Nacional de Assistência Social/Sistema Único de Assistência Social, 2012a.

_____. *Orientações técnicas sobre o Paif*: Trabalho Social com Famílias do Serviço de Proteção e Atendimento Integral à Família (PAIF), vol. 1, 1. ed. Diário Oficial da União. Brasília: Ministério do Desenvolvimento Social e Combate à Fome/Secretaria Nacional de Assistência Social/ Sistema Único de Assistência Social, 2012b.

_____. *Política Nacional de Assistência Social*. Brasília: Ministério do Desenvolvimento Social e Combate à Fome/Secretaria Nacional de Assistência Social, 2004.

_____. *Lei Orgânica da Assistência Social* (Lei n. 8.742/1993). [Disponível em: <http://www.ceas.pr.gov.br/arquivos/File/Lei_Organica_da_Assistencia_Social.pdf> acesso em 25/08/2012].

_____. *Constituição da República Federativa do Brasil*. Brasília: Senado Federal, 1988.

CAMPELLO, T.; FALCÃO, T. & COSTA, P.V. (orgs.). *O Brasil sem miséria*. Brasília: Ministério do Desenvolvimento Social e Combate à Fome, 2014.

CARDOSO JUNIOR, J.C. & JACCOUD, L. Políticas sociais no Brasil: Organização, abrangência e tensões da ação estatal. In: JACCOUD, L. (org.). *Questão social e políticas sociais no Brasil contemporâneo*. Brasília: Ipea, 2005, p. 181-260 [Disponível em: <http://twileshare.com/uploads/pol_ticas_sociais_no_brasil1.pdf> acesso em fev./2013].

COUTO, B.R. O Sistema Único da Assistência Social (SUAS): Na consolidação da assistência social enquanto política pública. In: CRUZ, L.R. & GUARESCHI, N.M.F. (orgs.). *Políticas públicas e assistência social*: Diálogos com as práticas psicológicas. Petrópolis: Vozes, 2009, p. 41-55.

_____. *O direito social e a assistência social na sociedade brasileira*: Uma equação possível? 2. ed. São Paulo: Cortez, 2006.

CRUZ, L.R. & GUARESCHI, N.M.F. A constituição da assistência social como política pública: interrogações à psicologia. In: CRUZ, L.R. & GUARESCHI, N.M.F. (orgs.). *Políticas públicas e Assistência Social*: Diálogos com as práticas psicológicas. Petrópolis: Vozes, 2009, p. 13-40.

DESPRET, V. *Our Emotional Makeup*: Ethnopsychology and Selfhood. Nova York: Other Press, 2004.

DIMENSTEIN, M. A cultura profissional do psicólogo e o ideário individualista: Implicações para a prática no campo da assistência pública à saúde. *Estudos de Psicologia*, v. 5, n. 1, 2000, p. 95-121.

FOUCAULT, M. Aula de 1º de fevereiro de 1978. *Segurança, território e população*. São Paulo: Martins Fontes, 2008, p. 117-153.

JASANOFF, S. The Idiom of Co-production. In: JASANOFF, S. (org.). *States of Knowledge*: The Co-production of Science and Social Order. Londres/Nova York: Routledge, 2004.

LASTA, L. *Políticas de assistência social no Brasil*: O governo da vida pela proteção e inclusão social. Porto Alegre: UFRGS, 2015 [Tese de Doutorado em Psicologia Social e Institucional].

LATOUR, B. *Reagregando o social*: Uma introdução à teoria ator-rede. Salvador/Bauru: Edufba/Edusc, 2012.

_____. Um coletivo de humanos e não humanos: No labirinto de Dédalo. *Esperança de Pandora*. São Paulo: Edusc, 2001, p. 201-246.

LOCKMANN, K. Práticas de assistência à infância no Brasil: Uma abordagem histórica. *Revista Linhas*, v. 14, n. 26, 2013, p. 76-111.

MESTRINER, M.L. *O Estado entre a filantropia e a assistência social*. São Paulo: Cortez, 2011.

MOL, A. *The Body Multiple*: Ontology in Medical Practice. Durham/ Londres: Duke University Press, 2002.

MOTTA, R.F. & SCARPARO, H.B.K. A Psicologia na Assistência Social: Transitar, travessia. *Psicologia & Sociedade*, v. 25, n. 1, 2013, p. 230-239.

RIZINNI, I. *O século perdido*: Raízes históricas das políticas públicas para a infância no Brasil. 3. ed. São Paulo: Cortez, 2011.

RODRIGUES, L.; CRUZ, L.R. & GUARESCHI, N.M.F. A centralidade do vínculo familiar e comunitário nas políticas públicas de assistência social. In: CRUZ, L.R.; RODRIGUES, L. & GUARESCHI, N.M.F. (orgs.). *Interlocuções entre a Psicologia e a Política Nacional de Assistência Social*. Santa Cruz do Sul: Edunisc, 2013, p. 11-22.

SENRA, C.M.G. & GUZZO, R.S.L. Assistência Social e Psicologia: Sobre as tensões e conflitos do psicólogo no cotidiano do serviço público. *Psicologia & Sociedade*, v. 24, n. 2, 2012, p. 293-299.

SPOSATI, A. *A Assistência Social no Brasil* (1983-1990). São Paulo: Cortez, 1991.

SPOSATI, A. et al. *Assistência na trajetória das políticas sociais brasileiras*. São Paulo: Cortez, 1995.

VICEDO, M. *The Nature and Nurture of Love*: From Imprinting to Attachment in Cold War America. Chicago/Londres: The University Chicago Press, 2013.

O TRABALHO NA POLÍTICA DE ASSISTÊNCIA SOCIAL
Contribuições da análise do trabalho como atividade

Helena de la Rosa da Rosa

Fernanda Spanier Amador

O presente capítulo discute o trabalho na Política de Assistência Social a partir de uma pesquisa que investigou os modos de trabalhar e de subjetivar nos Centros de Referência Especializados de Assistência Social (CREAS). Pela perspectiva da atividade, em interlocução com o pensamento foucaultiano relativo à governamentalidade e à biopolítica, bem como a partir de um aporte deleuzeano-guattariano alusivo à macro e à micropolítica, entremeia-se a escrita com *flashes*[14] de cenas do trabalho na Assistência Social, as quais compõem o material produzido na pesquisa e na experiência de trabalho de uma das autoras.

Em uma reunião de referência e contrarreferência, um técnico do CRAS traz, para a discussão, a situação de duas crianças identificadas como estando em risco, a partir do que considera risco o Serviço de Convivência e Fortalecimento de Vínculos (SCFV). Trata-se de um menino de onze anos e uma menina de quatorze anos, que parecem estar sem certidão de nascimento e nunca ter frequentado uma escola. Identificou-se a situação, pois uma adolescente foi buscar outras crianças no SCFV e apresentou-se como cuidadora das crianças em questão. Por perceber uma situação de possível trabalho in-

---

14. Destacamos que os *flashes*, por vezes, serão palavras dos trabalhadores e estarão entre aspas, destacados do texto. Em outros momentos, os *flashes* serão trechos do diário de campo escrito pela pesquisadora. Nesse caso, também estarão em itálico e também destacados.

fantil doméstico, a responsável pelo serviço fez uma escuta da jovem, identificou a família e referenciou a situação para o CRAS. Ao ser relatada a história familiar, emergem questões, entre os trabalhadores, sobre como ainda hoje isso é possível? Como essa família não foi atendida por nenhuma política pública, como "escapou" dessa rede? Assim, foi questionado também: Se a família "escapou", outras famílias são "capturadas"? Como, então, essa família seria agora "capturada"? Como se opera o trabalho entre "escapes" e "capturas"?

Em relação ao contexto apresentado, poderíamos indagar se aqui começaria o trabalho na Assistência Social justamente com as perguntas suscitadas: Fazer o trabalho na política de assistência seria otimizar a rede, "tapar seus furos", "apertar suas tramas", ou repensá-la a partir daquilo que lhe escapa? Isto é, poderíamos tomar o "escape" como interrogação sobre como se tem produzido o trabalho na política pública de assistência? Há uma quebra nas obviedades relativas ao fluxo do trabalho? Como fazer dessa interrogação uma problematização acerca do trabalho na Assistência Social a fim de que seja possível reinventá-lo[15]?

Pensando que o trabalho pela política de assistência merece ser entendido desde as suas conexões com a dimensão da governamentalidade, nos termos nos quais formulou Foucault (1984), é que compreendemos que ele se constitui enquanto parte do dispositivo institucional de instituições, de procedimentos e de práticas que têm por alvo a gestão das populações (FOUCAULT, 2008). Assim sendo, entendemos que a analítica do trabalho como atividade possibilita um exercício problematizador instigante. Afinal, tal perspectiva põe em evidência o processo de normatização e renormatização experimentado pelos trabalhadores e trabalhadoras quando enfrentam a gestão da distância entre o trabalho pres-

---

15. O conceito de invenção, conectado ao caráter imprevisível do processo de aprender e à invenção de problemas (KASTRUP, 2001) ganha relevância porque está justamente ligado à possibilidade de o trabalhador retirar seu trabalho das evidências, problematizá-lo quando convocado pelo real, possibilitando o novo em situação de trabalho (KASTRUP, 2001).

crito e o trabalho real. Nesse processo, evidenciamos também que há, como diz Yves Clot (2013a), uma iniciativa dos trabalhadores e trabalhadoras que instaura uma relação, no mínimo, modificadora da norma, visto que agir envolve sempre, em alguma dimensão, recriação normativa. Trata-se, como orienta Clot (2013a, p. 201), de "construção, no comum, de um mundo em que o sujeito pode viver a experiência do real naquilo que ele tem de desconhecido e inesperado. No acontecimento ele reencontra, graças à instituição, o poder de agir sobre seu meio, contra a instituição e além da instituição".

Nesses termos podemos pensar que a emergência do Estado, como matriz moderna da individualização e da totalização, produz pelo arranjo de suas técnicas tanto um certo homem-trabalhador, capaz de regular a si mesmo, como campos específicos de trabalho, nos quais podemos inferir a esfera da Assistência Social, para que esse novo sujeito autogovernável possa também incidir sobre a população. Dessa forma, o trabalhador da assistência pode se deparar com a imposição de atuar como instrumento do capitalismo contemporâneo para produção de capital humano ou, mesmo, pode se deparar fazendo a gestão das misérias necessárias (OLIVEIRA & HECKER, 2013).

Frente a isso, ao problematizar o fazer na perspectiva da Assistência Social, tecemos nossas análises atentos aos modos como o neoliberalismo – com sua redefinição do papel do Estado e acarretando transformações nos modos de governamentalidade biopolítica – se expressa e se produz nos modos de organização do trabalho e na execução das políticas públicas, pensando as mudanças geradas no campo social e na gestão do processo de trabalho na Assistência Social. E, pela perspectiva da atividade, podemos inferir que o biopoder, enquanto configuração de uma determinada norma, embora se imponha no e pelo trabalho social, não a determina de uma vez por todas. Isso significa dizer que trabalhar pela perspectiva da atividade é também envolver-se com normatividades estabelecidas face às provas enfrentadas no real. Nessa direção, pensamos a gestão dos processos de trabalho operando na fronteira entre a reprodução de modelos de produção de subjetividade capitalística e as possibilidades de singularização[16].

Novos *flashes* na Assistência Social... sobre o trabalho como atividade

Ao tomarmos o trabalho enquanto atividade, pensamos sobretudo nos modos de trabalhar e subjetivar os atos empreendidos pelos trabalhadores quando da gestão entre trabalho prescrito e trabalho real (CLOT, 2010). Nesse sentido, o desafio está em compreender como os trabalhadores vivenciam e dão sentido ao trabalho, produzindo modos de relação consigo mesmos e com o mundo, a partir de microgestões, renormatizando incessantemente seu trabalho por meio da atividade, levando em consideração os arranjos tecidos pelo capitalismo e pelo neoliberalismo.

Segundo Lhuilier (2013), o trabalho tematizado como atividade refere-se ao encontro singular de um sujeito e de uma situação concreta, na qual se confrontam a relação consigo mesmo, a relação com o outro e a relação com o real. Ao falar em encontro com o real, reafirmamos o entendimento de que o exercício do trabalho acompanha sempre o encontro com o imprevisto, ou seja, com questões para as quais ainda não foram produzidas respostas ou meios de trabalho. No que concerne a esse encontro, trabalhar será sempre uma prova para o sujeito, prova que pode ser dolorosa, mas também uma possibilidade de descoberta para além da reprodução de normas e prescrições.

---

16. Cabe destacar que a singularidade não é pensada pelos autores como individuada; ela se faz ao contrário, associando, aglomerando dimensões de diferentes espécies, criando processos de diferenciação permanente das modelizações da subjetividade capitalística e promovendo uma "revolução molecular". O que vai caracterizar um processo de singularização é que ele possa "captar os elementos da situação, que construa seus próprios tipos de referências práticas e teóricas, sem ficar nessa posição constante de dependência em relação ao poder global em nível econômico, em nível de saber" e tantos outros que são difundidos (GUATTARI & ROLNIK, 2010, p. 55).

"Dentro do ECA tem algumas diretrizes que tu tens que cumprir. Normativas da Criança e do Adolescente, entendendo um processo de desenvolvimento... Mas daqui a pouco tu percebe que um adolescente de dezesseis anos, dentro da estrutura dele, vai se virar melhor sozinho em uma casa que ele conseguiu com a companheira do que na casa da família ou na rua como ficava. E aí, como lidar com isso? Como tu vai trabalhar isso? É um adolescente que vai morar sozinho, que não está na escola; como lidar com essa situação em si? Agora, como que eu faço, escutar mais a pessoa né, tu ficar ali, escutar, porque daqui a pouco passa a vida dele ali na rua e ninguém escuta ele. Então um dia tu vai lá, escuta e o processo vai se dando [...]."

Os regulamentos, normas que enquadram as diferentes atividades, são colocados à prova e desvelam seus limites pela confrontação com o real na ação de trabalhar. É nessa zona, na atividade, que as representações do trabalho podem ser colocadas em questão (LHUILIER, 2013), pois é na ação que os trabalhadores se deparam com limites e estranhamentos que podem se colocar como potência da problematização do trabalho e, assim, de sua incessante invenção. Dessa maneira, ocorre a problematização tanto dos modos organizativo-operacionais do trabalho quanto de instituições, aqui entendidas como pautas, regramentos prescritos e/ou proscritos que se dão em uma trama de poderes, e que os atravessam.

Nessa direção, afirmamos com Schwartz (2007; 2011) e Clot (2006; 2010) que a situação de trabalho ultrapassa a execução de tarefas planejadas, previamente definidas. Deslocando-se do trabalho prescrito, a atividade consiste em um processo que implica, sempre, criação de meios para viver, meios para fazer viver o trabalho.

Mais do que prévia, é no executável do trabalho que a atividade se faz, como nos diz Clot (2006). Isso porque, para o autor, a atividade se dá "na realização da tarefa, por ela, assim como, por vezes, contra ela, produção de meio de objetos materiais, simbólicos e de relações humanas ou, mais exatamente, recriação de um meio de vida". Nesse sentido, trabalhar, pela perspectiva da atividade, será "sempre um fazer de outra forma, um trabalhar de outra forma. Não é uma palavra de ordem projetada no futuro: está dentro da realidade, é uma espécie de obrigação mesma de qualquer situação de atividade de trabalho humano já incluir uma dimensão de transformação" (SCHWARTZ, 2007, p. 35), ou seja, de criação de normas.

Dizemos com isso que, ao tomarmos o trabalho como atividade, entendemos que esse nunca se restringe à execução de tarefas, à aplicação de determinados procedimentos e protocolos, pois isso seria inviável. Em outras palavras, como nos aponta Schwartz (2011), a atividade de trabalho é uma forma específica da atividade humana que, como tal, implica sempre uma espécie de "debate de normas", um certo espaço de criação incessante.

Dito de outra forma, frente às variabilidades e aos imprevistos inerentes a todo meio de trabalho, cada trabalhador tem de renormatizar, tem de desviar de alguma maneira e reinventar o caminho, reinventar o meio. Com isso, trabalhar será sempre uma prova a enfrentar. Em diferentes momentos do trabalho na Assistência Social é possível identificar esse processo. Tratando-se, por exemplo, da execução das tarefas nos Centros de Referência Especializados de Assistência Social (CREAS), a variabilidade pode ser reconhecida quando os trabalhadores relatam os desafios encontrados na realização das abordagens sociais, referindo que o trabalho na rua é muito dinâmico e implica, sempre, microgestões em situação de trabalho – tal como podemos ver no trecho que segue:

> "Às vezes tu pensas que tem que observar mais, e num piscar de olhos a criança sumiu; então são situações que tu avalias o momento de abordar, se já é hora ou não, mas se tu não decides, tu podes perder aquele momento, mas se tu fores ansioso podes também dificultar."

Podemos pensar que o avanço na criação de legislações e normativas no trabalho na Assistência Social contribui para a afirmação do trabalho nesse campo, tendo em vista se tratar de uma política recente, com longo histórico de práticas baseadas na lógica assistencialista. No entanto, tomando o trabalho como atividade, entendemos que tais normas não se impõem, ou seja, não se constituem como determinantes absolutos da atividade face às variabilidades e aos imprevistos do meio, assim como à tendência de renormatização experimentada em situação de trabalho.

Nessa perspectiva, as normas antecedentes, aquilo que tem função de prever e antecipar, predefinir as tarefas e as atividades, expressam modos de pensar, sentir e trabalhar historicamente construídos. Com isso, não se consideram como normas antecedentes apenas as regras, os regulamentos e os procedimentos a serem seguidos, nem as tecnologias disponibilizadas em determinada situação de trabalho. Esse conjunto de normas antecedentes é de fato mais tangível; porém, seus pressupostos só podem ser identificados quando se admite que refletem o patrimônio histórico, cultural, científico e político de uma determinada sociedade (BRITO, MUNIZ, SANTORUM & RAMMINGER, 2011).

As normas antecedentes correspondem àquilo que está disponível antes mesmo de a atividade se iniciar e estabelecem condições para que aquela se desenvolva no que tange a aspectos materiais, técnicos e organizacionais, mas também a aspectos políticos, econômicos e subjetivos. Ao mesmo tempo em que reconhecemos as normas antecedentes como necessárias para a atividade, tendo em vista que é a partir delas que será possível renormatizar, também afirmamos que a antecipação exaustiva, ou uma simples execução de normas, é impossível. Essa afirmação vem no sentido de que nenhuma norma antecedente, nenhum protocolo, poderá abstrair ao que Schwartz (2007, 2011) refere como um "vazio de normas", uma vez que, no momento em que se defrontar com o real, o trabalhador percebe que as normas antecedentes, os conhecimentos constituídos já não são suficientes. Cabe aqui ressaltar que esse vazio de normas não se trata de uma ausência de prescrições para o trabalho, mas que diante da constante variabilidade do trabalho real as prescrições e os conhecimentos adquiridos precisarão ser sempre reinventados.

No âmbito do trabalho do CREAS, retomando as variabilidades e imprevistos descritos pelos trabalhadores em situações de abordagem social, as estratégias utilizadas pelos educadores sociais nos mostram esse processo.

> "Outro dia, estávamos com uma bola, e o menino que estava na reciclagem nos viu, deixou um pouco o carri-

nho de lado e veio jogar. Vamos tentando então inserir um pouco de lúdico nessa dureza; às vezes o brincar em meio a um trabalho nos vincula de outra maneira e também mostra outras opções para aquela criança. Lembramos também de um caso difícil, um menino que não queria conversar com ninguém; estava numa rua no centro tocando flauta, mas era da nossa região. Então, pegamos um violão, um tambor e começamos a tocar perto dele; dessa forma, ele foi se aproximando, conseguimos conversar, saber onde ele aprendeu a tocar. Digo então que cada educador tem que ser também um pouco artista."

Pela perspectiva da atividade, entendemos que, em meio às dificuldades encontradas, às provas que se impõem, os trabalhadores criam estratégias para fazer o trabalho acontecer. Com isso, é possível pensar que se deparar com um "vazio de normas" pode não ser entendido como um desamparo, mas como possibilidade de criação acionada em situação de trabalho.

Cabe aqui destacar que essa criação à qual fazemos menção é por nós entendida como uma relação problematizadora com o trabalho, isto é, conectada à possibilidade de invenção na esfera laboral, que é mais do que fazer coisas de outro jeito, mas fazê-las a partir de uma relação problematizadora no tocante a seu universo de pautas, de regramentos. Assim, pensamos que a criação tem a ver com a ideia de invenção e não de criatividade, tão convocada em um discurso neoliberal no campo do trabalho, em que muitas vezes se coloca o trabalhador nessa condição de estar sempre criando outros modos de manter a própria precariedade. É nessa direção que articulamos conexões entre atividade e micropolítica visando a uma análise crítico-clínica, conforme discorreremos no decorrer deste segmento.

Entendemos que, face à provação de que todo trabalho enfrenta resistências do real, as formas como os trabalhadores realizam suas ações laborais passam por decisões tanto conectadas às maneiras de pensar e sentir vinculadas às suas histórias singulares quanto por arbitragens articuladas no lastro de uma dimensão sempre coletiva. Schwartz (2011) afirma que a atividade em sua dimensão de renormatização e de tratamento de vazio de normas se faz sempre em uma gestão coletiva. Para o autor, trata-se de um coletivo que não é imposto pela prescrição, mas tecido na atividade. Dessa forma, é um coletivo "indefinidamente variável no tempo, no espaço, e infinitamente mais instável do que as interações previstas pelos protocolos, pelos organogramas" (SCHWARTZ, 2011, p. 139). Constituem-se assim, nas palavras do autor, como Entidades Coletivas Relativamente Pertinentes (ECRP).

Tratando-se de tal constituição, sinalizamos que, em determinado momento no encontro com os trabalhadores do CREAS, foi por eles verbalizado que a sintonia da equipe no processo de abordagem é muito importante, a tal ponto que, quando muda algum integrante na equipe, de alguma forma é como se o processo começasse outra vez do início. Nas palavras de um trabalhador:

> "Tem a questão da afinidade. Daqui a pouco a compreensão que eu já tenho, tu também tens, nós já tivemos os 'gre-gre' de início, mas a gente está se entendendo; quando um não está bem, o outro já sabe que tem que entrar. Mas daqui a pouco, quando existe a rotatividade na equipe, tu vais ter que começar de novo, porque aqui tem que ser no olhar, tu estás dentro da comunidade, pô."

Podemos pensar que a "afinidade" mencionada refere-se a um coletivo fabricado na experiência de trabalho, no movimento de renormatização balizado por um debate de valores entre os trabalhadores que será experimentado por tal coletivo, produzindo instrumentos e estratégias coletivas para enfrentar o real do trabalho. Seguindo esse entendimento, na medida em que mudam os arranjos coletivos, modificam-se as possibilidades dos sujeitos de agirem nesse meio.

Mais do que um mero executor da tarefa, o trabalhador constitui a atividade e é constituído por ela. Dizemos com isso que, na perspectiva da atividade, as relações entre trabalho e subjetividade estão centradas na atividade de trabalho como fonte permanente de recriação de formas de viver no e pelo trabalho. Podemos pensar que atividade e subjetividade são entendidas como produtoras e produto de um mesmo processo. Nas palavras de Clot:

> A atividade não é o contrário da subjetividade. A subjetividade eu a defino claramente – claramente pra mim

pelo menos, pois isso abre muitas questões, já que é difícil de fato – como uma relação entre atividades. A subjetividade é uma atividade sobre a atividade. É a minha atividade ou a atividade de meu colega de trabalho como objeto de pensamento. É assim que se desenvolve a produção subjetiva de minha experiência. Portanto, não somos obrigados a escolher entre atividade e subjetividade (CLOT, 2010, p. 225).

O autor aponta, assim, que a existência dos sujeitos é tecida nos conflitos vitais da atividade, que implicam uma composição incessante entre a história dos sujeitos e a história do ofício ao qual se vinculam.

Para potencializar a analítica da criação inerente à atividade, Clot (2010, p. 104) formula o conceito de "real da atividade". Sob a influência de Vygotsky, afirma que "o homem é pleno a cada minuto de possibilidades não realizadas". Isso significa dizer que, se focarmos apenas no trabalho realizado, negligenciamos as potenciais possibilidades contidas no real da atividade. Para compreender a atividade é preciso, pois, considerar a atividade (re) engolida, impossível, impedida, ou seja, "o real da atividade é, igualmente, o que não se faz, o que se tenta fazer sem ser bem-sucedido – o drama dos fracassos –, o que se desejaria ter feito, o que se pensa ser capaz de fazer noutro lugar" (p. 104).

Com isso, entendemos que a atividade pode ser pensada como lugar de um devir. Entre trabalho prescrito e trabalho real, o vazio de normas (SCHWARTZ, 2007) e o real da atividade, Clot (2010) nos sinaliza a existência de uma zona de diferenças e repetições de modos de trabalhar. Trata-se de uma zona em que as representações do trabalho podem ser colocadas em questão face às resistências do real.

Dizemos com isso que "a atividade é sempre colocação à prova das representações socialmente construídas, propondo uma definição de tarefas a realizar, visando orientá-las e normatizá--las" (LHUILIER, 2013, p. 483). Assim, tomando o trabalho como atividade, temos acesso aos modos como os trabalhadores enfrentam as provas do real, ou seja, como eles enfrentam aquilo que não está contido nas normas e que se oferece como potência de problematização do trabalho pelos próprios trabalhadores, como podemos ver no comentário apresentado a seguir de uma trabalhadora da assistência:

> "Tem que cuidar para não ficar com o olhar viciado também; às vezes tu olhas e aquelas crianças só tão na rua brincando, não tão trabalhando, mas teu olhar parece treinado, aí a equipe é importante."

Tendo em vista o seu relato, podemos perceber que tais referenciais são tão caros a este estudo uma vez que nos interessamos, de maneira especial, pelas situações concretas vividas pelos trabalhadores em seus locais de trabalho. Além disso, caros também porque objetivamos entender os modos pelos quais a subjetivação vai seguindo seu curso na gestão do trabalho pelos próprios trabalhadores no cotidiano dos serviços.

Analisar o trabalho sob o ponto de vista da atividade permite-nos, portanto, acompanhar como os próprios trabalhadores da Política de Assistência Social continuam a fazer a história desse ofício, seja decidindo sobre dar ou não um benefício, seja sobre como abordar uma criança ou um adulto em situação de rua ou, ainda, sobre como avaliar a necessidade de inclusão em um Serviço de Proteção Social Básica do SUAS, que deve ser ofertado de forma complementar ao trabalho social com as famílias – o chamado Serviço de Convivência e Fortalecimento de Vínculos (SCFV) –, como indicam os trechos abaixo:

> "– Estávamos aqui conversando, como é difícil... porque já enxergamos de uma maneira única; se a família está crescendo, melhorando, já ficamos desconfiados se é tráfico. Se não precisa do SCFV, pensamos que pode estar em risco.
>
> – Temos como que um *checklist* da Assistência Social: trabalho, escola, SCFV e no automático vamos preenchendo; tem que colocar a família nessa lista.
>
> – Bom, às vezes a família melhora a condição, e que bom! O filho poder ficar em casa, coisa boa... não é assim que pensamos quando os nossos podem ficar em casa... mas colocamos como que uma vestimenta para pensar as famílias pobres e outra para pensar as famílias de classe média."

Tendo em vista essas considerações, não se trata de definir certo ou errado em cada escolha, mas de reconhecer que nas renormatizações operadas pelos trabalhadores em situação laboral são reafirmadas tanto dimensões prescritas como dimensões que compõem a potência de criação dos modos de trabalhar. Uma escolha que pode parecer, operacionalmente, muito objetiva – dar ou não um benefício – está imbricada nas diferentes normas sociais que atravessam o trabalho nessa esfera.

Fazer escolhas, fazer história é assim fazer política. Se a política diz respeito aos modos de existência coletiva, se em todas as modulações desse conceito o que se mantém é a ideia de política como atividade ou práxis humana (BARROS & PIMENTEL, 2012), se trabalhar como atividade pressupõe uma situação de gerir um encontro com o outro, que diz respeito a destinos na vida, é no fazer cotidiano que se produz política.

Assim, pela perspectiva do trabalho como atividade, reconhecemos um deslocamento fundamental que amplia o trabalho do entendimento de uma repetição incessante, bem como de constante submissão às prescrições prévias e às normas absolutas. Trabalhar, sob essas perspectivas, consiste em uma atividade de criação de modos de fazer-viver singulares e coletivos, portanto, impossíveis de serem definidos previamente por estarem em constante transformação.

Nessa direção, pensamos as conexões possíveis entre o trabalho tematizado como atividade e o conceito-ferramenta de micropolítica. Tal conceito, conforme o tomamos neste estudo, é pensado a partir das formulações de Deleuze e Guattari (1996), que nos permitem pensar a micropolítica como lugar de "trânsito" por entre linhas duras, flexíveis e de fuga.

Demarcamos que, para esses autores, os grupos e os indivíduos são sempre segmentarizados e constituídos por linhas de natureza diversas. As linhas de segmentaridade dura são linhas que determinam uma posição e implicam dispositivos de poder. Temos ainda, ao mesmo tempo, linhas de segmentaridade flexível, de certa maneira moleculares. São linhas que traçam pequenos desvios, modificações na segmentaridade mais dura. Há ainda uma terceira espécie de linha, a linha de fuga, caracterizada quando uma ruptura é produzida, abrindo a segmentaridade para a potência da variação, da diferença, para a emergência de algo novo (DELEUZE & GUATTARI, 1996).

Cabe destacar que tais linhas, embora se distingam, são inseparáveis, configurando em diferentes arranjos tanto planos macropolíticos (molares) quanto micropolíticos (moleculares). É nessa direção que Deleuze e Guattari afirmam que "toda política é ao mesmo tempo macropolítica e micropolítica" (1996, p. 83).

Essa consideração implica compreender que entre uma norma do trabalho e outra – entendendo que a norma é um plano molar –, acontece justamente a micropolítica, um processo de renormatização e criação de normas. Com isso, tal criação não se faz desconectada da macropolítica, da dimensão das normas antecedentes, molares. Como já referimos, é a partir das normas antecedentes, do que já está instituído, que o processo molecular de desvio e criação pode acontecer.

Ao afirmarmos que pela atividade opera uma micropolítica, referimos que a perspectiva do trabalho, sob essa ótica, remete-nos a um movimento incessante que convoca o trabalhador a operar em um plano de coengendramento dessas linhas. A zona de criação, a partir da qual são constituídos, depende dos agenciamentos que as produzem, segmentos duros (molares) que se constituem por meio de normas antecedentes e protocolos que configuram uma dimensão impessoal do ofício, segundo Clot (2013b), mas que são também necessários para a realização laboral, assim como agenciam fluxos moleculares que produzem modificações, desvios nas normas instituídas e nos modos de executar o trabalho. Tais fluxos se encontram no diálogo apresentado a seguir, entre trabalhadores e trabalhadoras da Assistência Social:

> "– [...] Então um dia tu vais lá escutar e o processo vai se dando. [...] Tu percebes os entraves da escola a aceitar a forma que ele está. A alfabetização é assim uma questão. Aos poucos começa a falar sobre alfabetização. Uma música. Então, por exemplo, isso não está escrito, será que o educador social teria que estar fazendo a questão da alfabetização? Mas daí a pouco tu, bah, ele falou tal coisa, ah, então essa música aqui ó. Vamos lá,

tá, nessa música que tu falou, qual é a sílaba? Como que ele não sabia ler com dezesseis anos? E a partir daí aos pouquinhos, né... Na nossa equipe acontece isso porque a gente também estuda Educação. Faz cadeira de Educação e muitas vezes as famílias, os pais, não sabem ler. [...] É a forma que a gente envolve a Educação no nosso trabalho.
– Porque tem o título de educador, mas a gente questiona muito o que que a gente faz.
– A gente tem que trazer eles para a Educação, nós somos educadores sociais, mas a gente tem que ser um educador lúdico, a gente tem que ser educador psicólogo, educador assistente.
– Nós tínhamos um adolescente que se irritava muito no SCFV porque ele não conseguia ler. Então os guris debochavam. Aí a gente chamava ele para atendimento e também fazia jogo para ele ver, tipo silábicos, para ele conseguir entender as palavras. Então foi só a nossa equipe, na nossa equipe a gente também faz esse trabalho."

Após o exposto cabe ressaltar, no entanto, que ao entender que os processos de renormatização operam uma micropolítica, tomada como (re)criação incessante de norma, não estamos afirmando uma dimensão melhor ou pior, ou uma boa maneira de executar o trabalho. Dito de outra forma, sob o ponto de vista da atividade, reconhecemos que, por entre renormatizações, operam-se processos de subjetivação em meio a resistências e assujeitamento. Como nos lembram Guattari e Rolnik (2010, p. 155), "a questão micropolítica é a de como reproduzimos, ou não, os modos de subjetivação dominantes".

Conforme apresentamos, referimo-nos que a expansão da potência de ação sobre si e sobre o trabalho, necessária para a execução da atividade, não é atingida apenas por cada trabalhador individualmente. Essa afirmação dá-se em razão de que o trabalho como atividade implica a ativação de um plano coletivo, esse último entendido não como equipes de trabalho operando consensualmente, mas, segundo demarcado por Clot (2013), como dimensão forçosamente heterogênea. Nas palavras do autor, tal constituição passa pela capacidade de debater as diferentes maneiras de trabalhar e de "inventariar as questões de ofício deixadas à margem", ou seja, pela possibilidade de formular perguntas aos seus modos de trabalhar.

Nesse sentido, "trabalhar o ofício" ou colocar o trabalho em análise enquanto atividade pode ser entendido como dispositivo clínico, ou seja, como nos afirmam Silva e Barros (2013), pode ser um modo de intervenção que tem como objetivo ampliar a vitalidade dos coletivos de trabalho e de seus recursos para a atividade. Isso, a nosso ver, pode ser o lastro para se pensar a afirmação da política pública, enquanto abertura para as forças do coletivo (BARROS & PIMENTEL, 2012); sobretudo por entendermos que essa dinâmica pode ocorrer nos espaços laborais a partir dos processos de trabalho já desenvolvidos, sem a interferência de um "especialista" – como podemos observar no trecho que segue:

> "É que também se adquire bastante com os erros. Não erros assim, mas uma questão de aproximação. E esse é um dos motivos dessa reunião de educadores, entende, ela surgiu para a gente conversar sobre isso que o educador faz, as ferramentas que ele tem para trabalhar. É porque assim o que o outro traz vai nos nutrindo, porque não tem um *script*. As funções, as atribuições, até onde podemos ir? Papéis de mãe, pai, irmão mais velho, de professor? Não é algo escrito, mas vai se misturando, se formando."

Em outras palavras, reconhecendo a atividade como processo vital que mantém a vitalidade do ofício no movimento incessante entre gênero e estilizações, coletivo e singular, Clot (2010) afirma que a atividade não se limita a um objeto de estudo, mas torna-se também um dispositivo clínico.

Barros e Passos (2004) entendem a experiência clínica como sendo a possibilidade do sujeito se (re)encontrar no plano da subjetivação, plano da produção micropolítica, que é o plano do coletivo. Coletivo este que diz respeito ao plano de produção, plano coletivo de forças, no qual lidamos com o que é da ordem do impessoal. E aqui reencontramos a atividade, uma fonte permanente de recriação de novas formas de viver, de viver com o outro, que se operam também a partir de um plano coletivo que passa sempre pela ativação da instância impessoal do ofício no horizonte de uma expansão do poder de agir.

Como nos lembram Teixeira e Barros (2009), "esse 'poder de agir' tem se mostrado como um operador conceitual importante na clínica da atividade, pois afirma o potencial inventivo próprio da vida que no trabalho humano não se deixa aprisionar pela lógica capitalista". Com isso, a análise do trabalho, enquanto atividade, em conexões com o conceito de micropolítica, sinaliza a possibilidade de desvios por entre as forças de assujeitamento, deslocando territórios e abrindo-se ao fluxo do coengendramento de linhas que nos constituem.

Se tomarmos o trabalho como atividade consistente em acompanhar o traçado das problematizações que os trabalhadores tecem aos seus modos de trabalhar, por entre os imprevistos e as restrições com os quais se deparam no trabalho em situação (AMADOR & BARROS, 2011), e tendo em vista que no lastro de um coletivo tais problematizações podem ser potencializadas, produzindo novos modos de trabalhar, é nessa direção que entendemos ser possível atingir um plano de análise que chamamos de crítico-clínico.

Crítico por se aproximar da problematização das verdades constituídas, desestabilizando o presente imbricado nas tramas do trabalho atravessado pelas modulações do capitalismo contemporâneo, conforme já sinalizado no início deste capítulo. Tratando-se do trabalho na esfera da Assistência Social, implica ainda considerar que tais modulações interferem, de modo peculiar, no trabalho em políticas públicas. Isso porque, pela via do trabalho enquanto atividade, ao acompanhar o traçado de problematizações referentes aos modos de trabalhar junto aos trabalhadores podemos colocar em questão como se produzem tanto exercícios de biopoder, de regulação da vida, quanto de resistência e desvio no e pelo trabalho em meio às renormatizações que dão consistência a determinados modos de operar a política pública.

Tal movimento passa, assim, pela desnaturalização do instituído que, a nosso ver, pode ser atingida pela análise do trabalho como atividade. Como nos aponta Clot (2013), o desenvolvimento da história comum do ofício "tem como horizonte o desenvolvimento do poder de agir dos sujeitos sobre a organização do trabalho, para além da organização do trabalho; sobre a instituição, para além da instituição". Nessa direção, entendemos que há um movimento de (des)envolver como ultrapassamento de um plano da normatividade estabelecida, recriando meios para fazer viver o trabalho num processo que transita por entre normas e (a) norma (AMADOR & FONSECA, 2014).

O desafio, então, transita pela possiblidade de desvios que façam vazar as multiplicidades que compõem o campo social e o trabalho nessa esfera de atuação, na direção de diferentes modos de trabalhar/viver que abram brechas nas molaridades dominantes e contemplem processos coletivos singulares, operados em âmbito micropolítico.

Criando possibilidades para uma política pública por entre o trabalho enquanto atividade

Trazemos tais formulações, sobretudo, por entendermos que a atividade na Assistência Social é tecida em um campo de tensão, de relações de poder que se produz em meio ao trabalho em políticas estatais ditas públicas, ou seja, que "[...] da política de governo à política pública não há uma passagem fácil e garantida" (BENEVIDES & PASSOS, 2005, p. 391). Em outras palavras, ao tomar o trabalho como atividade, no âmbito da Assistência Social, entendemos que ele é operado em uma zona de tensão agonística (NEVES & HECKERT, 2010), por entre as normas que compõem um plano relativo à política de Estado – que podemos entender como molar por compor uma institucionalidade –, bem como por entre as resistências e "escapes" no cotidiano laboral, face ao real do trabalho que força o trabalhador a pensar.

De acordo com Barros e Pimentel (2012), as políticas de Estado são constituídas por determinadas linhas, programas e projetos que não podem ser modificados pela alternância de governantes, enquanto as políticas de governo podem sofrer quebra de continuidade por serem articuladas a partir de uma determinada conjuntura de forças políticas que assumem, temporariamente, o aparelho do Estado. Assim, reconhecemos que o SUAS na máquina do Estado pode ser pensado como estando intrincado em relações de poder expressas em programas, projetos, burocracias, instâncias e esferas de governo político enquanto política de Estado.

Por outro lado, não há dúvidas de que o SUAS é uma conquista nascida das lutas pelos direitos sociais que ganham estatuto constitucional, necessário para garantir sua continuidade e o trabalho de atores concretos e engajados em práticas locais. Nessa afirmação, queremos dizer que entendemos o processo de construção de uma política pública para além de programas, serviços e portarias ministeriais, porque "construir políticas públicas na máquina do Estado exige todo um trabalho de conexão com as forças do coletivo, com os movimentos sociais, com as práticas concretas no cotidiano dos serviços" (BENEVIDES & PASSOS, 2005, p. 391), pelo exercício do trabalho como atividade.

O que queremos ressaltar é que não podemos negligenciar que o advento do Estado moderno se faz em um contexto marcado pelo desenvolvimento do capitalismo, produzindo postos de trabalho nas políticas de Estado e um modo de subjetivação do sujeito-trabalhador. Ocorre que o que move a análise aqui proposta concerne a pensar a atividade dos trabalhadores sociais no que se refere à especificidade do trabalho em políticas públicas, reconhecendo o tênue fio que separa a captura política pela máquina estatal e a política efetivamente tornada pública no cotidiano das populações, pelo trabalho que com elas se realiza, pelas provas enfrentadas pelos trabalhadores sociais quando da gestão das variabilidades do meio pelas decisões que os trabalhadores tomam e pelos atos que afirmam no trabalho. Assim, referimos política pública pensando que a condição de sua constituição não está garantida pelo fato de ser estatal, mas sim pela via da abertura às forças do coletivo que entendemos como possibilidade de sua incessante (re)construção. Destacamos: coletivo que está implicado sempre como dimensão no processo do trabalho enquanto atividade.

Para Barros e Pimentel (2012), o caráter público das práticas, serviços, projetos e programas se faz quando expressam interesses coletivos que se opõem ao funcionamento particularizante com seus totalitarismos e individualizações tão presentes na maquinaria estatal. Tais autores apontam que trabalhar com políticas que se pretendem públicas passa pela construção de um plano comum. Trata-se assim de "construir coletivamente estratégias de transformar para conhecer uma realidade que se constitui a partir de semióticas singulares, e incluir diferentes protagonismos (2012, p. 12)" entre trabalhadores, entre trabalhadores e usuários, entre uma norma e outra.

Nessa direção, no lastro da cena que inaugura este capítulo, finalizamos esta escrita pensando que aquelas famílias que "escapam" à rede se oferecem como abertura ao problema capaz de reinventar o próprio trabalho na Assistência Social. Elas se oferecem como possibilidade de que o próprio trabalho na Assistência Social seja cuidado, investido com problematizações pelo curso do trabalho como atividade, capazes de fazê-lo se (des)envolver, tal como evidenciam os movimentos empreendidos pelos trabalhadores e trabalhadoras da política de assistência aqui destacados.

É oportuno sublinhar que a dimensão coletiva aqui apontada não se trata de uma oposição dicotomizante indivíduo/sociedade. Trata-se sim de uma abertura à composição de singularidades, de acolhimento à multiplicidade de encontros que não se fecha a um conjunto de pessoas; refere-se à capacidade de diferir, de um certo modo de viver junto na diferença (BARROS & PIMENTEL, 2012). Com isso, constituir cotidianamente política pública implica também deixar emergir as tensões, controvérsias, sustentar diferenças que desacomodam o instituído, que deslocam saberes e modos de fazer, pensar, sentir e trabalhar.

Por essa razão, entendemos que a análise do trabalho na Assistência Social sob a perspectiva da atividade, possibilita acompanhar os modos como os trabalhadores sociais enfrentam o desafio de produzir políticas, modos de relação com o outro, em âmbito local, em meio a uma encruzilhada de forças por entre políticas de Estado, de governo e pública, remetendo-nos a uma dramática sempre presente no exercício desses trabalhadores. Dramática que diz respeito à esfera coletiva do outro, esfera com o outro que é feita de imprecisões, de vazios de normas que aguardam por novos agenciamentos de forças.

Trata-se, sobretudo, de pensar os modos de gestão do trabalho enquanto atividade em meio a capturas em formas de regulação da vida, e por entre processos de desvios ou "escapes" a essas formas, em singularizações produzidas no encontro entre trabalhadores, pessoas atendidas e gestores. Assim, reafirmamos o interesse em pensar o fazer a partir das clínicas do trabalho, especialmente com a Clínica da Atividade e com a Ergologia, pois a nosso ver o trabalho tematizado como atividade requer a ativação de um plano tecido coletivamente.

Contudo, se por um lado reconhecemos uma produção de subjetividade capitalística intricada na biopolítica que coloca o trabalhador e as pessoas atendidas na assistência sob forças de reprodução de referências, segregação e infantilização, na esteira de um arranjo capaz de operar uma judicialização da vida; por outro, ao tomarmos o trabalho como atividade entendemos que este também comporta uma relação de expressão e criação, na qual os próprios trabalhadores experimentam desvios, bifurcações nas molaridades dominantes e interrogam seu fazer, tendo em vista que o próprio trabalho como atividade consiste em fazer a gestão das normativas/instituições que o atravessam, face ao vazio de normas.

Com isso, o que impulsiona nossas análises implica interrogar como a gestão dos processos de trabalho, pela atividade, tem operado em uma encruzilhada micropolítica crucial na qual os trabalhadores se encontram cotidianamente. Com Guattari e Rolnik (2010), entendemos que o próprio desenvolvimento da subjetividade capitalística traz imensas possibilidades de desvio e reapropriação, desde que se reconheça que a luta não mais se restringe ao plano da economia política, mas abarca também o da economia subjetiva, culminando nas diferentes maneiras pelas quais os indivíduos e grupos entendem viver sua existência.

Nessa perspectiva, todo o processo de transformação passa então pela possibilidade de singularização em um processo que, a nosso ver, pode ser vivenciado a partir da atividade no circuito ziguezagueante entre as instâncias que constituem o ofício, isto é, no movimento incessante entre recursos construídos pelo coletivo de trabalho e sua constante (re)construção a partir de estilizações. Movimento esse que possibilita aos trabalhadores um trabalho coletivo.

Dessa forma, entendemos que produzir análises pela via do trabalho como atividade privilegia pensarmos o fazer na esfera da Assistência Social em seu possível movimento de singularização. Dizemos com isso que, ao tomar o trabalho enquanto atividade, focamos nas ressingularizações de normas que portam a potência de uma singularização em relação às produções de subjetividade capitalística, ao serem tecidas no lastro de um plano coletivo sempre envolvido no exercício do trabalho enquanto atividade.

Referências

AMADOR, F.S. & BARROS, M.E.B. Cartas a Foucault: Em que estamos em vias de nos tornar em meio ao trabalho no contemporâneo? *Mnemosine*, v. 7, n. 2, 2011, p. 17-31.

AMADOR, F.S. & FONSECA, T.M.G. Atividade: O trabalho sob o signo do inacabamento. In: ROSEMBERG, D.S.; FILHO, R. & BARROS, M.E.B. (orgs.). *Trabalho docente e poder de agir*: Clínica da atividade, devires e análises. Vitória: Edufes, 2014, p. 19-49.

BARROS, M.E.B. & PIMENTEL, E.O.C. Políticas públicas e a construção do comum: Interrogando práticas psi. *Polis & Psique*, v. 2, n. 2, 2012.

BENEVIDES, R. & PASSOS, E. A humanização como dimensão pública das políticas de saúde. *Ciência & Saúde Coletiva*. Rio de Janeiro, v. 3, n. 10, 2005, p. 561-571.

BRITO, J.; MUNIZ, H.P.; SANTORUM, K. & RAMMINGER, T. O trabalho nos serviços públicos de saúde: Entre a inflação e a ausência de normas. In: ASSUNÇÃO, A.A. & BRITO, J. (orgs.). *Trabalhar na saúde*: Experiências cotidianas e desafios para a gestão do trabalho e do emprego. Rio de Janeiro: Fiocruz, 2011.

CLOT, Y. A contribuição de Tosquelles à clínica do trabalho. *Trabalho & Educação*, Belo Horizonte, v. 22, n. 1, 2013a, p. 199-208.

_____. O ofício como operador de saúde. *Cadernos de Psicologia Social do Trabalho*, v. 16. n. esp., 2013b, p. 1-11.

_____. *Trabalho e poder de agir*. Belo Horizonte: Fabrefactum, 2010.

_____. *A função psicológica do trabalho*. Petrópolis: Vozes, 2006.

DELEUZE, G. & GUATTARI, F. Segmentariedade e micropolítica. *Mil platôs*: capitalismo e esquizofrenia. Rio de Janeiro: 34, 1996.

FOUCAULT, M. *O nascimento da biopolítica* – Curso dado no Collège de France (1978-1979). São Paulo: Martins Fontes, 2008.

_____. A governamentalidade. *Microfísica do poder*. Rio de Janeiro: Graal, 1984, p. 277-293.

GUATTARI, F. & ROLNIK, S. *Micropolítica*. Cartografias do desejo. Petrópolis: Vozes, 2010.

KASTRUP, V. Aprendizagem, arte e invenção. *Psicologia em Estudo*, Maringá, v. 6, n. 1, jan./jun. 2001, p. 17-27.

LHUILIER, D. Trabalho. *Psicologia & Sociedade*, v. 25, n. 3, 2013, p. 483-492 [Trad. F.S. Amador].

NEVES, C.B.A. & HECKERT, A.L. Micropolítica do processo de acolhimento em saúde. *Estudos e Pesquisas em Psicologia*. Rio de Janeiro, ano 10, n. 1, 2010, p. 151-168.

OLIVEIRA, C.M.C. & HECKER, L.M.C. Os centros de referência de assistência social e as artes de governar. *Fractal, Rev. Psicol.*, v. 25, n. 1, jan./abr. 2013, p. 145-160.

SCHWARTZ, Y. Manifesto por um ergoengajamento. In: BENDAS-SOLLI, P. & SOBOLL, L.A.P. (orgs.). *Clínicas do Trabalho* – Novas perspectivas para a compreensão do trabalho na atualidade. São Paulo: Atlas, 2011, p. 132-166.

SCHWARTZ, Y. & DURRIVE, L. Trabalho e uso de si. In: SCHWARTZ, Y. & DURRIVE, L. (orgs.). *Trabalho e ergologia*. Conversas sobre a atividade humana. Niterói: UFF, 2007.

TEIXEIRA, D.V. & BARROS, M.E.B. Clínica da atividade e cartografia: Construindo metodologias de análise do trabalho. *Psicologia & Sociedade*, n. 21, v. 1, 2009, p. 81-90.

A PSICOLOGIA E A PRODUÇÃO DO PERIGO NO SUAS
Caminhos perigosos?

Adriana Garritano Dourado

Andrea Scisleski

O Sistema Único de Assistência Social (SUAS), surgido a partir de 2004 (BRASIL, 2005), tem como um dos seus objetivos assegurar os direitos socioassistenciais da população brasileira, intervindo nas situações de risco e de vulnerabilidade da população. Para isso, conta com equipes multidisciplinares de profissionais que realizam intervenções com as famílias atendidas. Cabe mencionar que o SUAS, em suas estatísticas oficiais computa dados prioritariamente da população com renda econômica menor e, com isso, elege a população a quem se deve destinar as intervenções das equipes técnicas. Dessa forma, equaciona-se a intervenção do psicólogo com a produção do perigo ao computar dados para o Ministério do Desenvolvimento Social, orientar as famílias, realizar visitas domiciliares para as "famílias-problemas", ou como prescrevem os manuais, a família em risco ou em vulnerabilidade. Neste capítulo, buscamos uma problematização acerca do trabalho do psicólogo com atuação no SUAS em articulação com a ideia de perigo.

Produzindo a noção de assistência e de perigo

Tem-se como medida regulatória do Estado uma deliberação que oficializa o SUAS, após a Lei Orgânica da Assistência Social (LOAS) em 1993, com a resolução da Política Nacional de Assistência Social (PNAS) em 2004, dividindo os equipamentos públicos em níveis de proteção à população, levando em consideração a matricialidade familiar como primeiro núcleo a ser considerado pela Política de Assistência Social. Em ações que objetivam desde prevenções de direitos, com atividades que pretendem potencializar a autonomia, informar e orientar sobre garantias de direitos diversos, até intervenções com a população com direitos violados, o SUAS dispõe de equipes que no mínimo contam com um psicólogo e um assistente social. Esclarece-se que situações em que há violência, situações de mendicância ou de rua, negligência, abandono, cumprimento de medidas socioeducativas ou de proteção, vivência de trabalho infantil, tráfico de pessoas, discriminação racial, por etnia ou sexual, pessoas com deficiência e idosas com dependência conferem comprometimentos na garantia de direitos da população.

Para pensar sobre os mecanismos de ação no SUAS e sobre a atuação do psicólogo, bem como de outras ciências, é coerente situar a questão do liberalismo econômico e suas consequências na urbanização da sociedade, o aumento da população e as várias mudanças visíveis no Ocidente a partir daí. Embora aos olhos mais desavisados, que pensam que liberalismo tem a ver somente com a economia e as relações comerciais de um povo, do ponto de vista sociológico as consequências do liberalismo e seus desafios aos Estados-nação estão arraigadas entre todos os campos estratégicos.

Foucault (2010, p. 172) problematiza sobre "pactos" de segurança com a população nos quais o Estado disponibiliza dispositivos de segurança em relações de poder. Em nosso caso, refletimos sobre a Psicologia e as várias configurações surgidas na atuação de sua ciência, colaborando com a noção do perigo nas famílias da assistência social e tentando minimizar ou, até mesmo, anular o perigo futuramente. Podemos definir dispositivo de segurança, *grosso modo*, como um conjunto de racionalidades e práticas que tem como objetivo administrar a circulação de pessoas e produtos (FOUCAULT, 2010). Dito de outro modo, o dispositivo de segurança freia certos fluxos, favorece outros, impede, impele, enfim, dirige e maneja quem e o que deve circular para onde e de que forma. Por isso, se levarmos em conta a rede que exerce atendimento a certa parcela da população, como é o caso dos usuários do SUAS, notamos que as propostas de estudos sociais, a participação de atividades e cursos para determinados membros da família, entre outras ações, produzem relatórios que operam na condução desses sujeitos, dirigindo-lhes certas intervenções. Isto é, para Dona Maria receber um determinado benefício, é necessário que ela participe do grupo de mães do CRAS; se ela não comparecer, ela perde o benefício, por exemplo. Nesse caso, o grupo funciona como um dispositivo de segurança, já que barra ou favorece a circulação de Dona Maria em vários espaços da cidade ou mesmo dentro da própria rede de atendimento do SUAS.

A partir do pensamento foucaultiano, percebe-se como os diversos dispositivos de segurança junto à população buscavam normalizá-la; foi o que, segundo o autor, o que permitiu que o Estado elaborasse, paulatina e progressivamente, cálculos diversos ao objetivar uma população forte e saudável, aumentando seus poderes (FOUCAULT, 2008) em um movimento em que o investimento passa a ser em torno da vida humana, com ações para a população que passa a ser vigiada, policiada, esquadrinhada e fortemente convidada a afastar o perigo. Essa razão de Estado, através do avizinhamento dos saberes científicos com o controle do perigo da população, trouxe a função de tornar regulável o imprevisível. Deslocando essa ideia para o contexto brasileiro, regular a população traz uma concepção do perigo afastado, longe, e aqui entra a noção dos dispositivos de segurança nos equipamentos do SUAS com as famílias-acompanhadas, as quais em sua maioria, estatisticamente comprovadas, possuem renda *per capita* de até meio salário mínimo ou renda familiar mensal de até três salários mínimos.

Ao problematizarmos sobre a Psicologia e sua relação com a produção do perigo no SUAS, surge a indagação sobre a transformação social tão mobilizada pelos profissionais da área ao colocar sua ciência não só na atuação do SUAS, porém em tantos outros equipamentos ao longo do século XX quando um "problema" e uma "emergência" eram mobilizados para que ela apontasse uma solução (FOUCAULT, 2008). Intervir com famílias e indivíduos do SUAS para serem policiados, se enquadrados como perigosos, mobilizaria uma transformação social em que o capitalismo continuaria a produzir "problemas" onde sempre existirão "emergências" a serem encaradas, minimizadas mas não solucionadas: eis aqui um dos desafios não somente da Psicologia, mas também dos outros atores da PNAS em que a tal transformação social mobiliza um espaço de reflexões sobre o que se espera das ciências humanas no grande projeto da Modernidade.

Embora o SUAS em sua normativa seja destinado para toda a população, bem como o SUS, ao intervir com a população em risco ou vulnerabilidade independente de renda acaba atuando junto à população mais pobre, julgada como perigosa, e os critérios para os acompanhamentos da família incluem principalmente a renda. A população com renda maior também é atendida, porém a inclusão no Cadastro Único da Assistência Social é predominantemente feita com a população desprovida financeiramente, considerando sua renda *per capita*.

Desse modo, o objetivo da normalização é manter a família policiada do SUAS com a maioria de seus membros trabalhando, estudando quando menores de idade, todos vacinados, tendo uma renda mínima compatível com a renda mínima estipulada, sem viver nas ruas ou usar drogas, as mulheres com os exames de pré-natal em dia se estiverem grávidas, a maioria dos membros do grupo familiar fazendo os cursos ofertados em um Centro de Referência de Assistência Social (CRAS) para geração de renda ou seguindo as orientações dadas pelos técnicos do SUAS. Os ideais neoliberalistas da família do SUAS são dados para que se regulem os ideais do perigo, baseando-se na teoria de que todos os indivíduos são responsáveis por si mesmos, em cálculos preventivos. E assim coloca-se a Psicologia nas intervenções propostas para prever os riscos e as vulnerabilidades.

O conceito de saúde atrelado à "ausência de doença" trouxe para a Psicologia como herança sua função de "fomento de verdades", tendo esta ciência contribuído com técnicas de subjetivação e ganhado a presunção de ditar o que é regra ou normal, a partir do século XVIII, em um padrão individualista, além de tecnicista, nas sociedades liberais que passaram a estabelecer tecnologias de disciplina regulatórias a todo um contingente populacional. A ciência psicológica também acaba explorando técnicas de poder e de saber sobre o que considera compatível com uma sociedade "normal" e "dentro das expectativas". O anormal, o desviante, o "fora dos padrões" denotam classificações do perigo. Os discursos de verdade da Psicologia são colocados à população compatibilizando com a política que Foucault descreveu (2008). Nesta lógica, não ficaria difícil pensar nas noções do que se julga em perigo, em risco ou em vulnerabilidade, a partir do que se traz como normalizado, conceitos construídos e não naturalizados somente.

Policiando as famílias e afastando o perigo

Além disso, como investir na vida buscando técnicas de normalização com economia e garantindo o afastamento do perigo? Aqui se tem uma reflexão colocada por Jaques Donzelot ao descrever as funções de polícia junto à população. Donzelot (1980, p. 79) traz a questão de a família moderna tornar-se um agente produtor da ordem estabelecida, visto que, de uma organização burguesa coerente com o Antigo Regime, a família passa a se constituir em mecanismos de tutela surgidos a partir do século XIX. Sua reflexão sobre o problema do século XX não será o de defender ou suprimir a instituição familiar, mas de solucionar algumas questões surgidas na junção entre família e sociedade em equações surgidas entre estratégias de governamentalidade com as famílias, propondo seu próprio policiamento junto ao controle de riscos e prevenindo-os a partir de ações diversas com a população.

Eis aí o ponto em que trabalhadores sociais, educadores, médicos, psicólogos, entre outros profissionais, inclusive nos equipamentos públicos, entram nessa problematização, e cada vez mais são convocados a contribuir para normas vigentes junto à população. Além disso, a combinação entre as intervenções de técnicos e as "mudanças" objetivadas com a população expõem uma espécie de pacto culpabilizante, visto que a ideia seria a de controlar o perigo diminuindo as situações de risco e vulnerabilidade. Entretanto, o espaço familiar passa a ser policiado quando se trata privilegiadamente de famílias que possuam "um certo perfil". Poderes de polícia por meio de dispositivos de segurança no SUAS são aspectos que se articulam inclusive com a Psicologia, que passa a coadunar com as técnicas de subjetivação nas famílias atendidas: saberes e modos de intervenção são criados, aumentando o policiamento com a família, com as promessas de tranquilidade e bem-estar para todos.

Colocar e manter os filhos na escola, levar todos ao posto de saúde para acompanhamentos, não cometer atos infracionais, não ficar ocioso ou desempregado, participar dos grupos ofertados nos CRAS, fazer cursos profissionalizantes para geração de renda, inserir adolescentes em empregos através do projeto "Menor Aprendiz" acabam por exigir que a família não coloque sua vida nem a dos outros em risco.

Pensar sobre biopolítica, normalizações, estratégias de controle a serviço do afastamento do perigo: o profissional da Psicologia entra no SUAS compactuando com embates e jogos de força gerados pela produção do perigo nas políticas públicas de assistência social, em estratégias de governamentalidade com a população. Foucault (2008) descreve a governamentalidade como a arte de governar, não se referindo aos poderes de gerenciamento do Estado, porém, além disso, o encontro entre as técnicas de governo sobre os outros e as técnicas de si como estratégias das formas de saber.

Em uma reflexão que tenta aproximar risco, vulnerabilidade e infância, Hillesheim e Cruz (2008) pontuam que na atualidade a questão do risco é operada a partir dos mecanismos de poder, tornando-se instrumento privilegiado da sociedade de controle e equacionando a infância com pobreza, vulnerabilidade, risco e perigo. Propõem pensar sob uma perspectiva de culpabilização e responsabilização do risco, tendo como estratégia a governamentalidade a partir de ações de prevenção para a infância em condições de pobreza, tendo esta população como fator de análise da estratégia. Ao citar Castel (1987), as autoras esclarecem que a administração dos riscos surge como um novo mecanismo de controle vinculado ao biopoder, no qual a população passa a assumir, cada vez mais, os riscos decorrentes de suas escolhas e comportamentos.

Em sua obra que problematiza o risco, Castel (1987), em consonância com a filosofia de Foucault (2008), aborda o que descreve como "novas estratégias médico-psicológicas e sociais", surgidas com o objetivo de prevenir riscos nas sociedades modernas, que pretendem rastrear o perigo não somente de uma pessoa ou um grupo, mas dados impessoais ou fatores que aumentam as chances de que comportamentos indesejáveis ocorram, em uma comparação com um modelo panóptico em que a vigilância supõe uma copresença de ambos, controlador e controlado, num espaço homogêneo em que nada escapava.

Castel (1987) traz uma reflexão sobre calcular uma probabilidade intuitiva, que ele chama de dissimulada, sob um julgamento substancialista, pois dizer que algo está sob risco, como se fosse algo perigoso, significa acreditar que o perigo já ocorra desde antes de acontecer. É como se disséssemos que toda adolescência é uma idade arriscada ao fomentar ações preventivas para toda uma população adolescente, baseada em dados estatísticos de uso de drogas ou outra situação possível de ocorrer nessa fase. O risco ocorre antes da situação objetiva de fato e é como se fosse dito que ser adolescente é perigoso porque pode usar drogas, por exemplo, e propondo-se a vigília diante do provável administra-se o vácuo que surge quando se define o que é risco ou em vulnerabilidade, trazendo uma espécie de eficiência biopolítica junto à população.

Entretanto, problematizar a produção do conceito do perigo parece se estabelecer nas intervenções de vigilância ao risco e vulnerabilidade e, ao psicólogo do SUAS, a zona de conforto biopoliticamente governável aparece, visto que ele procura na família as noções de perigo que talvez ele mesmo possa estar produzindo. Nossas observações, nessa perspectiva, apontam que, ao procurar o perigo, produz-se a noção do mesmo.

O confortável visto como parte de uma estratégia: futuro sem perigo trabalhado pelo psicólogo no SUAS e uma espécie de jogo onde se buscam os "culpados". E se o psicólogo não realizasse a busca ativa? E se ele não adentrasse as residências rastreando violações ou situações fora das normas? A culpa do perigo seria dele por não intervir, bem como de outros campos da ciência "recrutadas" a cuidar do perigo nas sociedades ocidentais? Será que a culpa não seria da família por não conduzir sua vida nas normalizações da sociedade? E a Política de Assistência Social também não entraria no jogo da busca por culpados por não garantir as condições mínimas à população do SUAS de alcançar o patamar ideologicamente projetado? Culpabilizar os usuários da assistência social pelas suas condições de desemprego, pobreza, situações físicas ou outra condição que mobilize situações de vulnerabilidade ou risco traz o conforto diante dos ideais normativos de população regulável?

Vemos assim o previsível e o calculado não oferecendo perigo à hegemonia social e ao controle sobre o futuro. Eis aí o princípio da busca por normalizar a população que, ao se buscar por ideal, normal, dentro de expectativas comuns, não perigosas, acaba também por produzir o não ideal, o perigoso. Isso traduz um aspecto binarista: binarista no sentido de produzir uma cesura na população entre perigosos e não perigosos das sociedades biopolíticas. O psicólogo, ao se ver em sua prática no SUAS, constrói-se também se questionando sobre o que lhe foi imposto ao longo da ciência psicológica, em suas intervenções tecnicistas, "descobridor" de verdades dos sujeitos. Foucault (apud GUARESCHI & HÜNING, 2014) traz uma discussão sobre regimes de verdade dos discursos científicos trazidos pela Psicologia em seu surgimento e questiona não apenas as possibilidades e limitações dessa ciência e dos saberes psi, mas propõe pensar que outras formas podem assumir, não com a intenção de buscar para si o caráter científico, mas problematizando questões, tais como: A que objetivos tais saberes vinculam-se, como "funcionam" produzindo realidades e modos de subjetivação?

Algumas indagações surgem ao aproximar a atuação da Psicologia como parte de estratégias de polícia do SUAS, rastreando na pobreza as situações de perigo. Mas em que medida a adoção de dispositivos de segurança pelas políticas de assistência social brasileira convidam a ciência psicológica a policiar a população produzindo uma gestão dos perigosos? E em que medida a contribuição do profissional da Psicologia produz o perigo e culpabiliza a família com renda menor por sua situação?

E retornando à questão do perigo em relação às famílias vigiadas, buscadas, orientadas e exigidas no SUAS: a impressão que se tem nos trabalhos é que a polícia da assistência social brasileira busca estratégias de governamentalidade para gerenciar o perigo. E ainda mais: o psicólogo passa a ser um operador do SUAS e entra na equação fomentada para a produção do perigo.

Ao buscar problematizações envolvendo a Psicologia nos campos do SUAS, Lasta, Guareschi e Cruz (2012, p. 58) trazem uma reflexão baseada no pensamento foucaultiano em que se propõe a desnaturalização das práticas institucionalizadas quando se questiona sobre os discursos e seus efeitos surgidos através da emergência das práticas psi. Explicitam também que a desnaturalização vista dessa forma compromete-se com uma reflexão sobre a desmontagem dos saberes e práticas instituídos que vêm configurando a inserção do profissional da Psicologia no campo da política pública de assistência social.

Para a PNAS, o perigoso é entendido como aquele que não tem renda mínima, não estuda, não tem atividade produtiva, está ocioso, deixa seus filhos fora da escola ou em medida socioeducativa etc.; e, assim, técnicas de subjetivação do psicólogo são convocadas, visto que a ameaça ocorre caso a intervenção não seja obedecida e a disciplina não seja cumprida. As ações do psicólogo em dar orientações para que essas famílias não ameacem o modelo de família pretendido nas normas são colocadas em discussão: um modelo de família em que a renda *per capita* indique o que precisa ser governado pelo SUAS. Uma família governável é aquela em que os técnicos do SUAS farão busca-ativa e intervenções variadas. Ao intervir, a ciência psicológica constrói em suas estratégias de governamentalidade a noção de perigo na família do SUAS. Dito de outro modo, o psicólogo é um operador da norma, pois também faz parte de uma família "normal", que vai aliar a baliza do modelo familiar normal da sociedade com o conhecimento técnico-científico para vigiar as famílias priorizadas.

Como propõe Foucault, ao desnaturalizar eventos e acontecimentos postos, a problematização sobre a produção do perigo é colocada em análise: desnaturaliza a equação sobre o perfil da população colocada para intervenção pelo SUAS, trazendo uma reflexão sobre quais ideais normalizados se fazem presente por meio de suas técnicas de policiamento científico. Nesse caso, a Psicologia está implicada.

Assim, retomando uma questão levantada anteriormente, que se conecta aqui, busca-se a "culpa" do perigo – o que implica que a família precisa ser mobilizada na intervenção dos técnicos do

SUAS. E colocar a Psicologia, além da Assistência Social, a serviço dessa normalização poderia redimir a sociedade, visto que seria "culpa" dessas famílias se manterem perigosas e não "culpa" das "ciências da família" e o policiamento que muitas delas evocam.

Os cálculos "preventivos" para a PNAS, materializada a partir do SUAS, indicam afastar o desemprego, a situação de violência, o uso de entorpecentes, a pobreza, a miserabilidade, os abusos físicos, morais e psicológicos, as medidas socioeducativas, as privações de liberdade, o afastamento do convívio familiar, a negligência, a situação de rua, o trabalho infantil, a exploração no trabalho, a evasão escolar, a exploração sexual, além de atenção mais pormenorizada para a primeira infância, adolescência, velhice, gravidez e portadores de deficiências. Esse encadeamento de acontecimentos, quando associado à pobreza, corresponde à produção do perigo. Tal perigo não se refere, portanto, tão somente a uma certa situação, mas reflete-se no próprio sujeito passando, ele mesmo, a ser considerado perigoso. Contudo, esse perigo só é identificado se associado à pobreza, trazendo o fator renda *per capita* para possibilitar o acesso da população mais pobre às políticas redistributivas. Dessa forma, a gestão da miséria é trazida a partir da noção de perigo. Por que policiar a primeira infância, a adolescência, a velhice da população menos provida financeiramente? Por que não policiar o uso de entorpecentes entre as classes mais altas, ao invés de equacionar seu uso à pobreza?

Rose (2011, p. 79) traz outra reflexão sobre o psicólogo com suas funções de polícia. O psicólogo, vigilante na produção de risco e vulnerabilidade, acaba solidificando a produção do perigo participando da realidade contemporânea, "conquistando aliados a seu favor", produzindo transformações calculáveis no mundo social e estabelecendo novas possibilidades de ação e controle.

Ao intervir, o psicólogo é quem acaba mostrando para a família da assistência social um modelo do que não é perigoso. E faz-se uma pergunta neste percurso: E onde está a produção do perigo? O psicólogo também contribui com a noção de perigo ao culpabilizar a família por não ser como o modelo normalizado e mostrado em cada intervenção, os "erros" que a família da assistência social comete ao se distanciar do modelo familiar idealizado. A família como ente privado é trabalhada pelo SUAS em seus referenciais de modelo trazidos pela Psicologia, e tem em Scheinvar (2006, p. 3) uma reflexão interessante, tal qual a correlação entre o público e o privado fica implícita através das normativas de que os "fora da ordem" devessem ser eliminados ou isolados para que o sistema não se contaminasse como um todo.

Dada a categorização dos tipos de família que foram problematizados, o SUAS define a família pobre e perigosa como governável. Foi interessante observar os caminhos que as políticas de assistência social trilharam no Brasil, marcadas por diversos movimentos de assistencialismos e primeiro-damismos que antecederam a efetivação da Política Nacional de Assistência Social atual, e a impressão é que parecem retroceder décadas. O governo brasileiro atual elucida essa questão no momento em que nomeia a primeira-dama para assumir um programa do Ministério do Desenvolvimento Social que atenderá crianças do Programa Bolsa Família. Na verdade, os CRAS já destinam suas ações a esse público por meio dos grupos de convivência; porém, o projeto agora está posto com uma nova "roupagem", recebendo o nome de "Criança Feliz". A família atendida pelo SUAS, perigosa e governável, e a família modelo, composta por um suposto presidente e sua primeira-dama comprometida com as "questões sociais". Um modelo compatível com os anos de 1940 no Brasil trazia esse mesmo formato: as mulheres de governantes, bonitas, jovens, que atuavam como donas de casa, repentinamente sendo chamadas a compor cargos de primeiro escalão do governo, para ajudar os pobres e necessitados. O pretexto na época era a mobilização econômica por conta da inserção do Brasil na Segunda Guerra Mundial (MESTRINER, 2001). O que se julgava superado em uma política pública de 1942, através da LBA, com incentivos assistencialistas, de benemerências de igrejas e de primeiras-damas, com as interfaces pretendidas pelo SUAS a partir de 2004, retrocede-se ao posicionar a família governante como exemplar de um núcleo paternalista e patriarcal de poder, com uma mulher-mãe-esposa-bonita-recatada-e-do-lar em contraposição à família perigosa e governável da assistência social.

Por outras práticas psi no SUAS

A Psicologia contribui com a noção de perigo ao dizer para a mãe da família mais pobre da assistência social que o filho dela está muito ocioso, e ao idoso sem atividade também produz a noção de perigo ao colocá-lo em um questionamento sobre ser "perigoso esperar a morte em casa", sugerindo que ele participe dos rendimentos do lar ou vá para os grupos nos CRAS. São vários exemplos que demonstram essa interface da produção de perigo pela Psicologia com a família da assistência social. Um outro exemplo disso é intervir junto a uma mãe que trabalha fora do lar, sem esposo, com três filhos, mostrando para ela que pode ser perigoso deixar um filho mais velho de nove anos cuidar dos outros irmãos de dois e quatro anos sob acusação de incitar o trabalho infantil (ao passo que a defasagem de vagas nas creches brasileiras é grande). Tem-se também o exemplo do que é posto como perigoso a um pai de família desempregado, cujo lar é sustentado pela esposa que atua como diarista-doméstica: o psicólogo passa a lhe culpabilizar pela situação, visto que a esposa sozinha sustenta a casa.

Normalizar o perfil de família a ser policiada na PNAS, a nosso ver, necessita da criação de estratégias de resistência para que o psicólogo não seja categorizado como "aquele-que-vai-dizer-quais-são-os-perigosos", ao passo que se tirássemos o profissional da Psicologia do SUAS não haveria mais alguém para apontar e esquadrinhar a população. Não é essa ideia que defendemos ao propor uma crítica a certas práticas psi no SUAS. O que destacamos aqui é um trabalho delicado de intervenção com a população da assistência social que exige uma negociação com a norma, em resistir a ela, em levar os usuários do SUAS a pensarem juntos sobre como poderiam lidar com o mercado de trabalho, com as normas exigidas pelo próprio SUAS, sobre como prefeririam cuidar de seus próprios filhos, na qual o psicólogo pudesse abrir e levantar essas possibilidades. Assim, entendemos o papel do psicólogo como aquele que reconhece potência no usuário, que não o engessa na lógica identitária de beneficiário do SUAS.

Seguindo a problematização de Hüning (2007), a mesma traz as situações que constituem as intervenções da Psicologia, que naturaliza o risco ao intervir sobre a família da assistência social. Seria "natural" o desempregado pobre sofrer ou a mãe adolescente grávida não saber cuidar direito de seu pré-natal, entre outras questões. Ao levar os dados de intervenção para a vigilância socioassistencial, o psicólogo não discute o perigo; ele o naturaliza na família assistida da assistência social. Não se propõe a modificar a realidade da família a não ser que a própria modifique sua forma de viver, seguindo as orientações do psicólogo, e saia da situação do perigo. A curva da normalidade do que seria visto pela PNAS é observada com naturalidade pelo psicólogo que não se propõe a modificar as questões que provocam as mazelas da questão social. Além de mostrar para a família policiada que, se ela continuar sendo inserida no cadastro das famílias perigosas das políticas públicas da assistência social, é porque não saiu de sua situação de risco ou de vulnerabilidade e, portanto, articula-se com a produção do perigo. Mais uma vez reiteramos, contudo, que outras práticas são possíveis, como ampliar a vida do usuário construindo, junto com ele, alternativas que o emancipem da situação que o faz sofrer. Ao mesmo tempo, construir conjuntamente estratégias que o coloque em uma posição mais emancipadora, o que envolve aqui uma posição política de protagonismo e implica dois movimentos simultâneos: um que incide sobre a população, ao buscar criar junto com os usuários estratégias que os desestigmatizem; outro, que incide sobre o próprio profissional da Psicologia, ao inventar práticas psi que despatologizem e descriminalizem os usuários que vivem em situação de pobreza.

Considerações finais

Não se intenciona aqui desqualificar o trabalho da Psicologia nas políticas de assistência social; porém, nossa intenção é estimular o pensar sobre como profissional da área tem contribuído na perpetuação do que é considerado perigo quando voltado à população pobre.

Além disso, ao participar dos dados para os planejamentos posteriores no SUAS, a Psicologia quer se ver no futuro controlando o perigo na família policiada desse sistema protetivo. Mas, e se o futuro perigoso acabar? Então, o psicólogo do SUAS passa a não ser mais necessário no futuro? Ao mesmo tempo, qual o futuro de pessoas que sofrem uma vigilância perpétua? Por que não vigiamos (e combatemos) os elementos que ocasionam a produção da pobreza, em vez de vigiarmos as famílias desprovidas? De certa forma, apesar dos avanços, o SUAS ainda esbarra em muitas questões não superadas que refletem o projeto de uma sociedade brasileira. Pensa-se na renda como possibilidade de igualdade, e todas as demais questões sociais (modelo familiar, papel da mulher não ser entendido como direito etc.) são desconsideradas. Acreditamos que se não continuarmos ignorando tais questões, que são mais efeitos do que os elementos produtores da pobreza, promoveremos estratégias que combatam a pobreza e não a população pobre, contribuindo para a promoção de cidadania das famílias sem renda ou com renda baixa.

Ademais, sendo a Psicologia uma ciência autorizada para falar a verdade sobre os sujeitos, ela passa, dessa forma, a contribuir para a noção do que seja o perigo e quem deve ser vigiado. Entretanto, algumas estratégias de resistência são necessárias para que o psicólogo deixe de apontar quem são os perigosos para o SUAS. Potencializar a população, agir em prol da luta pela efetivação dos direitos, construir ações em conjunto com as famílias atendidas, entre outras ações, abrem para intervenções psis que problematizam a própria Psicologia e sua vinculação com a lógica do perigo, ao invés de torná-lo uma prática natural. Entendemos que são vários os caminhos a percorrer como resistência ao que tem sido normalizado, que permitem à Psicologia seguir refletindo sobre sua atuação não somente no SUAS, mas em tantos outros espaços abertos para/pelo profissional da área. Porém, ao adotar uma posição de crítica permanente, seguindo os rastros de Foucault, questionando o cotidiano e levando os usuários a também questioná-lo, pode-se criar estratégias potentes para a construção de uma outra Psicologia.

Referências

BRASIL. *Política Nacional de Assistência Social (PNAS/2004)*. Norma Operacional Básica NOB/SUAS. Brasília, 2005 [Disponível em: <http://www.

mds.gov.br/webarquivos/publicacao/assistencia_social/Normativas /PNAS2004.pdf> acesso em 30/11/2016].

CASTEL, R. *A gestão dos riscos*: Da antipsiquiatria à pós-psicanálise. Rio de Janeiro: Francisco Alves, 1987.

DONZELOT, J. *A polícia das famílias*. Rio de Janeiro: Graal, 1980.

FOUCAULT, M. Repensar a política. In: MOTTA, M.B. (org.). Rio de Janeiro: Forense Universitária, 2010.

_____. *Nascimento da biopolítica*. São Paulo: Martins Fontes, 2008.

GUARESCHI, N.M.F. & HÜNING, S.M. Efeito Foucault: desacomodar a Psicologia. *Efeito Foucault*. 3. ed. Porto Alegre: EdPUC-RS, 2014 [Série Debates Contemporâneos em Psicologia Social].

HÜNING, S.M. Psicologia: Da (a)normalidade ao risco. In: GUARESCHI, N. & HÜNING, S.M. (orgs.). *Implicações da Psicologia no contemporâneo*. Porto Alegre: EdPUC-RS, 2007.

LASTA, L.L.; GUARESCHI, N.M.F. & CRUZ, L.R. A Psicologia e os Centros de Referência em Assistência Social: Problematizações pertinentes. In: CRUZ, L.R. & GUARESCHI, N. (orgs.). *O psicólogo e as políticas públicas de assistência social*. Petrópolis: Vozes, 2012 [Coleção Psicologia Social].

MESTRINER, M.L. *O Estado entre a filantropia e a assistência social*. São Paulo: Cortez, 2001.

ROSE, N. *Inventando nossos selfs*. Psicologia, poder e subjetividade. Petrópolis: Vozes, 2011.

SCHEINVAR, E. A família como dispositivo de privatização do social. *Arquivos Brasileiros de Psicologia*, v. 58, n. 1, 2006 [Disponível em: <http://pepsic.bvsalud.org/scielo.php?script=sci_arttext&pid= S1809-52672006000100006> acesso em 04/02/2017].

RELIGIÃO E ASSISTÊNCIA NA SALVAÇÃO PELO TRABALHO
Governamentos da pobreza em uma mirada genealógica

Anete Regina da Cunha

Luis Artur Costa

Introdução

Em algum local do hemisfério ocidental, em um tempo que não conseguimos delimitar em meio à mobília, vestuário e arquitetura eclesiásticas, ocorre uma reunião entre dois pastores da Igreja Luterana e um diácono da Igreja Católica, cuja pauta é o número crescente de crianças abandonadas perambulando pelas ruas. Discutem a necessidade de ampliarem sua capacidade de tutelar esses pequenos anjos de Deus, menos afortunados e tão necessitados da misericórdia da Igreja. As cidades cresceram e, com isso, multiplicaram-se os necessitados a mendigar pelas calçadas, sem que a capacidade de assistir da misericórdia cristã crescesse no mesmo ritmo. A reunião acontece num anexo da igreja. Quem chega para tal encontro depara-se com a imponência e a beleza da igreja de quase vinte metros de altura, construída em estilo gótico. Na sala imponente há uma grande mesa de carvalho escuro em formato oval, originária do século XVIII, envolta por vinte cadeiras talhadas na mesma madeira e com estofado forrado por um surrado veludo bordô. A sala exala os odores do tempo a inebriar os presentes. A copeira serve chá, café e *Streuselkuchen*[17] aos participantes, representantes do clero da cidade. A discussão está imersa no cheiro forte do café recém-passado, enquanto desliza

---

17. Cuca alemã – bolo de origem alemã, preparado com massa fermentada de pão, com cobertura de farofa crocante.

pelos desígnios dos *menores* abandonados que dependem de tutela em tempo integral, e do custo oneroso desse tipo de trabalho, que precisa funcionar 24 horas por dia. O clero da cidade discute sobre quais pessoas devem trabalhar nesses espaços, lembrando do nome de alguns diáconos, entre outros membros da comunidade que são pessoas com vocação para servir a Deus e ajudar o próximo. Um dos pastores lembra que "quem trata bem os pobres empresta ao Senhor, e ele o recompensará". Outro pastor refere que "bem-aventurado é quem trata com bondade os necessitados, e tratar com bondade os pobres é honrar a Deus".

Se o leitor não está familiarizado com a área da assistência, pode até ter pensado que se tratava de uma cena de época, passada no século XVIII ou XIX, antes da tomada das políticas de assistência pelo Estado. Mas o leitor conhecedor dessa área já suspeitava ser uma cena atual. O cruzamento entre os tempos que provoca tal engano, no entanto, não possui qualquer falsidade: há uma persistência dos séculos em suas variações, rupturas e derivações genealógicas. Atua no presente a era na qual a misericórdia cristã dominava a assistência aos desvalidos.

A reunião entre os religiosos/gestores da assistência nos instiga a perguntar como a misericórdia cristã, que dominava a assistência aos desvalidos no século passado, continua no presente da Política de Assistência Social? Estamos em 2017 e nossa Constituição Federal[18] diz que o Estado é laico. Estado laico é Estado leigo, secular, que não professa nenhuma religião, mas aceita a existência da crença em Deus, apesar de também respeitar o direito à total descrença religiosa. Contudo, na reunião ficcional que inicia este capítulo, acontece justamente um encontro entre os religiosos da cidade, que ocupam neste momento posições de gestão na política pública de assistência social. Portanto, de pronto percebemos que as práticas caritativas e de benemerência, ligadas à igreja des-

---

18. CF, art. 19: "É vedado à União, aos Estados, ao Distrito Federal e aos Municípios: I – estabelecer cultos religiosos ou igrejas, subvencioná-los, embaraçar-lhes o funcionamento ou manter com eles ou seus representantes relações de dependência ou aliança, ressalvada, na forma da lei, a colaboração de interesse público".

de antes do século XVIII, ainda hoje persistem na assistência, apesar da doutrina de direitos que vem sendo discutida e aos poucos implantada a partir da CF de 1988.

O social como híbrido científico-pastoral: moral e trabalho

As práticas de assistência dirigidas aos doentes, aos pobres, aos incapazes estão presentes há muito no Ocidente, respaldadas pela doutrina judaico-cristã que converteu a ajuda em caridade e benemerência muito antes da assistência social surgir enquanto uma ação minimamente organizada do Estado. Interessante apontar que já no início do século XVII, como refere Foucault (2008), já se podia encontrar textos que falavam de uma preocupação com a caridade e de se ocupar dos pobres: "O Birô de Caridade vai se ocupar dos pobres, dos pobres válidos, é claro, aos quais dará um trabalho ou que forçará a aceitar um trabalho, [e] os pobres doentes e inválidos, a que dará subvenções" (FOUCAULT, 2008, p. 430).

Com o início do capitalismo, o empobrecimento dos trabalhadores, os deslocamentos provocados pela ascensão do 3º Estado (burguesia) ao domínio da máquina estatal na Revolução Francesa com sua concepção de Direitos do Homem e, a partir da posterior emergência do Estado de Bem-Estar Social e da noção de Direitos Humanos no período das guerras mundiais, vimos as práticas de caridade sendo apropriadas pelo Estado e moduladas segundo ciências do governo do social. Contudo, tal apropriação sempre manteve uma intensa relação com a Igreja, seus valores e métodos.

A partir da segunda metade do século XVIII falamos da emergência de uma "questão social" propriamente dita, ou seja, uma problematização do social que acontece na medida em que certos "disfuncionamentos" de uma sociedade (órfãos, velhos, mendigos, loucos etc.) não são mais regulados de uma maneira relativamente informal nessa mesma sociedade. A invenção do social (SILVA, 2004), ou uma primeira configuração do social, começa a se delinear tendo como pano de fundo uma problemática formulada em torno do campo assistencial. Nessa perspectiva podemos compreender a criação de equipamentos (asilos, orfanatos etc.)

que tinham como objetivo assistir certos grupos de indivíduos carentes, cujas necessidades não eram mais supridas dentro do tecido informal da sociedade. O Estado naquele período passou a desenvolver um conjunto de práticas que possuíam uma função protetora, atendendo alguns segmentos da população carente, usando critérios para definir o que seria "população carente", uma vez que não se atenderia todo o conjunto da população desfavorecida (SILVA, 2004). Os ideais da Revolução Francesa de "Liberdade, Igualdade e Fraternidade" e o advento das democracias modernas com o reconhecimento dos direitos dos cidadãos produzem um campo de conflitos socioeconômico onde o Estado passa a ser duplamente tensionado: garantir o princípio do livre-acesso ao trabalho, mas, ao mesmo tempo, recusar a responsabilidade de assegurar trabalho para todos, sendo coerente com o princípio do liberalismo econômico que pressupõe uma intervenção mínima do Estado no mercado econômico, abrindo espaço para a livre-concorrência e para a lei da oferta e da procura (SILVA, 2004).

Direitos sociais, direitos civis e liberdade de mercado em conflito entre promoção de segurança, igualdade e garantia de não intervenção no mercado e no privado. Na esteira dessa fratura entre a ideia de igualdade para todos e a exigência de liberdade de mercado no capitalismo liberal (SILVA, 2004), o Estado brasileiro passou, primeiramente, a se preocupar com os indivíduos que trabalhavam em detrimento dos pobres e miseráveis sem trabalho, objetivando uma regulação dos corpos e das condutas desses trabalhadores para a promoção de sua força produtiva. Aos pobres e miseráveis restava a caridade, em especial das igrejas e entidades filantrópicas (YAZBEK, 2013). Essas e outras aproximações entre a Igreja e o Estado no Brasil levaram ambos a se apoiarem mutuamente. A Igreja oferecia suporte às políticas do Estado, e o Estado cooperava com os propósitos da Igreja Católica, preocupada com o restabelecimento dos cristãos (MONTENEGRO, 1972).

Com a formação dessa aliança, houve uma grande expansão das instituições católicas, tanto as assistenciais quanto as educativas, entre elas as universidades católicas, que foram importantes na formação de pessoal especializado para a realização do trabalho social nas "instituições assistenciais formais" que se iniciavam no Brasil (BULLA, 2003). Nesse contexto, o Estado brasileiro buscou administrar e regular a questão social, contudo, sempre privilegiando os trabalhadores formais, possibilitando desse modo condições para que as ações filantrópicas e da Igreja se ocupassem do auxílio aos trabalhadores informais e aos pobres e miseráveis (YAZBEK, 2013).

Trabalhando na assistência social durante vinte anos, vi que governo municipal e entidades religiosas caminham juntas na execução dos programas e serviços de assistência. Atualmente, de um total de 25 entidades cadastradas no Conselho Municipal de Assistência Social (Comas), 11 entidades são mantidas por diferentes igrejas, representando quase 50% das entidades, e todas recebem alguma subvenção[19] da prefeitura, hoje em forma de contratos de gestão, a fim de executar serviços públicos. Essas 11 entidades atuam oferecendo desde serviços de convivência e fortalecimento de vínculos para crianças e adolescentes até tratamento para dependência química e acolhimento institucional (abrigo).

Da mesma forma que executam serviços de assistência, tais entidades participam dos conselhos municipais de controle social[20], fazendo parte de comissões e deliberando sobre a política municipal de assistência social e sobre políticas de direitos sociais. Dessa forma, muitas vezes são os ideais de caridade, benemerência e benevolência que continuam pautando o trabalho da

---

19. As subvenções sociais estão previstas na Lei Federal n. 4.320, de 17 de março de 1964 (art. 12 e art. 16) e na Instrução Normativa STN n. 01/97, sendo que é possível aos estados e municípios regularem a forma, os requisitos, bem como as sanções, a fim de também transferirem recursos a título de subvenções sociais.

20. Em Novo Hamburgo, na Secretaria Integrada dos Conselhos Municipais (SICM), existem sete conselhos ligados às políticas públicas e às políticas de direitos: Conselho Municipal dos Direitos da Mulher (Comdim); Conselho Municipal da Juventude (Comjuve); Conselho Municipal dos Direitos e Cidadania do Idoso (CMDCI); Conselho Municipal de Segurança Alimentar e Nutricional Sustentável (Comsea); Conselho Municipal de Assistência Social (Comas); Conselho Municipal dos Direitos da Criança e do Adolescente (CMDCA); Conselho Municipal dos Direitos e Cidadania da Pessoa com Deficiência (CMPCD).

assistência social em detrimento das ideias de acesso a direitos, de participação social e de lutas político-econômicas e sociais. Nesse contexto, os atravessamentos entre a religião e a Política de Assistência Social são inúmeros, desde uma completa "terceirização" dos serviços para as entidades religiosas, como é o caso do serviço de acolhimento[21] atualmente em Novo Hamburgo, até ações bastante específicas, baseadas em preceitos e julgamentos morais e religiosos nas ações cotidianas dos profissionais.

Muitas políticas públicas foram implementadas na confluência entre Estado e Igreja, pois se tornou prática comum a contratação de pessoas jurídicas, tais como associações e fundações vinculadas às entidades religiosas, as quais, ao receberem um determinado valor financeiro, encarregam-se de administrá-lo, dando conta dos gastos necessários com estrutura, materiais, contratação de pessoal, assim como do desenvolvimento das atividades que envolvem diretamente o público usuário da assistência (KREHER, 2016). Esse arranjo, além de autorizado pela Constituição Federal de 1988, "se encontra também legitimado social e culturalmente, visto que, em especial, a Igreja Católica desempenha historicamente forte papel caritativo no governo das populações tidas como miseráveis e/ou fragilizadas socioeconomicamente" (KREHER, 2016, p. 49). Muitos trabalhadores da assistência, imbuídos da ideia de "ajuda ao próximo" e atravessados por suas próprias crenças religiosas, trazem para o fazer profissional o entendimento religioso da "culpa individual" dos usuários por suas mazelas, por sua condição de pobreza e dependência. Partem do pressuposto de que a política pública hoje oferece transferência de renda, cursos de qualificação e espaço para pensar e planejar sua "nova vida" junto aos grupos e técnicos dos CRAS e CREAS, sendo então uma escolha do usuário não aderir aos serviços da política e permanecer na situação de miserabilidade.

Essa culpa individual dos usuários por sua dependência, acomodação e falta de perspectivas, na maioria das vezes é vista

---

21. A Abefi, através da pactuação dos contratos de gestão com a Prefeitura Municipal de Novo Hamburgo, administra desde abril de 2013 as seguintes Casas de Acolhimento: Anjo da Guarda, Bom Pastor, Albergue Municipal e Lar do Menino e, desde junho de 2012, o Abrigo João e Maria.

como uma inadequação, ou um desajuste pessoal, ou uma falta de vontade para o trabalho árduo, afinal as possibilidades estão sendo oferecidas pela política de assistência para todos que dela necessitarem: "Se as famílias não aproveitam essas oportunidades, os técnicos não podem fazer nada, a culpa é das famílias. Tem aqueles que ganham da assistência e não dão valor, botam tudo fora, usam as roupas que ganham e em vez de lavar e cuidar, jogam no lixo, ou ainda trocam o que recebem de doação por cachaça no bar da esquina". Nesta fala ficcional nos encontramos com preceitos religiosos que perduram em sua afirmação no interior dos dispositivos da assistência: a ideia de trabalho enquanto uma vocação de todos os cristãos e uma forma de, com o suor do trabalho árduo e dignificante, conseguir uma vida melhor na terra, ou então encontrar o reino dos céus e a vida eterna no pós-morte.

Pastorado do Trabalho: governamento da pobreza e desenvolvimento social

A história do trabalho social das igrejas foi se modificando ao longo das décadas, mas a ideia de um pastor que cuida do seu rebanho é antiga e pode ser vista, por exemplo, no trabalho dos diáconos, que, criados pela Igreja, tinham o papel de visitar os assistidos e ajudar em suas necessidades (LOCKMANN, 2013). Os diáconos trabalhavam com o pastor em funções pastorais litúrgicas e no cuidado dos enfermos, pobres, indigentes, viúvas, órfãos e prisioneiros: "Há, nessa época, um tipo muito específico de manifestação da verdade, uma verdade religiosa que se utilizava da fé cristã para agir sobre a vida dos sujeitos aqui na terra" (LOCKMANN, 2013, p. 184).

Sobre esse jeito específico de agir sobre as pessoas, Foucault (2008) vai dizer que, entre o século XVI até o fim do século XVIII, vemos desenvolver-se toda uma arte de governar, uma arte de governar a si mesmo, de governar as almas e as condutas, uma preocupação em como se governar, como ser governado, como governar os outros, por quem devemos aceitar ser governados, ao que Foucault chamou de poder pastoral. O poder pastoral (FOUCAULT, 2008) seria a capacidade de determinados indivíduos exercerem um tipo de condução sobre as condutas dos outros na condição de pastores. O objetivo do poder pastoral era a condução dos indivíduos e da comunidade para a salvação eterna:

> Era aquela arte pela qual se ensinavam as pessoas a governar os outros, ou pela qual se ensinavam os outros a se deixar governar por alguns. Esse jogo do governo de uns pelos outros, do governo cotidiano, do governo pastoral, foi isso que foi entendido durante quinze séculos como sendo a ciência por excelência, a arte de todas as artes, o saber de todos os saberes (FOUCAULT, 2008, p. 200).

O fundamental para o exercício dessas relações de poder era a necessidade de saber o que se passava na mente das pessoas, seus segredos, seus pensamentos; importava saber o que faziam, como faziam, porque faziam e o que pensavam e sentiam para, então, poder conduzi-las melhor. A salvação no cristianismo está inicialmente atrelada ao governo pastoral dos homens. Contudo, independente da habilidade ou do mérito do pastor, no cristianismo não é ele quem salva, pois Deus é quem salva, e o papel do pastor é administrar, sem a certeza da salvação, as trajetórias do mérito e do demérito das suas ovelhas (FOUCAULT, 2008). Dessa forma, o pastorado cristão cria uma forma de exame perpétuo, incluindo a prática da confissão que nos julga o tempo todo e nos diz o que somos, a fim de que alcancemos a salvação na vida eterna:

> Vai instaurar um tipo de relação de obediência individual, exaustiva, total e permanente. [...] o pastorado cristão inova absolutamente ao implantar uma estrutura, uma técnica ao mesmo tempo de poder, de investigação, de exame de si e de outros pela qual certa verdade, verdade secreta, verdade da interioridade, verdade da alma oculta, vai ser o elemento pelo qual se exercerá o poder do pastor, pelo qual se exercerá a obediência, será assegurada a relação de obediência integral, e através do qual passará justamente a economia dos méritos e deméritos (FOUCAULT, 2008, p. 242).

Nesse sentido, incorporando a prática da confissão ao poder pastoral, começou-se a produzir uma verdade sobre o sujeito que operou e produziu a própria sujeição deste a essa verdade produzida. A partir dos séculos XVI e XVII, a pastoral cristã continuou sendo o pano de fundo desse processo de governo, mas foi se deslocando da pastoral dos indivíduos e das comunidades para o desenvolvimento das artes de governar a população em uma ciência do Estado e da biopolítica: "Daí em diante, vamos ter uma razão de Estado cuja pastoral será uma pastoral da opção, uma pastoral da exclusão, uma pastoral do sacrifício de alguns ao todo, de alguns ao Estado" (FOUCAULT, 2008, p. 352).

No governo da população, a razão de Estado (FOUCAULT, 2008), por meio de uma concepção de ciência política e ciência econômica, desenvolve-se e agencia-se com as antigas técnicas de pastorado cristão, agora laicizadas em uma trama de condutas de condutas. Essas técnicas pastorais agenciadas com a razão de Estado outorgam uma nova capilaridade ao governo do Estado, que permite o surgimento das polícias já numa lógica da biopolítica. A polícia (estratégias estatais para modular certo estilo do "viver junto") "vai ser o cálculo e a técnica que possibilitarão estabelecer uma relação móvel, mas apesar de tudo estável e controlável, entre a ordem interna do Estado e o crescimento das suas forças" (FOUCAULT, 2008, p. 421).

A partir do século XVIII, que foi palco de acontecimentos importantes como a Revolução Industrial, a urbanização crescente, o desenvolvimento da medicina, do Estado moderno e do início do capitalismo, produziram-se grandes mudanças na sociedade. Estas mudanças são condições de possibilidades para um deslocamento do poder pastoral para o poder disciplinar (ainda que o primeiro continue existindo), e de certa "pobreza útil"[22] para uma

---

22. "Os pobres da cidade eram pessoas que realizavam incumbências, levavam cartas, encarregavam-se de despejar o lixo, apanhar móveis velhos, trapos, panos velhos e retirá-los da cidade, redistribuí-los, vendê-los etc. Eles faziam parte da instrumentalização da vida urbana. Na época, as casas não eram numeradas, não havia serviço postal e quem conhecia a cidade, quem detinha o saber urbano em sua meticulosidade, quem assegurava várias funções fundamentais da cidade, como o transporte de água e a eliminação de dejetos, era o pobre. Na medida em que faziam parte da paisagem urbana, como os esgotos e a canalização, os pobres não podiam ser postos em questão, não podiam ser vistos como um perigo.

pobreza enquanto problema social: não perdendo sua utilidade, mas tendo formalizados e normatizados os meios de torná-la mais útil ainda, disciplinada. Nesse cenário, a assistência de cunho caritativo não se constituiu mais como uma prática social capaz de dar conta dos novos problemas produzidos pelos pobres, doentes e desvalidos (LOCKMANN, 2013). Portanto, era necessário criar formas de governamento que permitissem uma condução pastoral, mas também uma condução política e biológica da população, o que foi possível com a emergência dos discursos médicos higienistas, pedagógicos, psicológicos, da assistência social, jurídicos etc. Nesse sentido, o sacerdócio do poder pastoral distribuiu-se das mãos dos párocos para as mãos dos médicos, psicólogos, pedagogos, conselheiros tutelares, assistentes sociais, entre outros herdeiros dessa prática de governamento da população em um novo pastorado.

Durante quase três séculos após a colonização do Brasil, as santas casas de misericórdia foram as únicas instituições que se responsabilizaram pelas ações sociais, pois ajudavam pobres e indigentes, recolhiam esmolas para os necessitados, forneciam dotes aos órfãos, ofereciam refeições e abrigo, forneciam caixões para enterros, visitavam presos, rezavam missas a quem pagava por isso, e também recolhiam e batizavam as crianças deixadas na "Roda dos Expostos" (LOCKMANN, 2013). As santas casas de misericórdia foram os primeiros equipamentos que se ocuparam do acolhimento aos pobres no Brasil.

Essas primeiras organizações filantrópicas tinham a compreensão da assistência como um gesto de benevolência e caridade para com o outro. Contudo, na segunda metade do século XIX, quando os trabalhadores começaram a reagir à exploração de seu trabalho operada pelo capitalismo, começaram a aparecer a já referida "questão social" (YAZBEK, 2013). O capitalismo, pelas suas dinâmicas e contradições, com a expansão do capital e a pauperização da força de trabalho, cria algumas condições de possibilidades para a apropriação e o deslocamento pelo Estado e ciência

---

No nível em que se colocavam, eles eram bastante úteis" (FOUCAULT, 1979, p. 94).

das práticas assistenciais de benemerência em prol da organização de uma massa de trabalhadores potenciais: obedientes e capazes. Podemos pensar então que as aproximações entre Estado e religião contribuíram para a produção de práticas de governamento da população pobre.

No Brasil após a independência em 1822, a educação de crianças pobres associada às ordens religiosas tinha por principal objetivo o ensinamento de um trabalho aos desvalidos, doutrinando infantes nos preceitos morais e religiosos, ensinando as primeiras letras e o ofício da costura às meninas acolhidas (LOCKMANN, 2013). Dessa forma percebemos a articulação entre religião e trabalho, pastorado e disciplina: ensinar um ofício às crianças pobres para que pudessem logo trabalhar, mas sem questionar a exploração do trabalho. O trabalho já aparece nesse momento como "solução" para a pobreza. Ainda de acordo com Kreher, "em última instância o que essa política cristã almejava era a manutenção da ordem e das estruturas sociais sob as quais, historicamente, exercia incisivo governo" (KREHER, 2016, p. 35).

No Brasil da Era Vargas "teve lugar uma rearticulação do setor público com o privado, fortalecendo as práticas de filantropia, o que viabilizou uma reorganização da Igreja Católica no que diz respeito à sua participação no campo de ação social e assistencial" (KREHER, 2016, p. 42). A Igreja e o Estado se uniram para resguardar a ordem e a disciplina social, ficando também a cargo da Igreja Católica a tarefa de harmonizar a disputa de classes, na tentativa de manter o controle sobre os trabalhadores explorados e sobre os pobres (SOUZA et al., 2015): ordenar as relações sociais, a partir de costumes cristãos, exigindo da classe burguesa o auxílio comunitário, criando movimentos católicos de ajuda aos necessitados, exigindo das classes populares disciplina e obediência, tudo em nome da salvação: "Quanto mais os homens estão preocupados com a sua salvação no além, mais é fácil aqui embaixo governá-los" (FOUCAULT, 2008, p. 58).

A Igreja Católica também esteve presente no início da profissionalização do Serviço Social, que era uma profissão formada apenas por mulheres e que se valia da filantropia existente, tendo uma atuação doutrinária e assistencial (SOUZA et al., 2015).

A profissão naquele momento percebia o indivíduo como único culpado pela situação de pobreza em que se encontrava, e buscava-se por meio do trabalho a superação das dificuldades materiais: questões tratadas no contexto da moralidade, na busca do ajustamento do homem conforme preceitos das doutrinas da Igreja. As condições de moradia, as precariedades das condições sanitárias, por exemplo, eram consideradas problemas de desestruturação familiar. A situação de vulnerabilidade vivida pelos pobres era vista pelos assistentes sociais como uma patologia, uma deformidade em sua formação moral; era dessa maneira que se dava o julgamento, sobrepondo as reais causas da miséria. Assim, nesse contexto, a ação dos(as) assistentes sociais passa a ter o objetivo de fazer o ajustamento sem levar em conta a correlação de forças existentes na sociedade (SOUZA et al., 2015). Lógica de benemerência, ou seja, dependente de critérios de mérito, baseada num julgamento moral, sustentada numa ideia de responsabilização individual por sua situação social (YAZBEK, 2013) e que possui no trabalho e na família suas principais vias de reforma dessas vidas.

Pastorado do Trabalho: ciências do governo laborocêntrico na assistência

É interessante pensar que, a partir da forte ligação entre religião e trabalho, não apenas a pobreza se torna objeto de uma questão social como o trabalho passa a ser uma das principais formas de governamento dos pauperizados: outras atividades como o esporte, as artes plásticas, a música, o teatro, o artesanato, a ajuda mútua ou os projetos coletivos e colaborativos aparecem pouco como uma outra via de desenvolvimento social. A questão da formação do trabalhador (anatomopolítica) e a promoção da produtividade da nação (biopolítica) se articulam pelo Pastorado do Trabalho: "Uma arte que tem a função de encarregar-se dos homens coletiva e individualmente ao longo de toda a vida deles, e a cada passo da sua existência" (FOUCAULT, 2008, p. 219). Práticas de formação e vigília dos corpos dóceis se coadunam aos cálculos populacionais e seus índices de longevidade, produtividade etc. nas ações das tramas da assistência social. A noção de salvação do poder pastoral se desloca ao longo dos séculos: do juízo final de cada um e da humanidade, ao bem comum do cidadão e da nação, uma noção de salvação que articula anatomopolítica e biopolítica com uma lógica laborocêntrica. A salvação se laicifica em vidas dedicadas ao trabalho, enquanto a ciência moderna e as leis do mercado tomam o lugar de Deus como figura neutra, verdadeira e justa que determina e revela a verdade dos sujeitos "salvos" ou "perdidos". Médicos, psicólogos, assistentes sociais, administradores, economistas ditam normas para a saúde e a boa vida, feliz, organizada, segura e plena já na existência terrena.

Na condução pela ciência moderna, médicos, advogados, pedagogos, psicólogos não são colocados e não se colocam na mesma posição de "humildade" afirmada pelo pastorado cristão ("Deus opera por mim"), ainda que sua autoridade provenha de uma entidade transcendente (Estado e Ciência). Não se trata da "destruição do eu ascética" (FOUCAULT, 2008), mas sim da afirmação de modelos ideais de *eu* e nação desde uma autoridade científica ou judiciária que exercita a submissão desse sujeito a um modelo de vida que subjaz a toda essa construção técnica da ciência. Portanto, a salvação será encontrada na persistência da vida biológica e na sua saúde para o trabalho em nome do bem comum (FOUCAULT, 2008): produtividade e vida articuladas na rede de assistência que protege o bom cidadão das democracias modernas.

A ideia do trabalho como vocação e salvação continua, assim, presente na assistência social pela concepção de que o trabalho salva não apenas aos jovens levados para o mercado de trabalho, mas também àqueles profissionais da assistência que se dedicaram com afinco na tarefa de não deixar uma só ovelha para trás. Trabalho que salva a um só tempo ao usuário vulnerável e ao profissional precarizado, pois, por meio do trabalho como chamado ao bom caráter, ambos poderão vencer as vicissitudes de suas situações: viver e/ou trabalhar sem as condições adequadas para tanto.

A questão da centralidade do trabalho também pode ser percebida a partir da legislação nacional que regula a assistência e seus modos de operar a divisão entre seus beneficiários: os trabalhadores formais, a partir da Constituição de 1937 no Brasil, alcançaram um certo *status* e a garantia de uma série de direitos, inclusive previdenciários, que foram negados aos trabalhadores informais e aos desempregados. A Constituição de 1937 criou uma divisão entre uma previdência para os trabalhadores formais que "são transformados em sujeitos coletivos pelo sindicato, e os informais que são enquadrados como pobres, dependentes das instituições sociais, dispersos em atenções individualizadas e não organizadas" (MESTRINER, 2001, p. 105).

A política social estatal no Brasil ganha novo vulto a partir de ações que se desenvolveram nos anos de 1930: uma forma de "gestão social" dos problemas decorrentes da exploração da força de trabalho pelo capital, que vão desde as péssimas condições de trabalho até o desemprego absoluto (YAZBEK, 2013). O Estado brasileiro adotou, a partir daquele período, uma política de proteção ao trabalhador, incentivando o trabalho e o aumento da produção, criando o Ministério do Trabalho, Indústria e Comércio, e promulgando uma legislação trabalhista que correspondia às necessidades do trabalhador e em conformidade com o processo de industrialização que estava em pleno desenvolvimento.

> Entre essas medidas podem ser citadas a instituição do salário-mínimo, a jornada de oito horas de trabalho, as férias remuneradas, a estabilidade no emprego, a indenização por dispensa sem justa causa, a convenção coletiva de trabalho, a proteção ao trabalho da mulher e do "menor", a assistência à saúde, à maternidade, à infância e uma série de outros serviços assistenciais e educacionais (BULLA, 2003, p. 7).

As ações no campo da proteção social se definiram como parte de um acordo entre as classes sociais para garantir o aumento da produção industrial (YAZBEK, 2013). Contudo, ao trabalhador pobre, sem carteira assinada ou desempregado, restavam as obras sociais filantrópicas que se mantinham responsáveis pela assistência aos mais pobres. Apenas a partir da Constituição de 1988 a assistência estatal irá se propor a abranger todos segmentos. No entanto, o trabalho enquanto valor persiste pela afirmação do direito ao trabalho como principal forma de inclusão social. As ações da assistência social insistem na ideia de que os trabalhadores informais e os pobres em geral devem ser "ajudados" e "encaminhados", a fim de recuperar o emprego perdido, ou se preparar para "alçar voo" e alcançar um emprego formal (CUNHA, 2015).

Trabalho como salvação em tempos contemporâneos: desafios e questões

No entanto, para além de apenas questionarmos tal laborocentrismo próprio das políticas de assistência social em sua hibridização entre indústria e religião, também podemos problematizar: De qual "trabalho" falam essas políticas? Durante décadas era o trabalho industrial nas esteiras de produção das fábricas. Ocorre que essas funções foram modificadas com a revolução tecnológica e o desenvolvimento de uma economia financeirizada centrada na especulação e no consumo. O trabalho mecânico e repetitivo na esteira de produção se rarefez. Novas habilidades profissionais passaram a ser exigidas (SENNETT, 2009).

Junto a isso, ocorre a precarização do trabalho que vem se alastrando pelo Brasil desde a onda neoliberal de 1990 e se traduz na perda de direitos sociais e trabalhistas: expansão do trabalho parcial e temporário, das terceirizações, trabalho itinerante, exigência de multifuncionalidade, sobrecarga de trabalho pela falta de delimitação entre trabalho e vida, e responsabilização individual nas figuras morais neoculpabilizantes da proatividade e empreendedorismo. Trata-se de um mundo do trabalho que vê sumir, pouco a pouco, não apenas as antigas colocações nas fábricas e empresas, mas até mesmo a carteira assinada e a CLT (Consolidação das Leis do Trabalho): *freelancer*, microempresas individuais, terceirizações, trabalho autônomo etc. são algumas das novas configurações dos modos de trabalhar em nosso tempo. Nesse contexto, a crise do trabalho está gerando uma legião de desempregados, uma vez que o capital precisa cada vez menos de trabalho de produção material e que este vem sendo substituído pelo capital "imaterial", pelo trabalho complexo, imensurável (GORZ, 2005). Segundo Gorz, "essa é a visão neoliberal do futuro do trabalho: abolição do regime salarial, autoempreendimento generalizado, subsunção de toda pessoa, de toda vida pelo capital, com o qual cada um se identificará inteiramente" (2005, p. 25).

Ignora-se a precariedade, a descontinuidade, os azares que podem acometer qualquer trabalho, tanto o trabalho assalariado quanto o trabalho independente (GORZ, 2005). Tempos de trabalho precarizado, ou de desemprego para aqueles que não conseguiram desenvolver a moral do autoempreendedorismo e da proatividade. A fragilização total das ligações socioeconômicas de um número muito grande de indivíduos em relação à sociedade gera uma desfiliação desses indivíduos dos processos econômicos de produção e consequentemente de consumo, sendo papel da Assistência Social reintegrá-los pelo trabalho à rede de consumo-produção, mesmo diante de toda a precariedade e insegurança contemporâneas (CASTEL, 1998).

Ao laborocentrismo soma-se o fato de que não reconhecemos algumas das iniciativas de empreendedorismo que vicejam em meio à pauperização das populações periféricas: muitas delas atividades informais ou ilegais. Nesse caso, o laborocentrismo não age apenas ao tornar o trabalho método de reinserção às redes de produção-consumo, ou ainda endividando o sujeito moral e subjetivamente pela ação de tecnologias de si baseadas nos operadores afetivos-virais da proatividade e do empreendedorismo. Mas também temos uma nítida modulação que ajuíza quais são as formas aceitáveis de trabalhar e empreender, não apenas por questões éticas e jurídico-legais, mas também por estas adequarem-se ou não aos modelos de bem-estar, sucesso e felicidade reproduzidos em nossas ciências do governamento.

Referências

BULLA, L.C. Relações sociais e questão social na trajetória histórica do serviço social brasileiro. *Revista Virtual Textos & Contextos*, n. 2, ano II, dez./2003.

CASTEL, R. *As metamorfoses da questão social*: Uma crônica do salário. Petrópolis: Vozes, 1998.

CUNHA, A.R. *A política pública de Assistência Social*: Uma trama. Porto Alegre: UFRGS/Departamento de Psicologia Social e Institucional, 2015 [Monografia de especialização – Curso Instituições em Análise].

FERREIRA, V.V.F. & VESCOVI, R.G.L. Na impossibilidade da palavra, o ato: Adolescência e a lei. *Pesquisas e Práticas Psicossociais*, v. 2, n. 8, São João del-Rei, jul./dez. 2014.

FOUCAULT, M. *Segurança, território, população.* São Paulo: Martins Fontes, 2008.

GORZ, A. *O imaterial*: Conhecimento, valor e capital. São Paulo: Annablume, 2005.

KREHER, R. *Ou caminha com Deus, ou dança com o diabo*: Igrejas neopentecostais e governo da juventude pobre. Porto Alegre: UFRGS/Faculdade de Psicologia/Programa de Pós-graduação em Psicologia Social e Institucional, 2016 [Dissertação].

LOCKMANN, K. *A proliferação das políticas de assistência social na educação escolarizada*: Estratégias da governamentalidade neoliberal. Porto Alegre: UFRGS/Faculdade de Educação/Programa de Pós-graduação em Educação, 2013 [Tese de Doutorado].

MESTRINER, M.L. *O Estado entre a filantropia e a assistência social.* 2. ed. São Paulo: Cortez, 2001.

MONTENEGRO, J.A. *Evolução do catolicismo no Brasil.* Petrópolis: Vozes, 1972.

SENNETT, R. *A corrosão do caráter*: Consequências pessoais do trabalho no novo capitalismo. Rio de Janeiro: Record, 2009.

SILVA, R.N. Notas para uma genealogia da psicologia social. *Psicologia & Sociedade*, v. 2, n. 16, mai./ago. 2004, p. 12-19.

SOUZA, M. et al. *O percurso histórico do serviço social.* 2015 [Disponível em: <http://docplayer.com.br/7492449-O-percurso-historico-do-servico -social.html> acesso em 14/12/2015].

YASBEK, M.C. *Estado e políticas sociais.* 2013 [Disponível em: <http:// sosservicosocial.com.br/s/wp-content/uploads/2013/05/Yazbek-Maria-Carmelita.-Estado-e-pol%C3%ADticas-sociais.pdf> acesso em 10/12/2014].

"NÃO ESTÁVAMOS SEGUROS"

Tensionamentos entre os discursos do direito e da caridade no campo da Assistência Social

Gabrielly da Fontoura Winter

Betina Hillesheim

Ao recebermos o convite para participar desta publicação que se propôs a realizar a junção de textos sobre pesquisas e vivências atuais nas Políticas Públicas de Assistência Social, pensamos em contribuir trazendo algumas problematizações que se fundamentam na dissertação intitulada *"Não nos damos conta disso*: uma análise dos discursos produzidos a respeito das políticas públicas de assistência social no jornal *Zero Hora"* (WINTER, 2016). A dissertação voltou-se para os discursos produzidos sobre as Políticas Públicas de Assistência Social veiculados na mídia impressa, tendo como materialidade de análise o jornal *Zero Hora*, importante veículo de comunicação que circula no sul do país. O período analisado compreendeu os meses de janeiro a março de 2015. O presente capítulo surge, assim, da constatação da pouca visibilidade das políticas de assistência social no referido jornal, bem como do público usuário das mesmas – o qual, diferentemente de outras políticas públicas, que se direcionam para a ideia de todos, é composto por aqueles que dela necessitam, conforme disposto na Constituição Federal (BRASIL, 1988). Assim, quando ocorriam referências ao público usuário da Assistência Social, estas estavam fortemente associadas à noção de caridade, em detrimento dos discursos referentes à proteção e/ou à garantia de direitos.

Entendendo que, desde a conclusão dessa investigação (início de 2016) até o momento (meados de 2017)[23], tem ocorrido um desmonte de tais políticas no Brasil, pretende-se, neste capítulo, aprofundar a discussão sobre o tensionamento entre direito e caridade, o qual já se mostrava presente, ainda que não de forma tão intensa como agora, nos anos de 2014/2015. Se, como Foucault (1996) nos alerta, os discursos não surgem do nada, mas há muito tempo se prepara sua aparição, é possível pensar que o embate que acontece no país já estava anunciado, ainda que não explicitado dos modos como está hoje.

Nosso ponto de partida, portanto, é que os discursos que desqualificam as políticas de Assistência Social não são novos; porém, não pretendemos afirmar com isso que estivessem camuflados ou escondidos. Fischer (2012) assinala que é preciso enfrentar o fato de que não existem palavras escondidas naquilo que a mídia produz e veicula, sendo que os discursos se apresentam de forma direta e discreta, fazendo com que não seja possível que, num primeiro olhar, e através de nossas lentes de verdades, consigamos captar tudo o que está presente. Afinal, o discurso, para Foucault (1996), está relacionado com o desejo e com o poder: não se limita a ser, portanto, aquilo que manifesta ou oculta o desejo, mas é o próprio objeto de desejo; também não se restringe a ser um tradutor das lutas, mas se constitui aquilo pelo qual se luta. Além disso, não se pode pensar que o discurso seja expandido, contínuo e unificado, mas que se constitui por práticas descontínuas, rarefeitas, que ora se cruzam, ora se excluem ou se ignoram. E, ainda,

---

23. Tal marcação se pauta pelo período de turbulência política e econômica que o país tem atravessado, culminando com o *impeachment* da presidente Dilma Roussef, cujo processo se iniciou em dezembro de 2015, tendo sido votado na Câmara de Deputados em abril de 2016 e enviado ao Senado Federal, o qual, em maio do mesmo ano, votou a favor da abertura do mesmo, ocasionando a posse do vice-presidente, Michel Temer, como presidente interino. Em 31 de agosto de 2016, houve a votação final pelo Senado, confirmando a cassação do mandato de Dilma Roussef. Com o *impeachment* e a troca de governo, também ocorreram mudanças significativas nas políticas econômicas e sociais, com impacto direto sobre as políticas públicas.

o discurso não se encontra em um jogo de significações prévias, mas se configura como um ato de violência sobre as coisas, sendo que não se trataria de uma busca por um suposto âmago que se manifesta a partir do próprio discurso, mas considerar suas condições de existência.

Dessa maneira, é possível pensar que os discursos não estão ocultos, mas que tampouco estão visíveis, associando essa reflexão como uma "dermatologia geral, ou artes das superfícies [...]. A arqueologia é a constituição de uma superfície de inscrição" (DELEUZE, 2013, p. 133). Seguindo tal linha de raciocínio, não podemos deixar de considerar que a visibilidade *precoce* (ou seja, que já se anunciava mesmo antes do *impeachment* da presidente Dilma Roussef) referente aos tensionamentos hoje muito presentes no campo da Assistência Social tem relação direta com os lugares para onde os holofotes foram direcionados durante a produção dos dados.

> É preciso pegar as coisas para extrair delas as visibilidades. E a visibilidade de uma época é o regime de luz, e as cintilações, os reflexos, os clarões que se produzem no contato da luz com as coisas. Do mesmo modo é preciso rachar as palavras ou as frases para extrair delas os enunciados (DELEUZE, 2013, p. 124).

Feitas essas considerações iniciais, discutimos, a seguir, o campo de forças através do qual a própria assistência social se constituiu no nosso país. Após, apresentamos os dados produzidos na pesquisa sobre o jornal *Zero Hora*, mais especificamente aqueles referentes à ênfase no discurso da caridade. A partir disso, problematizamos esse enlace entre os discursos das políticas públicas de assistência social e da caridade, constituindo-se como diferentes estratégias de governo da pobreza.

Da caridade às políticas públicas de assistência social?

Tendo em vista a importância e os impactos da Assistência Social na vida de milhares de brasileiros, considerando-se o cenário de desigualdade socioeconômica do Brasil, entendemos que é necessário, primeiramente, uma problematização das formas pelas quais as práticas nesse campo se constituíram no nosso país. No curso *O governo de si e dos outros*, Foucault (2010) coloca que a Filosofia, como discurso da (e sobre a) Modernidade, caracteriza-se por uma interrogação sobre a atualidade: "Qual é minha atualidade? Qual é o sentido dessa atualidade? E o que faz que eu fale dessa atualidade?" (p. 15). E, a partir disso, o filósofo situa o seu pensamento como uma forma de uma ontologia de nós mesmos. Nessa perspectiva, Furtado (2015) sublinha que esse gesto de interrogação sobre a atualidade será denominado como ontologia do presente, mediante a identificação de dispositivos de subjetivação que permitem a emergência de outros modos de relação do sujeito consigo e com os outros. Portanto, ao pontuarmos algumas questões referentes à constituição da Assistência Social, nosso gesto remete à interrogação sobre o presente, sobre as formas pelas quais nos tornamos sujeitos de determinados modos e não de outros nas nossas relações com esse campo.

É ainda preciso marcar que, ao assumir tal perspectiva, compreendemos que a Assistência Social não é algo autoevidente, natural, mas foi montada a partir de determinadas relações de força, o que implica, como afirma Silva, em nos deparar com a multiplicidade: "Cada formação histórica cria um campo de possibilidades de onde emerge uma certa problemática que engendra, ao mesmo tempo, uma configuração específica do social" (2004, p. 14).

Ao problematizar o conceito de social, Silva (2004) discute em que momento o social passa a ser visto como um espaço problemático, que requer determinados dispositivos no sentido de resolução de problemas. Desse modo, o social como espaço problemático só surge no momento em que os chamados disfuncionamentos sociais (como, p. ex., a assistência aos idosos ou aos órfãos) não são mais absorvidos informalmente pela sociedade, mas se tornam objeto de intervenções específicas, mediante a criação de instituições e especialistas que passam a se ocupar dos mesmos.

Assim, como as práticas de caridade se articulam à Assistência Social? Embora, segundo Sposati et al. (1985), a solidariedade aos necessitados caracteriza-se como uma prática muito antiga na humanidade, sendo possível observar ao longo da história diversas formas de constituição da moral em diferentes épocas e sociedades, considerando o que foi trazido no parágrafo anterior, utilizaremos o recorte que Mello (2012) propõe, ao afirmar que a caridade se institucionalizou na Idade Média, através da Igreja Católica, como uma primeira tentativa de regulação da miséria. Nesse contexto, a prática de dar esmolas era realizada com o intuito de servir a Deus ou para a absolvição de pecados, isto é, pouco estava associada com o desejo de fazer o bem ao próximo, configurando-se principalmente com a ideia de salvação da alma. Lobo (2008, p. 295) frisa que "a caridade jamais teve a pretensão de erradicar a pobreza, mas viver dela, nesta e na vida eterna".

Se, por um lado, a pobreza tinha uma conotação positiva, por outro era menosprezada, sendo benquista em alguns casos muito específicos, como a pobreza voluntária, normalmente vinculada ao clero: "Bem-aventurados os pobres de espírito, mas não todos" (SAINT-ÉLOI, apud CASTEL, 2010, p. 62). Dessa maneira, a virtude residiria em abdicar dos bens materiais, não em nascer pobre. A caridade na maioria dos casos era utilizada em benefício dos *homens de bem*, como nos relata Vie de Saint-Éloi (apud CASTEL, 2010, p. 64): "Deus poderia ter feito ricos todos os homens, mas quis que houvesse pobres para que os ricos pudessem, assim, redimir-se de seus pecados".

Por meio dessas formas de caridade se exercia fortemente um governo dos homens, pois "enquanto os homens estiverem mais preocupados com a sua salvação no outro mundo do que com o que acontece neste, enquanto quiserem ser salvos, eles mantêm-se quietos e é mais fácil governá-los" (FOUCAULT, 2014, p. 70).

Silva (2004) identifica que uma primeira configuração do social como um espaço problemático é formulado exatamente sob a forma de um campo assistencial, a partir da criação de asilos, manicômios, orfanatos, entre outros equipamentos institucionais voltados para certos grupos e/ou indivíduos entendidos como carentes, cujas necessidades não eram providas pelas relações sociais informais. Cabe marcar aqui que não se trata de estabelecer uma origem dessas práticas em uma dimensão cronológica, mas entendê-las como uma superfície de inscrição, isto é, trata-se de pensar em um arranjo entre as relações de poder e as técnicas de subjetivação, as quais atualizam distintos sistemas de referência no que se refere à organização do tecido social, em um determinado momento.

Tal arranjo será denominado como modelo social-assistencial, fundamentando-se em uma lógica que implica o atendimento de certos segmentos populacionais tidos como carentes, mediante o desenvolvimento de um conjunto de práticas que operam no sentido de proteção e integração. Assim, será a partir do final do século XIII que se constituiu um esboço de uma gestão racional da indigência, formada pela cooperação entre instâncias religiosas e leigas (CASTEL, 1995, apud SILVA, 2004).

Será com o advento da sociedade industrial e o surgimento de um novo perfil de grupos desfavorecidos produzidos por um tipo de relação entre trabalho e pobreza diferente do que colocado no modelo social-assistencial – que era demarcado pela capacidade ou incapacidade de trabalho –, que se constitui uma segunda configuração do social.

> Nessa segunda configuração, a problematização do social resulta de uma fratura entre uma ordem jurídico-política fundada sobre a igual soberania de todos, e uma ordem econômica que acarreta um aumento da miséria. É essa fratura que permite marcar o lugar do social como um problema indissociável de uma questão subjacente ao conjunto da sociedade capitalista, a saber, a questão do pauperismo (SILVA, 2004. p. 17).

Dessa maneira, ainda conforme a autora, essa segunda configuração do social, forjada pela articulação entre o político e o econômico, teria por função neutralizar o contraste entre o aumento da produção de riqueza e o aumento da miséria. Além disso, tal configuração coloca em evidência um outro problema que ameaçava o próprio sistema capitalista, isto é, o fenômeno das multidões. Para dar conta dessas questões, fizeram-se necessários não apenas outros equipamentos institucionais, como, principalmente, tomar o próprio social como objeto de conhecimento.

No que se refere ao Brasil, o Estado passa a intervir no social no século XIX, quando houve uma série de transformações econômicas e sociais decorrentes da reconfiguração do trabalho com a Abolição da Escravatura e a emergência de uma massa de trabalhadores assalariados compostos por negros libertos e imigrantes europeus (CRUZ & GUARESCHI, 2009). Entretanto, foi apenas em meados do século XX, no período do Estado Novo, que a Assistência Social foi regulamentada com a criação, em 1942, da Legião Brasileira de Assistência (LBA), primeiramente com a missão de prestar auxílio aos soldados brasileiros recrutados para a guerra e suas famílias. Mais tarde, foram desenvolvidas intervenções cunhadas em um modelo assistencialista, caritativo, fortemente ligado às ações desenvolvidas pelas primeiras-damas ou à filantropia. Tais ações não eram compreendidas como um direito social, tendo sido realizadas, no âmbito da LBA, por mais de quarenta anos (CAVAGNOLI, 2014).

A Constituição Federal de 1988 representa um marco importante nas transformações da Assistência Social. É a partir da mesma que a Assistência Social, em conjunto com a Saúde e a Previdência Social, passa a integrar a base da Seguridade Social, claramente guiada pela noção de Estado e de Bem-Estar Social. Há, portanto, um deslocamento das noções de caridade, benesse e ajuda para a noção de direito e cidadania, apontando para seu caráter de política pública e de proteção social articulada a outras políticas voltadas à garantia de direitos e de condições dignas de vida (WINTER & CRUZ, 2013).

Quase trinta anos depois da promulgação da Constituição, poder-se-ia esperar que, após uma série de conquistas de direito, as quais tiveram o seu ápice em 2005 com a aprovação da regulamentação do Sistema Único de Assistência Social (SUAS), o modelo de caridade cristã tivesse perdido forças; entretanto, no decorrer das análises no jornal *Zero Hora*, ficou evidente que a assistência ainda está intimamente ligada ao discurso religioso, pois, ainda que atualmente exista uma política pública de garantia de direitos voltada especificamente para a Assistência Social, contrapondo-se ao assistencialismo, foi possível perceber um tensionamento entre as Políticas Públicas de Assistência e a caridade.

Para além dos discursos que são (re)produzidos no jornal, o ideal metafísico, que crê na benevolência como forma pela qual se alcança o fim esperado, a salvação, a subida ao céu, bem como uma vida digna na terra, esteve e está fortemente arraigado em nossa sociedade, fazendo com que sejamos subjetivados por ideias como: "Deus lhe pague", ou então que excessos, luxúria, enfim, uma entrega aos desejos, sejam vistos de forma pejorativa. Então, ainda que o poder da Igreja e de algumas crenças tenham diminuído seus poderes sobre nós, ainda continuam muito presentes. Nessa perspectiva, o auxílio aos *necessitados* é, ainda hoje, considerado como uma virtude cristã (WINTER, 2016).

Nossos holofotes: O jornal *Zero Hora* e os discursos da caridade

No início de 2015 reportagens sobre intercâmbios sociais estavam "na crista da solidariedade" (19/02/2015). Não basta mais conhecer outros povos e sua cultura, é necessário fazer diferença no mundo, estar engajado, ao mesmo tempo em que se constrói um bom currículo e se tem uma maravilhosa experiência pessoal. Relatos como "Fui para lá porque é necessário pensar nos outros. Tem gente que precisa mais, e não nos damos conta disso" (01/02) estavam em evidência.

Enunciados como esses nos convocam a pensar na necessidade de auxiliar os que necessitam, doando nosso tempo ou até mesmo nosso dinheiro, tirando-nos da comodidade quando lembram que esses sujeitos "sobrevivem como bichos" (07/02); apelam para a nossa generosidade e afirmam que "não se pode fazer só o que se gosta" (01/02).

"Investir nestes que são os últimos a receber e os primeiros a ficar sem" (22/02) foi um discurso recorrente no jornal, uma vez que demonstra que esses sujeitos devem e precisam de auxílio. É interessante observar que, referente ao auxílio, não se especifica de qual tipo, afinal, "eles já ficavam contentes só de nos ver, agarravam-se em nós para não irmos embora" (01/02), permanecem em subempregos em troca da "oferta de alimento e trabalho [...] são os principais motivos para o grupo permanecer na praça" (18/03), além de auxiliar a manter a lógica neoliberal e meritocrática, pois "precisam de oportunidade, não das nossas respostas atravessadas; pequenas quantias para varrer o pátio ou lavar o carro" (07/02).

"Quis fazer a minha parte, doar o que podia" (01/02). O que nos interessa aqui é o modo como o discurso sobre a pobreza e os pobres são construídos pelo jornal, e não um julgamento sobre se tais ações ou intenções são certas ou erradas. Por conseguinte, a análise das reportagens aponta para uma ideia de miséria que necessita ser sanada por meio de caridade, sendo que os pobres/miseráveis devem ser tutelados pela sociedade. A noção de direitos sociais é invisibilizada. Talvez alguém pudesse problematizar que a garantia de direitos a todo cidadão é óbvia e por isso não necessitaria ser mencionada, mas cabe lembrar que esses sujeitos não integram um modo de vida consumidor, afinal "eles se dão as mãos, compartilham a comida, fazem tudo no coletivo e ficam felizes com as pequenas coisas" (01/02).

Mas afinal, quem são esses sujeitos, comumente identificados como *outros* e que "necessitam" ser tutelados? "Criaturas de quem desviamos o olhar e o passo" (07/02)? Tais sujeitos são compreendidos como consumidores falhos; isto é, mais do que os desempregados que compunham uma *sociedade de produtores*, que, embora miseráveis, tinham seus lugares assegurados na sociedade, os consumidores falhos são excluídos do único jogo possível em uma *sociedade de consumidores* (BAUMAN, 2005). Entretanto, em uma sociedade em que a inclusão também é um imperativo neoliberal, é necessário que os jogadores desejem permanecer no jogo: como uma forma de vida do presente, o neoliberalismo institui normas que visam posicionar os sujeitos em uma trama de saberes, além de produzir e manter o interesse de que cada um se mantenha ativo nas redes sociais e no mercado (LOPES, 2009). Dessa maneira, tais indivíduos também são sujeitos de direitos, de inclusão e consumo. Na medida em que, no Brasil, a Assistência Social se tornou uma política pública de proteção social, passando da noção de caridade para a ideia de direitos sociais, os quais são pautados na universalização dos acessos (o que, na lógica da assistência social, significa se direcionar àqueles indivíduos ou grupos que dela necessitem), assinalamos que a inclusão implica a transformação desses consumidores falhos em consumidores viáveis, mesmo que a partir de um mínimo. A inclusão significaria, assim, um dispositivo de controle da pobreza.

A partir disso, não se trata de dizer que a caridade está superada pela noção de políticas públicas, visto que tanto uma quanto outra opera no sentido de melhor governar, mas compreender que essas se regem por diferentes pressupostos e agem a partir de diferentes estratégias. Mais do que a salvação das almas, em uma sociedade marcadamente neoliberal, o que está em questão é a inclusão desses sujeitos nas lógicas do mercado. Entretanto, como ressaltam Guareschi, Lara e Adegas,

> as políticas públicas, ao se direcionarem para as pessoas que não conseguem acessar seus direitos mediante sua inserção no mercado econômico, estariam fortalecendo a fragmentação existente entre sujeito de direitos, usuário das políticas e sujeitos econômicos capazes de sustentarem-se nas práticas econômicas. As políticas públicas estariam atuando no sentido de assegurar os sujeitos desprovidos das condições de garantir sua inserção no mercado e de recolocá-los na dinâmica de multiplicação espontânea inerente à racionalidade econômica (2010, p. 338).

Esse controle da pobreza pode ser percebido através de algumas intervenções *de apoio* a essa população, que podem ser interpretadas como formas de dominação, entendendo que qualquer técnica de governamento de um/uns sobre o(s) outro(s) implica uma relação de dominação (VEIGA-NETO, 2006) no sentido de "trazê-los para o seu domínio, seu domicílio, sua moradia" (VEIGA-NETO & LOPES, 2011, p. 3). Cabe também salientar que dominação, no campo foucaultiano, não necessariamente implica algo negativo, de opressão ou tirania. A saber, Foucault assim define dominação:

> Quando um indivíduo ou um grupo social chega a bloquear um campo de relações de poder, a torná-las imóveis e fixas e a impedir qualquer reversibilidade de movimento – por instrumentos que podem ser tanto econômicos quanto políticos ou militares – se está diante do que se pode chamar de estado de dominação (FOUCAULT, apud VEIGA-NETO & LOPES, 2011, p. 4).

No entanto, para os autores, o pensador manteve-se preso a uma definição por demais tradicional da palavra e, por assim ser, eles permitiram-se aproximações e afastamentos da obra para investir no uso do conceito de dominação, como um conjunto de práticas, a fim de trazer para próximo o outro. De tal maneira, os autores elencam três formas de dominação: pelo poder, violência e tutela: "O poder é uma ação sobre ações (e não sobre coisas), a violência é uma ação sobre um corpo, sobre as coisas, e a tutela é uma forma de proteção de uns sobre outros, considerados mais frágeis e ainda incapazes de decidirem sobre suas próprias vidas" (VEIGA-NETO & LOPES, 2011, p. 5).

Ao trazermos tais distinções, não nos interessa classificar as políticas de assistência quanto a uma forma de dominação característica, mesmo porque, segundo os autores referidos, seria errôneo entender isoladamente os três tipos de dominação, tampouco que se manifestam em sua forma pura. Contudo, seria interessante problematizar os efeitos que tais formas de dominação produzem nos modos de subjetivação dos sujeitos que por elas são envolvidos.

Indagamo-nos então o quanto as políticas de assistência social não podem muitas vezes ser entendidas como atos violentos? Sendo na maioria das vezes vistas de forma banalizada, sobre as lentes da garantia de direito, autonomia dos sujeitos, entre outros, pode-se citar como exemplo a obrigatoriedade de uma contrapartida desses sujeitos ao ganharem um determinado benefício ao qual têm direito.

De acordo com os postulados de Wacquant (2007), são intensos os discursos que afirmam existir uma "dependência patológica"[24] por parte dos pobres, bem como uma espécie de desamparo moral. Entretanto, cria-se uma subdivisão dentro da classe, que os define como os pobres "merecedores" e pobres "indolentes", o que acaba muitas vezes ocasionando um descaso maior da sociedade para com esses sujeitos que são vistos como aqueles que não se esforçam como deveriam, bem como reforça a ideia de que as políticas de assistência social só serviriam para manter os seus usuários na vadiagem. Cabe salientar que o sociólogo francês Loïc

---

24. Neste parágrafo, as palavras colocadas entre aspas são termos cunhados pelo próprio autor.

Wacquant, em uma obra intitulada *Punir os pobres: a nova gestão da miséria nos Estados Unidos*, analisa uma realidade diferente da encontrada no Brasil, contudo é possível pensar aproximações sobre o modo como acontece o gerenciamento da pobreza, entendendo que a dificuldade em fazer com que a política se desatravanque não é uma exclusividade do nosso país.

Ao nos determos em tais discursos sobre a pobreza, é possível compreender melhor a persistência da noção de caridade após tantos anos de discussões sobre a assistência social como um direito. Embora, em geral, esse discurso apareça de forma mais sutil, tanto no jornal como em situações cotidianas, é frequente que, quando o tema da miserabilidade está em destaque, sejam produzidos discursos voltados para uma relação de causa e efeito, culpabilizando os pobres pela sua situação de pobreza. Além disso, as próprias urgências que constituem um sistema pautado pelo neoliberalismo fazem-nos sempre considerar que, como provoca Bauman (2005), há um número demasiado *deles*, em contraposição a um número sempre insuficiente de *nós*. Nesse quadro, podemos pensar que a caridade se atualiza como uma forma de mitigação das urgências não solucionadas pelas políticas públicas, em um mundo em que o *eles* se multiplica constantemente.

Considerações finais

Após compartilhar algumas de nossas inquietações e problematizações em relação à Política Pública de Assistência Social no Brasil, sobretudo no que tange a um risco de retrocesso aos direitos adquiridos pela população usuária dessas políticas, faz-se necessário encerrar este capítulo. Contudo, tal finalização não se encerra em um ponto-final, pois, conforme discutimos aqui, entendemos que o terreno no qual circulam e são (re)produzidos os discursos sobre a assistência não é estável, pelo contrário, caracteriza-se por ser dinâmico e, por isso, em constante transformação.

Pretendemos descrever, ainda que de forma sucinta, o quanto os discursos sobre um possível desmonte da Assistência Social já encontravam terreno antes mesmo do *impeachment* da presidente

Dilma Rousseff, em agosto de 2016. Nesse sentido, os tempos difíceis que estamos vivendo também podem possibilitar momentos para reflexão, mediante a análise das diferentes estratégias de gestão da pobreza. Dessa maneira, ao nos determos nas diferentes práticas que se constituíram historicamente nesse campo, é possível perceber que a caridade, longe de ter desaparecido, foi incorporada no campo da Assistência Social, atuando tanto nas situações tida como emergenciais (na maioria das vezes produzidas pelo próprio sistema em que vivemos, caracterizado por uma permanente crise) como naquelas nas quais as políticas são tidas como insuficientes.

Entretanto, "o resultado final de tudo isso é que nos fica sempre a sensação de descompasso, de desencaixe entre aquilo que se quer ter e aquilo que se consegue ter, entre aquilo que se pretende fazer e aquilo que se consegue fazer" (VEIGA-NETO & LOPES, 2011, p. 4). Na medida em que a crise do país se agrava, tais sujeitos são colocados em uma situação de ainda mais precariedade, havendo o entendimento, por parte de alguns setores sociais, de que a questão da gestão da pobreza (e os problemas dela decorrentes) podem ser gerenciados apenas com *boa vontade* e *solidariedade*, em contraposição à noção de direitos sociais (que passa a ser vista como onerosa à sociedade como um todo). Nessa perspectiva, é necessário que usuários, trabalhadores, intelectuais, políticos e a população em geral discutam os tensionamentos referentes à gestão da pobreza, de modo que, mais do que ações pontuais, temporárias e caridosas, possamos construir práticas efetivas, em consonância com as políticas de assistência social que desejamos.

Referências

BAUMAN, Z. *Vidas desperdiçadas*. Rio de Janeiro: Zahar, 2005.

BRASIL. *Constituição da República Federativa do Brasil*. Brasília: Senado Federal/Centro Gráfico, 1988, 292 p.

CASTEL, R. *As metamorfoses da questão social*: Uma crônica do salário. Petrópolis: Vozes, 2010.

CAVAGNOLI, K.C. *Política de Assistência Social*: A garantia de direitos e a produção da vida. Porto Alegre: UFRGS/Programa de Pós-Graduação em Psicologia Social e Institucional, 2014 [Dissertação de Mestrado em Psicologia Social e Institucional, 78 f.].

CRUZ, L.R. & GUARESCHI, N.M.F. (orgs.). *Políticas públicas e assistência social*: Diálogos com as práticas psicológicas. Petrópolis: Vozes, 2009.

DELEUZE, G. *Conversações*: 1972-1990. São Paulo: 34, 2013.

FISCHER, R.M.B. *Trabalhar com Foucault*. Arqueologia de uma paixão. Belo Horizonte: Autêntica, 2012.

FOUCAULT, M. *Do governo dos vivos*: Curso no Collège de France (1979-1980). São Paulo: Martins Fontes, 2014.

_____. *O governo de si e dos outros*. São Paulo: WMF/Martins Fontes, 2010.

_____. *A ordem do discurso*. São Paulo: Loyola, 1996 [Trad. Laura Fraga de Almeida Sampaio].

FURTADO, R.N. A atualidade como questão: Ontologia do presente em Michel Foucault. *Natureza humana*. São Paulo, v. 17, n. 1, 2015, p. 144-156 [Disponível em: <http://pepsic.bvsalud.org/scielo.php?script=sci_arttext&pid=S1517-24302015000100007&lng=pt&nrm=iso> acesso em 24/08/2017].

GUARESCHI, N.; LARA, L. & ADEGAS, M. Políticas públicas entre o sujeito de direitos e o *homo œconomicus*. *Psico*. Porto Alegre, v. 41, n. 3, jul./set. 2010, p. 332-339 [Disponível em: <http://revistaseletronicas.pucrs.br/ojs/index.php/revistapsico/article/view/8163/5854> acesso em 30/08/2017].

LOBO, L.F. *Os infames da história*: Pobres, escravos e deficientes no Brasil. Rio de Janeiro: Lamparina, 2008.

LOPES, M.C. Políticas de inclusão e governamentalidade. *Educação & Realidade*. Porto Alegre, v. 34, n. 2, mai./ago. 2009, p. 153-169 [Disponível em: <http://seer.ufrgs.br/educacaoerealidade/article/view/8297/5536> acesso em 22/05/2014].

MELO, T.C.L. *Do controle social no contemporâneo*: Algumas inquietações acerca do trabalho social realizado em um CRAS do interior do Alagoas. São Cristóvão (SE): UFSE/Programa de Pós-Graduação e Psicologia Social do Centro de Educação e Ciências Humanas, 2012 [Dissertação de Mestrado em Psicologia Social, 182 f.].

SILVA, R.N. Notas para uma genealogia da Psicologia Social. *Psicologia & Sociedade*. Porto Alegre, v. 16, n. 2, ago. 2004, p. 12-19 [Disponível em: <http://www.scielo.br/scielo.php?script=sci_arttext&pid=S0102-71822004000200003&lng=en&nrm=iso> acesso em 24/08/2017].

SPOSATI, A. et al. Serviço social e o assistencial: A colocação histórica da questão. In: SPOSATI, A. et al. (orgs.). *A assistência na trajetória das políticas sociais brasileiras*. São Paulo: Cortez, 1985.

VEIGA-NETO, A. Dominação, violência, poder e educação escolar em tempos de Império. In: RAGO, M. & VEIGA-NETO, A. (orgs.). *Figuras de Foucault*. Belo Horizonte: Autêntica, 2006.

VEIGA-NETO, A. & LOPES, M.C. Inclusão como dominação do outro pelo mesmo. *VII Colóquio Internacional Michel Foucault*. São Paulo: PUC, out./2011.

WACQUANT, L.J.D. Punir os pobres: A nova gestão da miséria nos Estados Unidos. *A onda punitiva*. 3. ed. rev. e ampl. Rio de Janeiro: Instituto Carioca de Criminologia, 2007.

WINTER, G.F. *Não nos damos conta disso*: Uma análise dos discursos produzidos a respeito das políticas públicas de Assistência Social no jornal *Zero Hora*. Santa Cruz do Sul: Universidade de Santa Cruz do Sul, 2016 [Dissertação de Mestrado].

WINTER, G.F. & CRUZ, L.R. Violência sexual infantil: O lugar da Psicologia nas políticas públicas de assistência social. *Anais do X Seminário Internacional de Demandas Sociais e Políticas Públicas na Sociedade Contemporânea*. Santa Cruz do Sul: Universidade de Santa Cruz do Sul, 2013.

O SILENCIAMENTO DA VIOLÊNCIA[25]

Marisa Batista Warpechowski

Luciane De Conti

Nós vós pedimos com insistência
Nunca digam – isso é natural
Diante dos acontecimentos de cada dia
Numa época em que reina a confusão
Em que corre o sangue
Em que ordena-se a desordem
Em que o arbítrio tem força de lei
Em que a humanidade se desumaniza
Não digam nunca – isso é natural.

Bertolt Brecht

Escrevemos este capítulo tocadas pelos acontecimentos violentos[26] desses últimos anos, quando jovens são assassinados a

---

25. Este capítulo, com algumas alterações, constitui parte da dissertação de mestrado da primeira autora, intitulado *A passagem adolescente em contextos de vulnerabilidade e exclusão social*. UFRGS: Instituto de Psicologia/ PPG Psicanálise: Clínica e Cultura, 2017.

26. Referimo-nos aqui a reportagens veiculadas pela mídia do nosso estado (RS) nos dois últimos anos: "Adolescente de 14 anos assassinado com oito tiros na cabeça na frente da mãe por homens encapuzados que invadiram a casa da família na região da Vila Cruzeiro – Porto Alegre". Na mesma ação, outro jovem de 26 anos também foi assassinado (Jornal *Zero Hora*, 09/12/15). "Corpo de um adolescente de 16 anos jogado de um carro em bairro nobre de Porto Alegre com marcas de três disparos de arma de fogo em plena manhã de sábado" (Rádio Gaúcha, 03/09/16).

Em 2015, por conta do acompanhamento de medidas socioeducativas realizadas no CREAS onde trabalha a primeira autora, vários jovens foram sangue frio pelas facções ligadas ao tráfico de drogas nas periferias de nossa cidade, onde crianças morrem vítimas de balas perdidas, onde ônibus são assaltados e incendiados, tempos onde a lei parece não ter lugar, tempos sombrios, tempos de exceção.

Vemos a violência imprimir um ritmo particular à vida das pessoas que acompanhamos em nossos serviços, as quais convivem com cenas de horror e morte cotidianamente. Presenciar assassinatos tem sido comum no dia a dia das famílias que habitam nossas vilas e periferias, onde alguns são mortos dentro da própria casa, na frente da escola, na quadrinha de futebol da gurizada.

Esses acontecimentos podem produzir efeitos da ordem do traumático, imprimindo ritmos de silenciamento nas pessoas que ali vivem e as obrigando a mudar seus itinerários e horários de circulação no território. Outro efeito produzido é a naturalização da violência e da morte, pois podemos perceber que muitos moradores já não reagem mais com pesar e/ou indignação diante das mortes, o que pode dificultar os processos de elaboração de lutos.

O trabalho de escuta sustentado pela psicanálise realizado com sujeitos que vivem em situações de vulnerabilidade e exclusão social tem nos levado a apontar, junto a outros autores como Broide (2008) e Rosa (2002), que estes se deparam e se enfrentam constantemente com acontecimentos traumáticos. Muitas vezes, os recursos para elaboração dessas situações são diminuídos e/ou dificultados pelas próprias condições de desamparo social e discursivo as quais eles se encontram submetidos, produzindo como efeitos o apagamento subjetivo, a apatia e o silenciamento.

Hannah Arendt (2000), no livro *A condição humana*, situa a violência como geradora de um emudecimento, apontando que tal ato jamais terá grandeza, uma vez que produz um declínio no poder da palavra, fragilizando as possibilidades de diálogo. Esse silencia-

---

assassinados na guerra entre facções do tráfico de drogas. Também família acompanhada pelo CREAS sofreu chacina, dois jovens assassinados dentro da casa da família e uma menina ferida gravemente (jan./2016). E, além desses acontecimentos, tantos outros que estão diariamente nas páginas policiais de nossos jornais.

mento produz danosos efeitos subjetivos que decorrem desse diálogo rompido, fracassado, do emudecimento do campo enunciativo.

No trabalho realizado pela primeira autora em um Centro de Referência Especializado de Assistência Social (CREAS), temos acompanhado muitos jovens sendo assassinados, outros sofrendo intervenções violentas por parte daqueles que deveriam protegê--los, outros ainda sem perspectivas de futuro, sem sonhos. Famílias desesperadas com a morte dos filhos ou temerosas em vê-los enveredando pelo caminho da droga e do crime, tendo muitas vezes que abandonar suas casas expulsas pelo tráfico.

Todos, de alguma forma, estão submetidos a uma violência silenciosa e velada decorrente da fragilidade do Estado em garantir direitos. Conforme nos alerta Endo (2005, p. 53):

> As violências cometidas na cidade não podem ser desatreladas da violência que a cidade, por meio de seus dispositivos públicos, pratica contra seus cidadãos e dos mecanismos que a alicerçam... a cidade recortada em função da discriminação e da segregação entre os espaços elitizados e os espaços deteriorados, clandestinos e ilegais, define linhas de corte que recaem invariavelmente sobre o corpo do cidadão.

Endo (2005, p. 65) acrescenta:

> Sempre que alguém é assassinado, espancado, torturado, sequestrado, detido, removido, é da cidade sem cidadania que lembramos. Da ausência de intermediações eficazes, capazes de impedir desfechos, nos quais se objetiva ferir o corpo, desapropriando-o de singularidade e autonomia, por meio da violência.

Keil (2005) trabalha com a ideia de que a desigualdade social e sua expressão jurídica, a desigualdade de direitos e o afastamento dos jovens da política, espaço de socialização positiva e de reinvindicações coletivas vinculam-se, aumentando os índices de violência urbana. A desigualdade social e seus desdobramentos não atingem somente os jovens, mas fazem deles suas principais vítimas. Conforme essa autora, temos vivido nos últimos anos a crescente dificuldade de integração dos jovens na sociedade, os mecanismos de ascensão social via escolarização estão em franco esgotamento, criando tensão entre o desejo de estar integrado numa situação de reconhecimento social e a possibilidade de realmente conseguir esse reconhecimento.

Segundo a autora, temos hoje a ideia de que a qualidade de vida e o reconhecimento social se vinculam à participação no consumo, pois vivemos numa sociedade do consumo e a possibilidade de reconhecimento social passa por portar objetos, o que agrava ainda mais a precariedade da experiência desses jovens. Keil (2005, p. 29) ressalta que "a cidadania passa pela capacidade de consumir, pois a lógica econômica da sociedade contemporânea exige menos trabalhadores e mais consumidores".

Passamos de uma sociedade de produção para a sociedade de consumo. Essa situação produz para alguns jovens a busca da cidadania via consumo e a saída encontrada, muitas vezes, pela dificuldade de outras alternativas é a inserção em atividades vinculadas ao tráfico de drogas e demais ações violentas.

Nessa busca de reconhecimento e inscrição social, um grande número de jovens vem sendo assassinado pelas guerras entre facções e também pela polícia. São jovens e famílias que vivem em comunidades marcadas por situações de violência e tráfico de drogas, onde a morte pode estar à espreita em cada beco. Espaços estes que podemos chamar de "potencialmente traumatizantes" (ENDO, 2005, p. 255), onde há uma desregulação e ausência de qualquer proteção ao cidadão que circula e habita esses territórios. (Des)proteção esta que deixa o sujeito em completo desamparo, o que produz sofrimento psíquico, pois faz com que ele tenha que encontrar por si só os recursos sociais e psíquicos para lidar com situações tão violentas.

Conforme destaca Broide (2008, p. 116):

> A violência sem limite no território das periferias traz como consequência a manutenção do sujeito em alerta máximo, acontecimentos destrutivos podem acontecer a qualquer momento. O que se instala então é ação reativa que alimenta o circuito fechado da violência, o sujeito tomado pelo medo faz com que tenha de mostrar-se valente e violento.

Esses territórios também sofrem fortemente a violência do Estado, o que pode ser percebido no tratamento abusivo e violento com o qual a polícia entra nas casas, no uso da política do "pé na porta" onde muitas famílias e jovens são agredidos e não podem pronunciar nenhuma palavra, muito menos reivindicar seus direitos, correndo o risco de sofrerem ainda mais violência, conforme têm nos relatado algumas famílias nos atendimentos. Também os adolescentes são alvo de intervenções violentas da polícia em abordagens desrespeitosas, quando sofrem os chamados "paredões" ao serem revistados. Estas violências ficam silenciadas e invisíveis, instaurando-se relações muito perversas com as instituições que deveriam protegê-los.

Conforme destaca Soares (2016) em entrevista à antropóloga Lilia Schwarcz no canal *Futura*, a Organização de Anistia Internacional aponta que a polícia brasileira é uma das que mais mata no mundo e esses casos sequer são investigados, não havendo enfrentamento dessa situação. Dessa forma, as mortes têm pesos distintos conforme a cor e a classe, pois se a vítima é negra, pobre, se é um jovem da periferia, isso parece parte do cotidiano, mas se a vítima é de uma classe com maior poder aquisitivo passa a ter nome, idade, família, produz sensibilização, empatia que se limita a essas vítimas selecionadas pelo filtro de nossas desigualdades sociais. Logo, nossa capacidade de compaixão e empatia varia conforme a cor e a classe, bem como pelos destaques realizados pela mídia.

Nessa direção, o relatório *Índice de Vulnerabilidade Juvenil à Violência e Desigualdade Racial* (2015) aponta que jovens negros aparecem nas pesquisas como as principais vítimas e estão em situação de maior vulnerabilidade. O relatório mostra que em quase todos os estados brasileiros os negros com idades entre 12 e 29 anos correm maior risco de exposição à violência que os jovens brancos nessa mesma faixa etária.

Conforme propõe Soares (2004), em função do que chama genocídio, já existe um déficit de jovens do sexo masculino em partes da estrutura demográfica brasileira. Essa condição assemelha-se às sociedades que estão em situação de guerra. Dessa forma, temos vivido em guerra em nossas vilas e periferias.

Nas pesquisas do sociólogo Spagnol (2004), destaca-se o homicídio como a primeira causa de morte entre os jovens na faixa de 15-24 anos. O número de jovens que morrem assassinados no Brasil, segundo a Polícia Militar, é quase sete vezes maior do que o número de vítimas de homicídios na população total.

Também o sociólogo Waiselfisz (2015) aponta o crescimento preocupante do número de jovens mortos por homicídios. De 1980 a 2013, os homicídios passam de 0,7% para 13,9% na faixa de 0 a 19 anos. O autor destaca que, entre todas as demais causas externas de morte de jovens a violência é a que mais mata. Entre todas as demais causas externas como acidentes de transporte, outros tipos de acidentes, suicídios e outras formas externas, o homicídio se apresenta como o mais elevado. Entre a faixa etária de 16 e 17 anos de idade, os homicídios representam nos dias de hoje quase metade da mortalidade. O mapa da violência (2015)[27] aponta que, ao observar a violência homicida nesta faixa etária, as previsões são preocupantes se não houver mediação com ações concretas que possibilitem reverter esse cenário.

No CREAS onde trabalhamos temos uma média de 120 adolescentes[28] em acompanhamento em diferentes modalidades de cumprimento de medidas socioeducativas de meio aberto devido à prática de ato infracional. Como resposta institucional a essa realidade, assistimos o incremento de práticas de repressão e encarceramento dos jovens considerando a discussão que se travou em 2015, em torno da aprovação da redução da maioridade penal pela Câmara dos Deputados, como forma falaciosa de diminuir os índices de violência e impunidade, sem colocar em causa uma sociedade desigual onde os direitos, infelizmente, ainda não são para todos, apesar de um conjunto de leis e garantias.

Toda essa violência e a mortalidade juvenil contrastam com o conjunto de inúmeras leis que deveriam proteger a infância e a adolescência, como: a Declaração Universal dos Direitos Hu-

---

27. Relatório do Mapa da Violência 2015. Disponível em: <http://www.mapadaviolencia.org.br/pdf2015/mapaViolencia2015_adolescentes.pdf>

28. Tomamos como referência o mês de março de 2017.

manos de 1948, a Declaração Universal dos Direitos da Criança e do Adolescente de 1959, a Constituição Federal de 1988 no seu art. 227 e o Estatuto da Criança e do Adolescente (ECA) de 1990. Apesar de todo esse aparato de recomendações, normas e resoluções, ainda vivemos graves violações dos direitos de crianças e adolescentes por atos de extrema barbárie praticados, em muitos casos, por pessoas ou instituições que deveriam proteger e zelar pela vida e integridade dessas crianças e jovens. O direito à vida é um bem fundamental, sem o qual nenhum outro é possível e é precisamente esse direito que atualmente estamos negando a uma parcela significativa de nossos adolescentes.

Esta realidade nos leva a pensar nos estudos de Agamben (1997, 1999), citados por Koltai (2008, p. 26), ao dizer que "os campos de extermínios deixaram de ser um fato histórico, uma anomalia do passado, para se tornar uma matriz escondida do espaço político em que vivemos". Assim, parece que uma parcela específica da população, especialmente os jovens pobres e negros, são os matáveis, aqueles que não lhes conta nem a vida e nem sua morte.

No Brasil temos, ao lado dos jovens que cometem infração transformados em manchetes em todas as mídias, milhares de outros que são vitimados em homicídios que sedimentam as estatísticas, mas praticamente permanecem quase invisíveis nas notas das páginas policiais. "Tais situações implicam certo anonimato, uma vez que destes jovens pouco sabemos, seja quando eles matam, seja quando eles morrem" (OLIVEIRA, 2005, p. 14). Criminalizar e patologizar a juventude pobre e vulnerável é uma forma de encobrir processos sociais que discriminam a pobreza e encobrem o desinvestimento da sociedade em relação a esses jovens, ficando assim invisíveis às determinações políticas desses processos.

Sobre o adolescente pobre, como destaca Soares (2008, p. 197), "desce o véu escuro da invisibilidade social". E numa certa propagação e/ou reprodução da violência, o Estado também se apresenta violento para com esses jovens pela ausência do mesmo em garantir políticas públicas adequadas e de qualidade, como capacitação profissional, inclusão produtiva, trabalho e renda, educação, saúde/saúde mental, esporte, cultura, lazer.

A fragilidade de políticas que visem a inclusão produtiva e a geração de renda força as famílias a construírem múltiplas alternativas que vão desde o trabalho formal precarizado em cooperativas, as quais nem sempre respeitam os direitos trabalhistas[29]; o trabalho na informalidade como catação de lixo, guarda de carros, até expedientes de práticas ilegais como trabalho infantil; exploração sexual infantil, pequenos roubos e o trabalho no mercado da droga, havendo, assim, uma multiplicidade de formas e agenciamentos da vida nessas comunidades criam, como apontam Telles e Hirata (2007), uma zona de indiferenciação entre o legal e o ilegal, entre o lícito e o ilícito, o formal e o informal, conformando as dobraduras da trama social.

Ao trabalhar nesses territórios, temos conhecido e acompanhado histórias minúsculas, como diz Foucault (2003, p. 206), essas "existências destinadas a passar sem deixar rastros", que nos dizem de outros mundos dos quais conhecemos ainda muito pouco, e nos desvelam as dobras escondidas de uma cidade que ninguém quer ver, que ninguém vê. Dessas "histórias minúsculas" é composta a vida dessas comunidades.

Em Porto Alegre temos acompanhado precarizações nas políticas, em especial as políticas de Assistência Social e de Educação. Na Assistência Social[30] temos enfrentado grandes dificuldades para manter os serviços em funcionamento, passando por precarizações das condições materiais dos espaços de trabalho, bem como ameaças de retirada de direitos dos trabalhadores. Essas situações atingem diretamente a população vulnerável que necessita dos atendimentos e é credora das políticas públicas.

---

29. No Brasil, vivemos atualmente um grande risco de precarização dos direitos trabalhistas para todos os trabalhadores, considerando as reformas Trabalhista e a da Previdência votadas recentemente; mas sem dúvida o preço para a população mais vulnerável é ainda maior, dificultando ainda mais a inclusão dessa população.

30. A situação de precarização já vinha aparecendo desde o ano de 2016 com maior agravamento no ano de 2017, com momentos de interrupção dos atendimentos em alguns serviços e com dificuldades em manter os pagamentos das despesas básicas dos serviços.

Estamos diante de violência quando crianças e adolescentes têm seus direitos violados, quando deixam de ser atendidos em espaços educativos e protetivos e são jogados aos riscos da violência, da exploração sexual, do trabalho infantil, do tráfico de drogas. Quando jovens poderão ficar com o acesso à educação ainda mais restrito, tendo em vista projetos que apontam em direção da redução do número de escolas que oferecem a modalidade de Educação para Jovens e Adultos (EJA), centralizando este atendimento em poucas escolas; quando se suspende o direito à segunda passagem gratuita no transporte coletivo[31]; quando se considera somente os custos financeiros desses projetos sem levar em conta "o preço" da retirada destes direitos na vida destes jovens, sem "contabilizar" o custo humano que todas essas mudanças podem produzir.

À medida que se precarizam as políticas públicas, que se retiram direitos, isso pode vir a contribuir para o aumento da violência e das mortes, uma vez que se reduz ainda mais as alternativas de inclusão da população mais vulnerável. Vivemos dias sombrios com retrocessos e perdas de direitos e retorno de práticas ainda mais violentas e discriminatórias.

Refletir a respeito do envolvimento dos jovens como sofredores e autores de violência significa colocar em causa a própria sociedade e suas contradições. Na aposta de levantar o véu da invisibilidade que recai sobre esses adolescentes e o silenciamento produzido pelas violências sofridas e praticadas é que destacamos a experiência de escuta clínica com adolescentes realizada através do dispositivo de rodas de conversa. Essa prática foi realizada no CREAS Centro Ilhas Humaitá Navegantes, de 2015 a 2017[32], acolhendo jovens dos territórios Centro/Ilhas/Humaitá/Navegantes

---

31. Conjunto de várias propostas realizadas pelo Prefeito Nelson Marchezan em jul./ago. de 2017 que incidem sobre a modalidade Educação de Jovens e Adultos (EJA) e também propõem alterações no direito à passagem escolar, bem como à gratuidade na segunda passagem para o transporte coletivo, o que certamente onera ainda mais o custo de vida dessa população e dificulta o acesso à escola e ao trabalho.

32. Também essa prática de trabalho teve seu encerramento influenciado pelo corte de recursos humanos que garantia a sustentação do dispositivo.

e está amplamente desenvolvida na dissertação de mestrado da primeira autora, intitulada *A passagem adolescente em contextos de vulnerabilidade e exclusão social* (WARPECHOWSKI, 2017).

As rodas de conversa ocorreram quinzenalmente no CREAS e se destinavam aos adolescentes das famílias que estavam em acompanhamento através do programa Paefi[33] e do Serviço de Proteção Social a Adolescentes em Cumprimento de Medida Socioeducativa (MSE)[34] de forma que as rodas de conversa foram heterogêneas, acolhendo as diferenças e singularidades e se constituindo como espaços de prevenção e promoção, mas também de responsabilização e superação das situações de ato infracional. As rodas eram abertas, os adolescentes participavam na medida de suas possibilidades e alguns frequentaram todos os encontros e outros não.

Nessas rodas utilizamos em alguns momentos, como dispositivo para incentivar a produção da palavra, o trabalho com pequenos textos literários, crônicas, poesias, músicas, e também programamos algumas oficinas, como origami e pinturas. Ocorreram algumas atividades de circulação por espaços destinados à cultura e ao lazer na cidade, bem como alguns momentos festivos conforme aquilo que emergiu como significante nesses encontros, uma vez que para esses jovens o acesso aos espaços de cultura e lazer são ainda muito restritos em suas comunidades.

Também ocorreram atendimentos individuais para alguns adolescentes após as rodas de conversa, visto as questões ali trabalhadas terem produzido efeitos subjetivos que demandaram outra elaboração e alguns desdobramentos no sentido de auxiliá-los em suas demandas, projetos e objetivos.

Destacamos que este trabalho teve lugar na articulação da Psicanálise com a Assistência Social, enlaçando a escuta, o cuidado e

---

33. O Paefi (Serviço de Proteção e Atendimento Especializado a Famílias e Indivíduos com Histórico de Violação de Direitos) é um dos serviços disponibilizado nos CREAS a partir do que preconiza a Política Nacional de Assistência Social (PNAS, 2004) e do Sistema Único de Assistência Social (SUAS, 2005).

34. Também um serviço disponibilizado no CREAS conforme o que preconiza a PNAS e o SUAS.

a proteção a esses jovens, o que produziu diferentes intervenções que transcenderam o espaço das rodas de conversa e que demandaram articulação em rede com as demais políticas públicas, no sentido da efetivação da garantia de direitos. Nesse sentido é fundamental construir práticas instituintes e realizar o enfrentamento às práticas burocratizadas e cristalizadas que acabam por excluir o sujeito.

Inspirados nas palavras de Broide (2010, p. 7) acreditamos que "[...] sempre há um lugar onde podemos nos colocar em uma boa posição de escuta. E o sujeito fala, seja quem for e seja aonde for". Nesse sentido, o trabalho com os adolescentes nas rodas de conversa representou um movimento de resistência a processos violentos que geram o silenciamento, a supressão da palavra e que impelem à ação. Nas rodas oferecemos escuta, fazemos o convite à conversa, à palavra, a estar na roda e, como diz a canção[35], que cada um possa dizer o "seu verso", produzir a sua melodia, tecer seus sonhos.

Precisamos sonhar nossos jovens, fazendo um contraponto ao título do documentário *Nunca me sonharam*, produção da Maria Farinha Filmes com direção de Cacau Rhodem, que apresenta os depoimentos de alunos, professores e especialistas sobre a educação pública em vários estados do país, bem como a desigualdade social vivida pelos jovens. A expressão que dá título ao documentário é proferida por um estudante de Nova Olinda, cidade no interior do Ceará. Pedalando sua bicicleta pelas ruelas do lugar onde vive, vai narrando sobre os projetos que sua família endereçava a ele: "Acho que nunca me sonharam sendo um psicólogo, nunca me sonharam sendo um professor, nunca me sonharam sendo um médico. Eles não sonhavam, não me ensinaram a sonhar".

Destacamos as rodas de conversa como espaço potente para sonhar, para construir projetos e alternativas de inscrição e valorização social, espaço também de aposta em nossos jovens, espaço onde possamos sonhá-los sendo quem sabe um psicólogo, um educador, um advogado, um comerciante, espaço onde seja

---

35. Referência à canção popular "Ciranda, cirandinha".

possível pensar que possa haver possibilidades de vida para além da violência, do crime e da morte e auxiliá-los nessa construção.

Entendemos as rodas de conversa como espaço de fala/narração e de compartilhamento de experiências que ajuda a transpor a escuridão do instante presente instituindo-se como uma aposta criativa e utópica, no sentido que almeja produzir movimento, fissura, abrir buracos, produzir perguntas e assim abrir espaço para novas formas de inscrição e nomeação.

Espaço este em que há a aposta de que as vivências de cada jovem possam se transformar em experiência compartilhada e essa experiência em um saber que lhe possibilite a construção de outros territórios de vida, rompendo assim com as imagens cristalizadas que comumente o discurso social inscreve sobre esses jovens e também servindo como espaço de elaboração para o intenso trabalho psíquico que se coloca em curso na adolescência.

O trabalho construído nas rodas se desdobrava em várias ações tendo em conta a história do adolescente e seus desejos; assim poderíamos pelo acompanhamento potencializar o desejo de retorno para a escola, o desejo de fazer os documentos para ir em busca de um trabalho ou de uma inscrição em um projeto de aprendizagem; era possível estabelecer um intervalo para pensar na raiva que impulsionava a ser violento, era possível se interrogar a respeito do que se passava que o fazia sentir-se tão raivoso e sem vontade de frequentar as aulas, era possível falar da dor sofrida pelas violências vivenciadas na família e na comunidade.

O significante violência se repetia constantemente nesses encontros, sendo comum relatos de diversas situações violentas. A violência enlaçava a todos os adolescentes, mas foi construindo marcas singulares a cada um. Para alguns trazia a marca da apatia e do silenciamento, outros reagiam tornando-se valentões e violentos, levando-os a se envolverem com situações violentas e de risco. Outros ainda, apesar da violência, conseguiam preservar alguns recursos que lhes permitiam falar e investir em projetos de vida.

Nas rodas procurávamos acolher a palavra que tal como agulha e linha foi costurando as histórias desses jovens, foi construindo espaços de reflexão e compartilhamento, espaços de ressignificação e de reparação.

Trabalho e renda foram outros significantes que apareceram com insistência na fala desses adolescentes de 13, 14, 15, 16 anos. Para cada um, muito cedo a necessidade de trabalhar passa ocupar espaço em suas vidas. Aqui a possibilidade de algum recurso financeiro para sustentar suas necessidades e desejos passa a ser tomada para si, pois sabem que não podem esperar muito por parte de suas famílias e que muitas vezes ainda cabe a eles ajudar no sustento do grupo familiar. Assim, vão construindo alternativas de ganhos precários e provisórios como a mendicância, guarda de carros, venda de produtos, reciclagem de lixo, carga e descarga de caminhões, e também pequenos roubos, tráfico de drogas e a exploração sexual infantil se apresentam como alternativa.

Esses adolescentes acabam, pela falta de outras formas de inscrição e inclusão no mundo do trabalho formal através dos programas de aprendizagem, seguindo na informalidade, na precarização e exploração nas relações de trabalho, e assim perpetuam a pobreza. Em geral esses jovens apresentam baixa escolaridade e muitos já evadiram da escola, tornando-se assim inviável a inclusão nos programas de aprendizagem e qualificação profissional. No Brasil a legislação proíbe o trabalho aos menores de 16 anos, salvo na condição de aprendiz a partir dos 14 anos, conforme a Lei da Aprendizagem n. 10.097/2000[36], que abre a possibilidade de trabalho para o jovem a partir de 14 anos na condição de aprendiz e que garante o direito à profissionalização, por meio de contratos de trabalho especiais e que estão garantidos na Constituição Federal de 1988, no Estatuto da Criança e do Adolescente (ECA, 1990) e também no Estatuto da Juventude (2013).

Grande parte desses adolescentes fica excluída das políticas públicas de aprendizagem e profissionalização, pois não apresenta a escolaridade mínima exigida, ficando mais uma vez com seus direitos violados. Na escuta dos jovens atendidos nos serviços de assistência social, e especialmente na experiência recente com as

---

36. Lei da Aprendizagem n. 10.097/2000. Disponível em: <https://www. planalto.gov.br/ccivil_03/leis/L10097.htm>

rodas de conversa, acolhíamos o pedido de ajuda para encontrar um emprego, um trabalho, o que se constituía numa difícil tarefa e demandava muitas vezes fazer inicialmente o retorno desse adolescente para a escola. Motivá-lo, auxiliar a construir sentido nesse retorno para a escola foi em muitos casos a via possível de intervenção. Foi também onde o trabalho de discussão e sensibilização da escola para receber esses jovens teve de ser construído caso a caso, considerando as particularidades das escolas e dos territórios. Com alguns foi possível avançar, em outros as resistências e o desejo de alunos ideais os expulsaram mais uma vez.

Sabemos que a escola faz marca problemática para esses adolescentes, pois quase todos que escutamos estabelecem uma relação muito difícil com a instituição escolar, sendo este um lugar que quase nunca desejam estar e que abandonam muito cedo. Dessa forma, esses adolescentes acabam apresentando um atraso importante considerando idade/série. Os desejos desses jovens estão colocados no trabalho e na renda e não na escola. Como construir uma escola mais acolhedora a esses jovens, onde possam encontrar sentido, reconhecimento e pertencimento? Destacamos mais uma vez o documentário *Nunca me sonharam* (2017) e recortamos uma importante interrogação apresentada por uma assistente social:

> A gente perde o menino para o tráfico, perde para a gravidez, perde. Não consegue manter o menino na escola. Aquele que se torna o grande bandido é aquele que ninguém quer. O que o tráfico viu nele? Por que será que para a bandidagem ele se tornou incrível? E a gente não conseguiu ver isso, porque para nós ele também não poderia ser um líder, mas a gente não conseguiu ver isso.

Precisamos constituir modalidades de inclusão em espaços de aprendizagem e profissionalização pensando também as especificidades desses adolescentes em situação de vulnerabilidade, para os que vivem na pele a exclusão. Pensar políticas públicas para a juventude excluída levando em conta a dura realidade desses jovens é urgente a fim de podermos fazer frente à violência. Como aponta Aguinsky e Capitão (2008), há uma tendência do Estado e das políticas sociais, no âmbito da intervenção, de tornar visível apenas a esfera da criminalização deixando em segundo plano as discussões sobre os direitos humanos relacionados às juventudes.

Assim, é necessário pensar em políticas públicas que possam produzir pertencimento e sentido diante de um contexto de exclusão, que possam garantir um conjunto de direitos para materializar a proteção social dos jovens. Não podemos esperar que esses jovens cometam atos infracionais ficando privados de liberdade para só assim constituir programas de inserção e qualificação profissional que os acolha. Precisamos também intervir antes do crime e da violência e construir espaços e políticas mais inclusivas.

Apesar dos tempos sombrios que vivemos, precisamos constituir espaços de resistência e narração para encontrarmos brechas, fissuras por onde podemos seguir apostando e trabalhando, descobrindo o que ainda é possível construir apesar de toda a precarização. A memória e a potência do trabalho realizado com as rodas de conversa nos anima a seguir com a escuta em outras frentes, de outras formas. Encerramos este capítulo amparadas nas palavras de Freud (1974 [1916], p. 348), no texto "Sobre a transitoriedade": "Reconstruiremos tudo o que a guerra destruiu, e talvez em terreno mais firme e de forma mais duradoura do que antes".

Referências

AGUINSKY, B. & CAPITÃO, L. Violência e socioeducação: Uma interpretação ética a partir de contribuições da justiça restaurativa. *Revista Katálysis*, Florianópolis, v. 11, n. 2, 2008 [Disponível em: <https://periodicos.ufsc.br/index.php/katalysis/article/view/S1414-49802008000200011> acesso em 27/08/2017].

ARENDT, H. *A condição humana.* Rio de Janeiro: Forense Universitária, 2000.

BRASIL. *Índice de vulnerabilidade juvenil à violência e desigualdade racial* (2014). Brasília: Presidência da República/Secretaria Geral/Secretaria Nacional da Juventude, 2015 [Disponível em: <http://unesdoc.unesco.org/images/0023/002329/232972POR.pdf> acesso em 27/08/2017].

BROIDE, J. Adolescência e violência: Criação de dispositivos clínicos no território conflagrado das periferias. *Revista Psicologia Política*, São Paulo, 10(19), 2010, p. 95-106 [Disponivel em: <http://pepsic.bvsalud.

org/scielo.php?script=sci_arttext&pid=S1519-549X2010000100009>
acesso em 29/08/2017].

_____. *Psicanálise nas situações sociais críticas* – Violência, juventude e periferia em uma abordagem grupal. Curitiba: Juruá Psicologia, 2008.

ENDO, P.C. *A violência no coração da cidade*: Um estudo psicanalítico. São Paulo: Escuta/Fapesp, 2005.

FREUD, S. Sobre a transitoriedade. *Obras psicológicas completas.* Vol. XIV. Rio de Janeiro: Imago, 1974, p. 342-348 [1916].

FOUCAULT, M. A vida dos homens infames. In: *Estratégias, poder--saber, ditos e escritos.* Vol. IV. Rio de Janeiro: Forense Universitária, 2003, p. 203-222.

KEIL, I.M. Descrença política e violência urbana: Existe uma relação? In: HARTMANN, F.R. & DAL FOLLO, N.C. (orgs.). *Violências e contemporaneidade.* Porto Alegre: Artes e Ofícios, 2005, p. 27-38.

KOLTAI, C. O desejo do psicanalista face o desamparo contemporâneo. *Desamparo e vulnerabilidades – Revista da Associação Psicanalítica de Porto Alegre,* n. 45/46, 2008, p. 20-31.

OLIVEIRA, C.S. Quem tem medo da violência juvenil? In: HARTMANN, F.R. & DAL FOLLO, N.C. (orgs.). *Violências e contemporaneidade.* Porto Alegre: Artes e Ofícios, 2005, p. 13-26.

ROSA, M.D. Adolescência: da cena familiar à cena social. *Psicologia USP.* São Paulo, v. 2, n. 13, 2002, p. 227-241 [Disponível em: <http://www.scielo.br/scielo.php?script=sci_arttext&pid=S0103-65642002000200013&lng=pt&nrm=iso.htm&userID=-2> acesso em 30/08/2017].

SPAGNOL, A.S. Jovens em busca de um caminho: Um estudo sobre jovens delinquentes na cidade de São Paulo. *Cadernos Ceru,* 15, 2004 [Disponível em: <http://www.revistas.usp.br/ceru/article/view/75325/78866> acesso em 30/08/2017].

SOARES, L.E. *Violência.* Entrevista concedida ao Canal Futura (por Lilian Schwarcz, 15/04/2016) [Disponível em: <https://www.youtube.com/watch?v=ebaYH2-GHme> acesso em 16/08/2017].

_____. 7º Simpósio de Psicologia e Políticas Públicas. A função social do Estado: O drama da invisibilidade. In: GUARESCHI, N. (org.). *Estratégias de invenção do presente*: A psicologia social no contemporâneo Rio de Janeiro. Rio de Janeiro: Centro Edelstein de Pesquisas Sociais, 2008, p. 197-207.

_____. Juventude e violência no Brasil contemporâneo. In: NOVAES, R.E. & VANNUCHI, P. (orgs.). *Juventude e sociedade*: Trabalho, educação, cultura e participação. São Paulo: Fundação Perseu Abramo, 2004.

TELLES, V.S. & HIRATA, D.V. Cidade e práticas urbanas: Nas fronteiras incertas entre o ilegal, o informal e o ilícito. *Estudos avançados*, v. 21, n. 61, 2007, p. 173-191.

WAISELFISZ, J.J. Mapa da violência: Adolescentes de 16 e 17 anos no Brasil. Rio de Janeiro: Flasco Brasil, 2015 [Disponível em: <http://www.mapadaviolencia.org.br/pdf2015/mapaViolencia2015_adolescentes.pdf> acesso em 30/08/2017].

WARPECHOWSKI, M.B. *A passagem adolescente em contextos de vulnerabilidade e exclusão social*. Porto Alegre: UFGRS/Instituto de Psicologia/Programa de Pós-Graduação em Psicanálise: Clínica e Cultura, 2017 [Dissertação de Mestrado, 129 f.].

RODHEN, C. *Nunca me sonharam*. Documentário. Brasil: Maria Farinha Filmes, 2017, 1h30min.

"CORAÇÕES DE PAPEL RECICLÁVEL"
Encontros e desencontros na socioeducação

Maria Dornelles de Araújo Ribeiro

Sandra Djambolakdjian Torossian

> "[...] nem todos nascem em berço de ouro,
> eu nasci em um de papel reciclado pelo tempo..."
>
> *Vini marrentinho,* 2012

As palavras entre aspas que compõem o título deste capítulo são de autoria de Vini[37], um adolescente que muito nos ensina sobre socioeducação. Através dos escritos em seu blog, Vini nos faz refletir sobre como escutamos adolescentes no contexto do sistema socioeducativo e das políticas públicas que o constituem. Ao mesmo tempo em que denuncia o desencontro entre o que o sistema oferece para o adolescente em conflito com a lei, e as demandas deste – ou como ele responde às propostas –, o caso de Vini aponta algumas possibilidades de encontro.

Contextualizemos, antes, o recorte geográfico e temporal do qual partimos quando falamos em socioeducação. A principal instituição de execução de Medidas Socioeducativas (MSE) do Rio Grande do Sul é a Fundação de Atendimento Socioeducativo (Fase), criada em 2002 no processo de reordenamento da Fundação Estadual do Bem-Estar do Menor (Febem/RS), a qual enfrenta

---

37. Codinome com que o próprio adolescente assina seu blog (www. cvinicius394.blogspot.com), o qual é de domínio público.

superlotação em quase 100% de suas unidades[38]. Dentre os adolescentes que ocupam essas unidades, muitos são reincidentes, motivo que levou o governo do Estado a implementar, desde 2009, um programa específico para o acompanhamento dos egressos da instituição. O Programa de Oportunidades e Direitos[39] (POD Socioeducativo), executado na Fundação O Pão dos Pobres de Santo Antônio, em Porto Alegre, foi onde atendemos Vini.

O programa é ofertado aos adolescentes quando estão no período final do cumprimento de MSE de internação, ainda na Fase, como possibilidade do Plano Individual de Atendimento do Egresso (PIA-Egresso). Ao aderir ao programa, o adolescente compromete-se a frequentar a escola, ingressar em um curso profissionalizante ou de iniciação profissional, comparecer aos atendimentos individuais e em grupo que forem agendados, participar de oficinas socioeducativas até o início do curso escolhido, ou cumprir outras combinações que façam parte do PIA-Egresso, tais como inserção em estágio ou emprego, internação ou tratamento ambulatorial de saúde mental, permanência em abrigo ou na residência de determinado familiar conforme determinado em audiência pelo Juizado da Infância e Juventude. Cumprindo com essas combinações de forma satisfatória, o adolescente tem direito a receber uma bolsa-auxílio no valor aproximado de meio salário mínimo regional durante um ano. O não cumprimento de tais critérios leva à suspensão do pagamento da bolsa-auxílio, e pode levar ao desligamento do programa.

Essa breve descrição do programa já dá pistas do que embasa a política pública de socioeducação no Estado: a ideia de que a profissionalização e a inserção no mercado de trabalho são a solução para o problema do envolvimento de adolescentes e jovens com violência e criminalidade. Para aqueles que não se encaixam

---

38. De acordo com informações do site oficial da instituição, disponíveis em: <http://www.fase.rs.gov.br/wp/populacao-diaria/> acesso em 17/06/2017.

39. Criado em janeiro de 2009 sob o nome de Programa RS Socioeducativo, tornou-se PODRS Socioeducativo a partir da Lei Estadual n. 14.228, de 15 de abril de 2013.

nesse sistema, não há lugar no programa, restando-lhes um lugar de rejeição no discurso social, o dos estigmatizados adolescentes *em conflito com a lei.*

Vini não cumpria com os critérios do programa. Rejeitado pela própria mãe e vítima de agressões por parte do pai, ele vivia em situação de rua desde os 13 anos de idade. Ingressou no programa aos 17, após cumprir breve MSE de internação na Fase, de onde saiu encaminhado para um abrigo residencial do qual evadiu em pouco tempo. Com o direito à bolsa-auxílio prejudicado pela falta de um responsável legal (um dos genitores ou guardião legal) para abertura da conta bancária, Vini encontrava-se novamente na rua, infrequente na escola e sem possibilidade de aderir à rotina disciplinar de um curso profissionalizante. Ele sequer comparecia com regularidade para os atendimentos e oficinas do programa, mas sua insistência em comparecer, mesmo que muitas vezes em silêncio, recusando-se a participar das atividades em grupo, levou-nos a decidir, em equipe, mantê-lo vinculado ao programa e buscar a melhor forma de atendê-lo. Como ele gostava de escrever e tinha o desejo de expressar-se publicamente, propusemos a criação do espaço virtual de um blog. Nesse espaço, ele expressou-se através de letras alheias (músicas que gostava de escutar), bem como escreveu com suas próprias palavras a respeito de sua história de vida e da experiência presente no programa relatos e reflexões como esta:

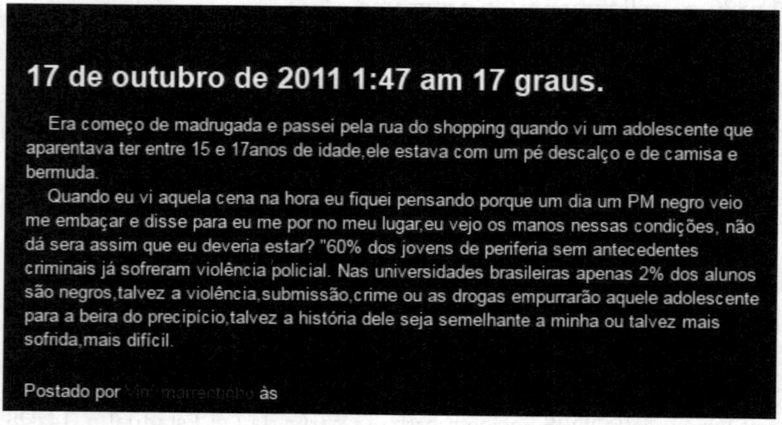

17 de outubro de 2011 1:47 am 17 graus.

Era começo de madrugada e passei pela rua do shopping quando vi um adolescente que aparentava ter entre 15 e 17anos de idade,ele estava com um pé descalço e de camisa e bermuda.

Quando eu vi aquela cena na hora eu fiquei pensando porque um dia um PM negro veio me embaçar e disse para eu me por no meu lugar,eu vejo os manos nessas condições, não dá sera assim que eu deveria estar? "60% dos jovens de periferia sem antecedentes criminais já sofreram violência policial. Nas universidades brasileiras apenas 2% dos alunos são negros,talvez a violência,submissão,crime ou as drogas empurrarão aquele adolescente para a beira do precipício,talvez a história dele seja semelhante a minha ou talvez mais sofrida,mais difícil.

Postado por Vini mairrentinho às

Figura 1 – Blog do Vini, postagem de 19/10/2011

Nesta postagem, ele retrata a injustiça da violência de Estado, que embasa a descrença de tantos adolescentes que crescem em situações sociais críticas na justiça e na aplicação da lei, e que motiva muitos à prática de atos infracionais. Na cena aqui descrita, vemos a criminalização da pobreza, problema social que atravessa a socioeducação no Brasil. Um adolescente negro descalço caminhando perto de um *shopping center* à noite representa um sujeito "potencialmente perigoso", e pode ser abordado pela polícia a qualquer momento. Afinal, *shopping centers* são para pessoas que têm dinheiro para consumir e que, por conta do consumo, seguem determinado padrão de comportamento e vestimenta, o qual as caracteriza como pertencentes à classe social dominante e as diferencia da "ralé" (SOUZA, 2009). Vargens (2016), pedagoga do sistema socioeducativo do Rio de Janeiro, relaciona o recorte social e racial "preto-pobre-subalterno" ao encarceramento de adolescentes:

> Apesar de não ser explícito, há uma acusação do que poderíamos chamar de "uso indevido da cidade" ou "ingresso em território alheio sem ser para trabalhar ou servir". Sair das áreas subalternizadas é romper com o estabelecido, não aceitar o que lhes destina – mesmo que não seja um movimento consciente de questionamento de qualquer ordem. Pelo contrário, muitas vezes não há sequer o reconhecimento das razões que, efetivamente, os levaram ao sistema socioeducativo (VARGENS, 2016, p. 77).

O termo "ralé" é provocativamente empregado pelo sociólogo Jessé Souza para falar de um destino de classe, no que diz respeito à desigualdade social no Brasil. Em contraposição à hipótese popularmente difundida de que a desigualdade é apenas uma questão econômica, de pobreza financeira, o autor denuncia a pobreza simbólica à qual a classe da ralé é condenada. Há uma série de valores e ensinamentos que passam pela via afetivo-familiar, imperceptíveis aos olhos das classes dominantes que insistem na ilusão da meritocracia, que tornam mais difícil a ascensão social mesmo ao jovem da ralé ao qual sejam ofertadas todas as oportunidades que um jovem privilegiado tenha. Rosa (2002) também destaca a pobreza simbólica desses sujeitos que são excluídos do acesso aos bens e modos de gozo próprios do sistema econômico neoliberal. A autora refere que tais crianças, adolescentes e suas famílias vivenciam um desamparo discursivo caracterizado pela fragilização das estruturas discursivas que suportam o vínculo social, ou seja, falta-lhes a atribuição de um lugar no ideal social.

É provável que tenha sido envolvida por esse desamparo no discurso social que a mãe de Vini o rejeitou desde a infância, acusando-o de não ter outro destino possível que não fosse a marginalidade e a morte precoce. Sem conseguir desprender-se do mandato materno, o adolescente colocava-se em risco constantemente, alimentando a fantasia de que, se morresse trágica e precocemente, talvez a mãe se sentisse culpada e se arrependesse de tê-lo abandonado. Aos poucos íamos conhecendo a história de Vini, e entendendo seu "flerte" com a morte como parte dessa fantasia. Assim, entendemos que o programa era um espaço protetivo ao qual ele ainda recorria, apesar de não conseguir cumprir com todas as exigências. Portanto, excluí-lo desse espaço protetivo seria mais uma violação de direitos em sua história, uma reafirmação de que seu único lugar no social era o da marginalidade.

Nesse sistema tão perverso no qual a política pública de socioeducação está inserida, o que pode haver de socioeducativo? Como escutar um adolescente envolvido com o crime? O que pode fazê-lo acreditar que, se seguir as normas da lei, a justiça estará ao seu lado? E seria esse o caminho da socioeducação, ou mais bem ofertar outras linhas, possibilitar-lhes experimentar outras tessituras para suas vidas? Será o envolvimento com ato infracional o que caracteriza esses adolescentes, ou será sua condição de "classe da ralé" (SOUZA, 2009), de adolescência vivida em "situações sociais críticas", para usar a expressão escolhida por Jorge e Emilia Broide (2015)? Essas perguntas convidam a uma breve retomada da história da socioeducação no contexto das políticas públicas para a infância e a adolescência.

A história da socioeducação no Brasil, enraizada na história de crianças e adolescentes pobres que ocupam as ruas das grandes cidades, mostra como o discurso social predominante, que ainda impera na administração pública e em especial no que se refere à segurança pública, ainda carrega o peso dos enjeitados e o rigor do Código de Menores. Tal discurso segregacionista reforça a patologização da adolescência e a presunção de periculosidade no que se refere aos jovens de periferia, especialmente os negros e pardos.

Duas publicações do governo federal brasileiro são norteadoras fundamentais da socioeducação: o Estatuto da Criança e do Adolescente (ECA), de 1990, e o Sistema Nacional de Atendimento Socioeducativo (Sinase), de 2012. Este "é um conjunto ordenado de princípios, regras e critérios, de caráter jurídico, político, pedagógico, financeiro e administrativo, que envolve desde o processo de apuração de ato infracional até a execução de medida socioeducativa" (BRASIL, 2006, p. 22). De acordo com Silva e Hüning (2013), o Sinase é um subsistema do Sistema de Garantia de Direitos (SGD), o qual, por sua vez, é composto também pelo Sistema de Educação e pelo Sistema de Justiça e Segurança Pública, além do Sistema Único de Saúde (SUS) e do Sistema Único de Assistência Social (SUAS). O mesmo engloba as esferas estaduais, distrital e municipais, bem como políticas, planos e programas específicos de atenção (como o POD Socioeducativo).

A história da socioeducação e do ECA estão inseridas na história da Assistência Social no Brasil. A Política Nacional de Assistência Social (PNAS) data de 2004 e, a respeito desta, Romanzini e Carvalho comentam:

> As práticas que operam a Política de Assistência Social lidam com os incômodos da cidade. A atuação da Assistência Social, conforme a Política Nacional de Assistência Social (2004), é direcionada para as situações de risco pessoal e social por violação de direitos que envolvem a iminência ou ocorrência de eventos, como violência intrafamiliar física e psicológica, abandono, negligência, abuso e exploração sexual, situação de rua, ato infracional, trabalho infantil, afastamento do convívio familiar e comunitário, entre outros (2013, p. 166).

Entretanto, muito antes da legislação e da compreensão atual dos campos que englobam a Assistência Social e o atendimento a crianças e adolescentes em políticas públicas, outras práticas vigoraram. O modelo filantrópico que inaugura as práticas no âmbito da Assistência Social no Brasil tais como as conhecemos hoje data do início do século XX, pós Lei do Ventre Livre e Lei Áurea. Como efeito dessas leis, proliferaram-se as rodas dos expostos (implementadas desde o século XVIII) pelo território nacional. Além das rodas que recolhiam bebês indesejados, não havia política pública que se ocupasse de crianças e adolescentes em situação de risco ou vulnerabilidade social. Quem se ocupou deles não foi o Estado, mas a Igreja (CRUZ, 2006).

O termo "enjeitado", que caracteriza as crianças deixadas nas rodas e atendidas pela Santa Casa, aponta para o que se dizia da infância (pobre) nesse período. O termo significa rejeitado, abandonado, mas tem como sinônimos "desprezado", "odiado", "recusado" (NEVES; SANTOS & CABRAL, 2011-2016). Sob tal estigma essas crianças se socializaram, cresceram e viram seus descendentes carregarem estigma semelhante, geração após geração, até os dias de hoje.

De acordo com Cruz (2006), o final do século XIX no Brasil foi marcado pela abolição da escravatura e o crescimento desordenado dos centros urbanos, o que teve, como consequência, um aumento da visibilidade da situação de crianças e adolescentes vivendo nas ruas. A preocupação das autoridades com essa população estava relacionada à valorização do trabalho como positivo e enobrecedor. Nesse contexto, os chamados "menores" levavam o poder público a tomar medidas higienistas, como a internação dos mesmos em casas de correção que ensinavam a disciplina pelo trabalho.

> Neste sentido, percebe-se a preocupação com a gestão dos chamados perigosos, instituindo-se a noção de periculosidade... Desta forma, o discurso do modelo disciplinar é fundado na norma, produzindo uma sociedade de normalização, na qual existe um grupo humano cujos limites variam de acordo com os outros. Essa norma serve para que o indivíduo passe a balizar seu comportamento pelo comportamento "médio", codificado como "normal" (CRUZ, 2006, p. 38).

No campo do Direito, crianças e adolescentes que ocupavam as ruas passaram a ser associados ao aumento da criminalidade, e o termo "menor" passou a incorporar o vocabulário dos juristas. Este termo designava tanto os abandonados quanto os considerados desviados ou delinquentes. O higienismo levou à elaboração da Doutrina da Situação Irregular, prerrogativa legal do Código de Menores do Brasil, promulgado em 1927. O mesmo continha leis de assistência e proteção voltadas para as famílias pobres, tornando pobreza e abandono elementos patogênicos, prejudiciais ao organismo social (CRUZ, 2006). A autora prossegue:

> [...] podemos perceber uma oscilação que se mantém até os dias de hoje: ora o foco das discussões incide sobre a defesa da criança, que deve ser protegida; ora sobre a defesa da sociedade contra essa criança, que deve ser disciplinada, vigiada. Assim, por um lado a criança abandonada, pobre e desassistida e, por outro, a criança perigosa, marginal e delinquente (p. 40).

Rosa e Vicentin (2012) apontam que os pressupostos teóricos que fundamentaram as definições de adolescência e de seu lugar nas políticas públicas constituem, até os dias de hoje, entraves para o avanço das práticas em saúde e socioeducação. As autoras destacam a centralidade do diagnóstico de *transtorno de personalidade* aplicado a adolescentes que cometeram ato infracional, colocando-os na condição de *intratáveis* e *irrecuperáveis*, o que, no campo jurídico, representa a noção de *periculosidade*. Tal conceito, embora em desuso no campo da criminologia devido à sua não operacionalidade, tem sido presente nos argumentos constantes nas avaliações de medida socioeducativa de internação para adolescentes. Para as autoras, essa patologização do adolescente "em conflito com a lei" traz prejuízos para o próprio adolescente.

Se há cem anos as ações da assistência voltadas a crianças e adolescentes tinham a finalidade de defender a sociedade dos perigos que aqueles representavam, hoje não é muito diferente: o principal argumento do POD Socioeducativo não é a melhoria da qualidade de vida dos egressos do sistema socioeducativo, mas a prevenção da reincidência, ou seja, evitar que o sujeito cometa novamente um ato infracional que coloque a sociedade em risco. A lógica da correção pelo trabalho permanece tanto para prevenir quanto para remediar. Na Fundação Pão dos Pobres, a maior parte dos cursos está vinculada à atividade industrial, através do Serviço Nacional de Aprendizagem Industrial (Senai). O que não foi previsto, entretanto, é que a maior parte dos adolescentes do POD não teria escolaridade suficiente para ingressar nesses cursos, pois o índice de defasagem escolar dentre os adolescentes internos na Fase[40] é significativo. Tampouco se fez um levantamento de quais seriam os cursos de interesse dos adolescentes a se beneficiarem do programa.

Continuando com a história da socioeducação, em 1942 foi fundado o Serviço de Assistência ao Menor (SAM) e, junto a este, os reformatórios para "menores delinquentes", com funcionamento semelhante ao do sistema penitenciário. A partir do golpe de 1964 o SAM foi extinto, dando lugar à Política do Bem-Estar do Menor (PNBEM). A Fundação Nacional do Bem-Estar do Menor (Funabem) surgiu com a finalidade de "reeducar" e "reintegrar" o "menor" à sociedade a partir de métodos terapêutico-pedagógicos baseados na visão biopsicossocial (modelo não repressivo). Em 1979, ainda com base na Doutrina da Situação Irregular, os militares implementaram o Código de Menores. Este agregou à lógica anterior uma visão mais terapêutica no que diz respeito ao adolescente em conflito com a lei, ainda denominado, à época, "menor" (CRUZ, 2006).

Até a década de 1980 parece não haver lugar social para o sujeito adolescente, tratado como um problema objetalizado que as instituições jurídicas, educacionais, religiosas e de saúde devem resolver em prol de uma sociedade mais segura. Seja através de um conceito científico de normalidade, ou de valores morais pautados pelo cristianismo, a legislação de cada período reflete uma expectativa sociocultural a respeito da adolescência, que parece desconsiderar a história dos sujeitos à qual a mesma deve ser aplicada.

No cenário internacional, a década de 1980 foi marcada por importantes debates e resoluções acerca da garantia de direitos e

---

40. Dados atualizados sobre a escolaridade dos adolescentes da Fase podem ser consultados no site da instituição, disponíveis em: <http://www.fase.rs.gov.br/wp/dados_estatisticos/> acesso em 23/09/2015. Considerações sobre escolaridade dos adolescentes infratores encontram-se na publicação *Medidas socioeducativas*: Da repressão à educação, de Carmem Maria Craidy e Liana Lemos Gonçalves (orgs.). Porto Alegre: UFRGS, 2005.

de proteção às crianças e adolescentes. Uma importante referência para a socioeducação foi um documento do Unicef intitulado *Regras mínimas das Nações Unidas para a administração da justiça, da infância e da juventude*, mais conhecido como *Regras de Beijing*, o qual data de 1985. Este documento garante que jovens infratores sejam responsabilizados pelos seus atos de forma diferenciada dos adultos, e que, na aplicação de medidas, sejam satisfeitas as necessidades dos jovens, garantidos seus direitos básicos e satisfeitas as necessidades da sociedade.

A vulnerabilidade aí se refere a uma etapa da vida, da infância até a adolescência, em que o sujeito está suscetível a um "comportamento desviado". Se há desvio, há um padrão de normalidade. Mas não se trata de uma condição social, cultural ou racial, conforme lê-se no art. 2.1 do mesmo documento:

> [...] se aplicarão aos jovens infratores com imparcialidade, sem distinção alguma, por exemplo, de raça, cor, sexo, idioma, religião, opinião política ou de qualquer outra natureza, origem nacional ou social, posição econômica, nascimento ou qualquer outra condição (UNICEF, 1985).

Apesar dessa colocação, a discriminação ocorre no Brasil especialmente em relação à cor e à condição social/econômica (WAISELFISZ, 2014). Isso pode ser associado aos dados históricos de que as crianças e adolescentes que ocupam as ruas são de origem pobre e descendentes de negros. De acordo com Vargens:

> O perfil dos adolescentes atendidos pelo Departamento Geral de Ações Socioeducativas (Degase) expõe um corte social e racial dos jovens apreendidos pela polícia e condenados a cumprir as medidas de privação de liberdade, acusando um viés de colonialidade que atinge tanto os que elaboram as políticas quanto aqueles que a executam, seja em termos da polícia, seja em termos da prática dentro do sistema socioeducativo, seja pelo tratamento dispensado por parte do Poder Judiciário (2016, p. 75).

Em 1989, a Assembleia Geral das Nações Unidas adotou a Convenção Sobre os Direitos da Criança[41]. Esta foi adotada no Brasil em 1990 e deu origem ao Estatuto da Criança e do Adolescente (ECA) introduzindo, no cenário brasileiro, a noção de que crianças e adolescentes são sujeitos de direito aos quais deve-se garantir proteção integral. A promulgação do ECA representa uma mudança mais significativa nas políticas públicas para a infância e a adolescência no Brasil. Além da Doutrina da Proteção Integral e do reconhecimento dessa parcela da população como sujeitos de direito, o ECA promove uma diferenciação entre infância e adolescência, pois, até então, todos estavam classificados sob a categoria "menor" (CRUZ; HILLESHEIM & GUARESCHI, 2005).

Vargens (2016, p. 73), no entanto, observa que "em um processo dinâmico, muitas vezes conquistas legais não se traduzem em mudanças reais na prática, ou ao menos tais mudanças se dão em ritmo bem mais lento do que o previsto na letra da lei".

Apesar do exposto no ECA e do reordenamento da Febem, a criação do Sistema Nacional de Atendimento Socioeducativo (Sinase) brasileiro só se efetivou em 2006, data da publicação do mesmo pela Secretaria Especial dos Direitos Humanos da Presidência da República em conjunto com o Conselho Nacional dos Direitos da Criança e do Adolescente (Conanda), e só foi instituído por lei em 2012[42].

Pode-se afirmar, portanto, que a Fase ainda carrega o estigma de Febem, e esta, por sua vez, dava continuidade ao modelo institucionalizante que se iniciou na colonização. Observa-se ainda

---

41. Disponível na página do Fundo das Nações Unidas para a Infância (Unicef): <https://www.unicef.pt/docs/pdf_publicacoes/convencao_direitos_crianca2004.pdf> acesso em 18/01/2016.

42. BRASIL. Presidência da República. *Lei n. 12.594*, de 18 de janeiro de 2012. Disponível em: <http://www.planalto.gov.br/ccivil_03/_ato2011-2014/2012/lei/l12594.htm> acesso em 20/01/2016.

que o Código de Menores produz uma certa equivalência entre crianças e adolescentes em situação de rua ou pobres e autores de ato infracional, ao denominá-los todos de "menores", tornando o jovem da ralé, especialmente se preto ou pardo, "potencialmente perigoso" (ROSA & VICENTIN, 2012). Na linguagem popular, bem como na grande mídia, essa equivalência ainda é vigente. Tal discurso é reproduzido pela mãe de Vini, a qual não consegue vislumbrar para o filho uma trajetória futura que não passe pelo crime, pela marginalidade, e/ou a morte precoce.

A partir da análise da evolução das leis e programas para adolescentes, percebemos que os princípios da lei não estão incorporados nas práticas socioeducativas e no discurso social predominante. Os adolescentes em conflito com a lei, no Brasil, só chegam às medidas de privação de liberdade no sistema socioeducativo quando, além do ato infracional, carregam traços de pobreza. Percebemos então que há algo da condição social que diferencia a trajetória desses adolescentes.

No cenário brasileiro atual, as conquistas legais iniciadas ao final da década de 1980 e início da de 1990 são ameaçadas pelo sucateamento dos serviços e programas que compõem as políticas públicas voltadas a crianças e adolescentes. A socioeducação em especial é enfraquecida, como se pôde observar pela aprovação da redução da maioridade penal na Câmara dos Deputados em 2015. De 2009 até os dias de hoje, o POD Socioeducativo se viu diversas vezes ameaçado de extinção, inclusive passou um período inativo no Estado. Foi num desses momentos de enfraquecimento do programa, quando o convênio foi renovado com redução de custeio e, consequentemente, do número de metas (vagas) e de recursos humanos, que a equipe (os que não foram demitidos) viu-se pressionada a desligar Vini do programa. Ele então postou em seu blog:

Figura 2 – Blog do Vini, postagem de 27/07/2012

As personagens mencionadas no título, "fada dos anões crescidos" e "guerreira do cereal quadrado" representam as psicólogas da equipe. O "visconde" era o coordenador da equipe e, os "anões crescidos", os adolescentes. Naquele momento, Vini já completara 18 anos e já estava recebendo a bolsa-auxílio. Tinha conseguido se organizar, com o apoio da equipe do programa e algumas doações da Fundação Pão dos Pobres, para montar uma peça na casa de seu pai. Entretanto, como a relação continuasse conflituosa, ele se fragilizou e não estava conseguindo manter uma frequência mínima no programa. Segundo o pai, Vini estaria fazendo uso intenso de drogas. A equipe não conseguiu constatar, no entanto, se a informação procedia ou se estava relacionada a uma intolerância do pai em relação ao uso de qualquer substância ilícita por parte de Vini.

Essa não foi a "última transmissão de sua rádio", mas foi uma postagem sensível ao momento político pelo qual o programa passava, na qual Vini comenta a redução da equipe. Expressa também uma reflexão após o atendimento, no qual lhe foi explicado que, se não conseguisse manter uma frequência no programa, se não se esforçasse para frequentar a escola aberta na qual estava matriculado, e não se inserisse em algum curso ou emprego, seríamos obrigados a desligá-lo. E foi o que aconteceu, de fato. No entanto, a equipe e a instituição não deixaram de ser uma referência de proteção e cuidado para Vini. Eventualmente ele aparecia, fosse para pedir comida, para tomar um banho ou apenas conversar. E foi num desses retornos que ele passou pelo telecentro e escreveu sua última publicação no blog:

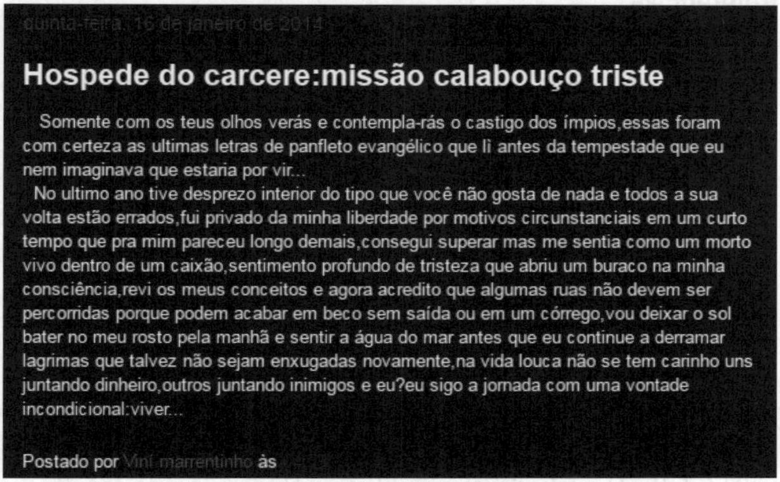

quinta-feira, 16 de janeiro de 2014

Hospede do carcere:missão calabouço triste

Somente com os teus olhos verás e contempla-rás o castigo dos ímpios,essas foram com certeza as ultimas letras de panfleto evangélico que li antes da tempestade que eu nem imaginava que estaria por vir...

No ultimo ano tive desprezo interior do tipo que você não gosta de nada e todos a sua volta estão errados,fui privado da minha liberdade por motivos circunstanciais em um curto tempo que pra mim pareceu longo demais,consegui superar mas me sentia como um morto vivo dentro de um caixão,sentimento profundo de tristeza que abriu um buraco na minha consciência,revi os meus conceitos e agora acredito que algumas ruas não devem ser percorridas porque podem acabar em beco sem saída ou em um córrego,vou deixar o sol bater no meu rosto pela manhã e sentir a água do mar antes que eu continue a derramar lagrimas que talvez não sejam enxugadas novamente,na vida louca não se tem carinho uns juntando dinheiro,outros juntando inimigos e eu?eu sigo a jornada com uma vontade incondicional:viver...

Postado por Vini marrentinho às

Figura 3 – Blog do Vini, postagem de 16/01/2014

Com sua história de vida, o estigma social e a insuficiência das políticas públicas empurrando-o para caminhos de marginalização, criminalidade, risco e morte, Vini parece ter encontrado, junto à equipe do programa, e através do recurso da escrita no blog, uma possibilidade de vida, de mudança de rumo. Entendendo a importância dessa virada de Vini, a qual foi possível porque a equipe optou em transgredir os critérios estipulados pelo programa, resta uma interrogação à forma de fazer política pública socioeducativa. A socioeducação tem de dar espaço para que um sujeito desejante de vida possa advir, e isso não depende da escolarização e profissionalização, e sim da escuta e da acolhida.

Para alguns adolescentes "da ralé", a inserção escolar e no mercado de trabalho só será possível após algumas viradas subjetivas. Lembrando que cada sujeito tem seu tempo, às vezes as intervenções realizadas farão efeito só depois, num outro tempo que não cabe no predeterminado das medidas e programas socioeducativos. Em meio a tantas dificuldades e desencontros, inspirados pela trajetória de Vini, deixamos aqui um alento de esperança: há encontros nos desencontros!

Referências

BRASIL. *Estatuto da criança e do adolescente*. Lei federal n. 8.069, de 13 de julho de 1990. Conselho Estadual dos Direitos da Criança e do Adolescente (Cedica/RS). Rio Grande do Sul: Secretaria da Justiça e do Desenvolvimento Social, 2010, 199 p.

_____. *Sistema Nacional de Atendimento Socioeducativo* (Sinase). Brasília: Secretaria Especial dos Direitos Humanos/Conselho Nacional dos Direitos da Criança e do Adolescente, 2006.

_____. *Política Nacional de Assistência Social* (PNAS, 2004). Norma Operacional Básica (NOB/SUAS). Brasília: Ministério do Desenvolvimento Social e Combate à Fome/Secretaria Nacional de Assistência Social, 2005.

BROIDE, J. & BROIDE, E.E. *A psicanálise nas situações sociais críticas*: Metodologia e intervenções. São Paulo: Escuta, 2015.

CRUZ, L.R. *(Des)articulando as políticas públicas no campo da infância*: Implicações da abrigagem. Santa Cruz do Sul: Edunisc, 2006.

CRUZ, L.; HILLESHEIM, B. & GUARESCHI, N.M.F. Infância e políticas públicas: Um olhar sobre as práticas psi. *Psicologia & Sociedade*, v. 17, n. 3, 2005, p. 42-49.

ESTADO DO RIO GRANDE DO SUL. *Lei estadual n. 14.228*, de 15 de abril de 2013. Introduz modificações na Lei n. 13.122, de 9 de janeiro de 2009, que institui o Programa RS Socioeducativo e dá outras providências. Porto Alegre: Assembleia Legislativa do Estado do Rio Grande do Sul, 15/04/2013.

_____. *Lei estadual n. 13.122*, de 9 de janeiro de 2009. Institui o Programa RS Socioeducativo e dá outras providências. Porto Alegre: Assembleia Legislativa do Estado do Rio Grande do Sul, 09/01/2009.

_____. *Decreto n. 46.706*, de 23 de outubro de 2009. Regulamenta a Lei n. 13.122, de 9 de janeiro de 2009, que institui o Programa RS Socioeducativo e dá outras providências. Porto Alegre: Diário Oficial (DOE), 28/10/2009.

NEVES, F.S.; SANTOS, D.R. & CABRAL, L.F. *Dicionário de Sinônimos Online*. 2011-2016 [Disponível em: <http://www.sinonimos.com.br/> acesso em 30/01/2016].

ROMANZINI, G.D. & CARVALHO, J.D. Psicologia: Entre correrias, adolescentes e políticas da assistência social. In: CRUZ, L.R.; RODRIGUES, L. & GUARESCHI, N.M.F. (orgs.). *Interlocuções entre a Psicologia e a Política Nacional de Assistência Social*. Santa Cruz do Sul: Edunisc, 2013.

ROSA, M.D. Uma escuta psicanalítica das vidas secas. *Textura: Revista de Psicanálise*, v. 2, n. 2, 2002, p. 42-46.

ROSA, M.D. & VICENTIN, M.C. Os intratáveis: O exílio do adolescente do laço social pelas noções de periculosidade e irrecuperalidade. *Revista Psicologia Política*, v. 10, n. 19, 2012, p. 107-124.

SILVA, A.K. & HÜNING, S.M. O plano individual de atendimento como um analisador de políticas públicas no sistema socioeducativo. In: CRUZ, L.R.; RODRIGUES, L. & GUARESCHI, N.M.F. (orgs.). *Interlocuções entre a Psicologia e a Política Nacional de Assistência Social*. Santa Cruz do Sul: Edunisc, 2013.

SOUZA, J. *A ralé brasileira*. Quem é e como vive. Belo Horizonte: EdUFMG, 2009.

UNICEF et al. *Regras mínimas das Nações Unidas para a administração da justiça, da infância e da juventude (Regras de Beijing)*, 1985 [Trad. Maria Josefina Becker. Disponível em: <http://acnudh.org/wp-content /uploads/2012/08/Regras-M%C3%ADnimas-das-Na%C3%A7%C3% B5es-Unidas-para-a-Administra%C3%A7%C3%A3o-daJusti%C3%

A7a-da-Inf%C3%A2ncia-e-da-Juventude-Regra-de-Beijing.pdf>
acesso em 29/11/2015].

VARGENS, P. Encarceramento de adolescentes: Um diálogo com o pensamento descolonial. In: OLIVEIRA, E.S. & GATTO, M. (orgs.). *Eu não quero mais!* Rio de Janeiro: Imperial Novo Milênio, 2016.

WAISELFISZ, J.J. *Mapa da violência.* Os jovens do Brasil. Brasília: Garamond, 2014.

"SOCORRO, MEUS FILHOS ESTÃO NO ABRIGO!"

Histórias do/no acolhimento institucional[43]

Bruna Moraes Battistelli

Neuza Maria de Fátima Guareschi

Lílian Rodrigues da Cruz

Maria tem seis filhos, cinco deles encontram-se em acolhimento institucional. Mesmo antes do acolhimento dos filhos, Maria já era atendida pela rede de serviços socioassistenciais da região em que mora: UBS, CRAS, CREAS, SCFV, CT, uma série de siglas que acompanham sua trajetória. Serviços e siglas que se desdobram

---

43. Este capítulo parte de algumas discussões oriundas da monografia de conclusão do curso de especialização *Instituições em análise*, oferecido pelo Programa de Pós-Graduação em Psicologia Social e Institucional da UFRGS. A monografia em questão centra-se, entre outros temas, nas múltiplas possibilidades do trabalho da Psicologia no contexto do acolhimento institucional de crianças e adolescentes. Quanto à experiência de trabalho que baseou este capítulo, a mesma ocorreu na Fundação de Proteção Especial do Rio Grande do Sul, órgão que se constituiu a partir do fechamento da antiga Febem. No Rio Grande do Sul, a mesma foi criada em 1969 e executou a política nacional do bem-estar do menor, ditada pela Fundação Nacional do Bem-Estar do Menor (Funabem) até o advento do ECA. Inicialmente atendia a crianças e adolescentes tidos como abandonados e infratores nos mesmos locais. Em resposta à necessidade de reordenamento efetivo dos serviços de acolhimento e extinção das antigas Febems, em 2002 foram criadas duas fundações: a Fundação de Atendimento Socioeducativo (Fase) e a Fundação de Proteção Especial (FPE-RS), a primeira responsável pela execução das medidas de internação para adolescentes infratores e, a segunda, pelas medidas de proteção.

em prontuários e acompanhamentos. A cada nova entrevista, Maria precisa recontar sua história. História que ocupará poucas linhas em um prontuário. Histórias que remetem aos "homens infames" narrados por Foucault (2015). Histórias da infâmia que vem à luz quando do encontro com o poder, por meio dos inúmeros serviços socioassistenciais. Histórias focadas na falta, na vulnerabilidade, na necessidade de fortalecimento. Histórias que beiram a ruptura. Histórias que narram uma perspectiva da vida de sujeitos acolhidos... Narrativas de vidas infames, recorrentes vítimas do racismo de Estado, vidas facilmente deixadas à morte... Assim, de serviço em serviço, de sigla em sigla, de ruptura em ruptura, Maria, nossa personagem[44] se depara com uma nova instância da Política de Assistência Social: o acolhimento institucional. O que lhe aguarda? Quais possibilidades se apresentam?

O acolhimento institucional de crianças e adolescentes é medida de proteção prevista no Estatuto da Criança e do Adolescente (ECA) e deveria ser um último recurso frente a situações de violência e/ou violação de direitos. Assim, escrevemos com o objetivo de apresentar como se produz o processo de judicialização da vida em relação às crianças e adolescentes que são encaminhados para serviços de acolhimento institucional e como se dá o processo de constituição de subjetividades em um contexto que *a priori* deveria ser de proteção integral e de garantia de direitos. Para o presente capítulo, baseamo-nos nas discussões propostas por Michel Foucault quanto aos conceitos de biopoder, biopolítica, governamentalidade. Um diálogo que nos permitirá entender um pouco melhor como se constitui a prática de acolhimento institucional e algumas interfaces que se relacionam ao tema.

---

44. Para pensarmos a questão da judicialização e medicalização da vida de crianças, adolescentes e suas famílias na Política de Assistência Social, construímos uma história livremente baseada em conversas, situações atendidas em experiências de trabalho com a temática, relatos de outros trabalhadores, leituras etc. Uma história que bem poderia ser de uma família que nesse momento encontra-se em atendimento em algum serviço da Política de Assistência Social.

O acolhimento institucional de crianças e adolescentes

Os modos de cuidado de crianças e adolescentes vêm variando conforme a constituição da história do país. Em 1985 encerra-se o período de ditadura, e a Constituição de 1988 é construída com o objetivo de instituir os princípios democráticos no país (BRASIL, 1988). Com o Estatuto da Criança e do Adolescente (ECA) iniciou-se uma nova política de atendimento às crianças e adolescentes, que passam a ser compreendidos como cidadãos de direitos, em especial condição de "pessoas em desenvolvimento". É importante salientar que a Constituição Federal traz uma nova concepção para a Assistência Social, incluída no âmbito da Seguridade Social e regulamentada pela Lei Orgânica da Assistência Social (LOAS) em dezembro de 1993. Como política social pública, a Assistência Social inicia seu trânsito para um campo novo: o campo dos direitos, da universalização dos acessos e da responsabilidade estatal. De acordo com a Política Nacional de Assistência Social (PNAS), pode-se pensar a proteção social como sendo uma maneira que a sociedade encontrou para proteger parte ou um conjunto de seus membros. O objetivo desta é o de proteger de situações de risco as famílias e indivíduos cujos direitos tenham sido violados e/ou que já tenha ocorrido rompimento dos laços familiares e comunitários (BRASIL, 2004).

A Política de Assistência Social no Brasil tem seus serviços divididos em Proteção Social Básica e Proteção Social Especial, sendo esta última dividida em média e alta complexidade, conforme a ruptura ou não dos vínculos familiares (BRASIL, 2004). O foco deste capítulo centra-se na alta complexidade, especificamente nos serviços de acolhimento institucional para crianças e adolescentes. Os serviços de alta complexidade são aqueles que, conforme as *Orientações técnicas: Serviços de acolhimento para crianças e adolescentes* (BRASIL, 2009), garantem proteção integral – moradia, alimentação, higienização e trabalho protegido para famílias e indivíduos que se encontram sem referência e/ou em situação de ameaça, necessitando ser retirados de seu núcleo familiar e/ou, comunitário.

De modo geral, o público-alvo dos serviços de alta complexidade é a população que vive em condição de risco pessoal ou social decorrente de abandono, maus-tratos físicos e/ou psíquicos, abuso sexual, uso de substâncias psicoativas, cumprimento de medidas socioeducativas, situação de rua, situação de trabalho infantil, dentre outras (BRASIL, 2004). De acordo com as *Orientações técnicas* (BRASIL, 2009), o serviço de acolhimento institucional para crianças e adolescentes pode ocorrer em duas modalidades: abrigo institucional e casa-lar, onde cada modalidade apresenta peculiaridades. Conforme o documento citado, a partir do ECA extingue-se a antiga Fundação Estadual para o Bem-Estar do Menor (Febem) e passa-se a um novo modelo de acolhimento para crianças e adolescentes. E é nesse cenário de consolidação do SUAS que o psicólogo terá maior inserção no campo da política de assistência, visto que conforme as *Orientações técnicas* há a previsão da presença do profissional da psicologia na equipe técnica mínima dos referidos estabelecimentos.

Breve discussão acerca da judicialização

Por judicialização "compreende-se o movimento de regulação normativa e legal do viver, do qual os sujeitos se apropriam para a resolução dos conflitos, reproduzindo uns com os outros o controle, o julgamento e a punição das condutas" (OLIVEIRA & BRITO, 2013, p. 80). As autoras citadas afirmam que atravessados pelo Poder Judiciário não somente se recorre a ele como também se incorporam e se legitimam seus modos de operação. Assim reproduzindo-se o controle, o julgamento e a punição de condutas em favor da inviolabilidade dos direitos, do melhor interesse, da proteção e do bem-estar de algumas vidas. A atenção passa a ser centrada no indivíduo, produzindo culpabilização, buscando justificativas em seu interior e ignorando os processos sócio-históricos que engendram os modos de ser. A judicialização também pode ser entendida nesse contexto como a produção de subjetividades que aprisionam e delimitam modos de ser, constituindo-se como uma forma de controle de condutas.

Quando se trata de crianças e adolescentes, é o seu cuidado e os arranjos de proteção organizados em relação aos sujeitos que serão alvos da justiça. Os arranjos familiares que escapam ao que é proposto em leis como o ECA passam a ser avaliados, validados e autorizados pela Justiça da Infância e Adolescência. Como pontua Reis (2012), percebemos que é importante compreender quais os efeitos que essa judicialização faz disparar em nome da garantia de direitos das crianças e adolescentes que viram alvos da política de acolhimento institucional da alta complexidade do SUAS.

Quanto ao trabalho do psicólogo, enquanto integrante da equipe técnica de um abrigo, conforme as *Orientações técnicas* (2009) é parte do trabalho acompanhar crianças e adolescentes encaminhados para o serviço, realizar encaminhamentos para atendimentos, realizar trabalho de orientação com os educadores, assim como trabalhar com suas famílias visando à possibilidade ou não de retorno do jovem para a família, emitindo documentos para o Juizado da Infância e Adolescência quanto a esta possibilidade, assim como solicitação de permanência ou não no acolhimento institucional.

Para discutir a judicialização da vida dos sujeitos que chegam ao acolhimento e de suas famílias, construímos três marcadores analisando e discutindo a experiência de trabalho que se deu na instituição já citada: o primeiro é o próprio encaminhamento e acolhimento institucional, medida que inscreve a família e seus membros enquanto alvo da política de alta complexidade do SUAS, que pressupõe a separação provisória de seus membros e as práticas de cuidados e formas de se relacionar da família enquadradas como fora da norma. O segundo marcador diz respeito aos modos de subjetivação de crianças e adolescentes a partir da constituição de diagnósticos psiquiátricos, marcas que se inserem e culpabilizam o indivíduo por suas condutas e normatizam modos de ser. O terceiro marcador refere-se à intersecção entre medidas de proteção e medidas de punição quando, por exemplo, ações que deveriam ser utilizadas para proteção acabam se constituindo como medida de segurança e punição, pensando em específico a internação psiquiátrica.

O acolhimento institucional: A família sob suspeita

Como já dito, os filhos mais novos de Maria encontram-se atualmente em um abrigo institucional. Antes desse encaminhamento, Maria, seu companheiro e filhos foram atendidos no CRAS;

173

sendo depois encaminhados ao CREAS. Estiveram em acompanhamento com o Ação Rua, além de terem vínculo com a Unidade Básica de Saúde e com a escola em que as crianças estavam matriculadas. No CRAS, descobriu-se que Maria sofria violência doméstica e que seus filhos apanhavam do pai, além de vivenciarem situação de rua e trabalho infantil, sendo avaliado que o caso deveria ser encaminhado para o CREAS, pois envolvia situação de negligência, violência e violação de direitos. Com os acompanhamentos propostos, a situação não "evoluía" conforme o esperado e os filhos de Maria foram encaminhados para o acolhimento institucional. Os relatórios apontavam que só assim seria possível cessar as violações de direito em relação às crianças. Maria foi orientada a se afastar de seu companheiro, procurar ajuda médica, encontrar uma nova casa que fosse adequada para seus filhos e manter um trabalho formal com renda adequada para sustentar os mesmos. Enquanto mulher e mãe, Maria necessitava se adequar a um determinado modo de ser mãe. Foi informada que devia procurar seus direitos na Defensoria Pública e que haveria uma audiência para que fosse avaliada a situação das crianças.

Quando os filhos foram para o abrigo, Maria precisou recontar sua história para os técnicos deste novo serviço que passa a lhe acompanhar. A técnica de referência para seu caso no CREAS trabalha com aproximadamente outros 60 casos. O serviço de acolhimento que recebe as crianças ouve do Oficial de Justiça que Maria tentou esconder a filha mais nova na casa de sua irmã para que não fosse para o abrigo. Maria foi avaliada enquanto mãe, pelos serviços e operadores da justiça, como vulnerável e negligente. Os educadores e alguns técnicos dizem que a situação chegou nesse ponto porque ela não se esforçou, por não querer seus filhos de volta, por ser irresponsável. A lista de serviços que passam a lhe acompanhar é longa: CREAS, ESF, abrigo, UBS, DEMHAB, JIJ, Defensoria Pública, Conselho Tutelar, escolas, clínica de atendimento psicológico. Muito foi dito sobre Maria, mas muito pouco se sabe pela sua própria voz. Quando falava de sua situação, Maria colocava a culpa nos outros, ameaçava que iria ao juiz pedir seus filhos. Dizia que outras mães não tinham seus filhos colocados no abrigo e que essas passavam por situações mais complicadas. Quando foi escutada, pensou em desistir; dizia que se sentia perdida. E quando afirmava pensar em desistir, logo foi colocada novamente no "papel" de mãe negligente.

Acompanhando mulheres em situações muito parecidas com a de Maria, percebemos a fragilidade do trabalho que se constitui para observar casos de tão alta complexidade. Algumas crianças chegam ao acolhimento sem que os serviços da rede de atendimento tenham constituído um trabalho de acompanhamento da situação, ou quando esse fato já se consolidou, a fragilidade da interlocução entre os mesmos produz encaminhamentos que não são unanimidade entre os trabalhadores que acompanham o caso. É preciso salientar a precarização do trabalho que encontramos nos serviços de um modo geral, como um mesmo técnico responsável por uma quantidade de casos que torna impossível o trabalho intersetorial e o acompanhamento das situações, expondo os trabalhadores ao sobretrabalho. O sentimento dos trabalhadores, muitas vezes, envolve culpa e responsabilização pelos casos que não apresentam uma resolutividade de acordo com a demanda das instituições e do judiciário. O sobretrabalho e a sobreimplicação se fazem presentes na realidade de quem trabalha em serviços de acolhimento institucional.

Acompanhar casos tão complexos como o de Maria e seus filhos requer múltiplos olhares e interface com vários equipamentos da rede para a construção de intervenções que sejam pertinentes. É um trabalho que não depende apenas de uma pessoa e que necessita de articulação entre profissionais e serviços que nem sempre é possível acontecer. Tal complexidade aliada ao número de situações acompanhadas ocasiona, muitas vezes, sentimento de impotência nos trabalhadores. O trabalho em rede deve ser percebido para além do simples ato de referência-contrarreferência, sendo necessário que seja problematizada a constituição desse trabalho e como é possível a invenção de outras possibilidades de intervenção.

Uma das ferramentas de trabalho no acolhimento institucional é o Plano Individual de Atendimento (PIA), documento a ser preenchido pelos profissionais do serviço com o objetivo de constituir o planejamento que está sendo realizado. Além disso, intenciona promover o retorno para a família ou o encaminhamento para família substituta e/ou adoção. Na maioria dos casos com os quais tivemos contato, a colocação em família substituta não era uma questão, pois se tratavam de crianças e adolescentes com vínculos familiares presentes. E como o processo de retorno à família não é algo que se consiga viabilizar com agilidade, a maioria dos usuários acaba ficando mais de dois anos no acolhimento institucional. Quanto maior for o tempo de institucionalização menor é a possibilidade de retorno à família, pois acarreta fragilização dos vínculos; assim, faz-se necessário trabalho de fortalecimento destes e a constituição de uma rede de acompanhamento do caso.

Enquanto prática discursiva, as políticas públicas produzem sujeitos, constituindo uma série de prescrições quanto ao que se encontra na norma ou não, produzindo uma série de rotulações, enfim, constituindo-se como um roteiro sobre modos de ser sujeito. Além da acusação de negligência e maus-tratos, recai em mulheres como Maria e seus filhos o fato de estarem em condições econômicas precárias. Maria, como muitos homens e mulheres no país, não tem trabalho formal; são pessoas que vivem de trabalhos temporários ou com vínculos precários. Os técnicos das instituições de acolhimento institucional e operadores do Direito envolvidos muitas vezes prescrevem uma série de condutas para os usuários dos serviços e principalmente suas famílias, por exemplo: ter uma casa decente, emprego fixo, disponibilidade para ir às reuniões da escola, horário de trabalho compatível com os horários da escola dos filhos. É preciso se ater ao processo de produção de individualização e culpabilização das famílias e dos sujeitos envolvidos em situações de acolhimento institucional, pois muitas vezes a situação que ocasionou o encaminhamento não é vista em toda a sua complexidade, mas apenas como um problema individual dos envolvidos. Nascimento (2012) irá afirmar que o que pode parecer óbvio – nenhuma criança será retirada de sua família por pobreza – precisou ser regulamentado juridicamente, já que ao longo da história brasileira da proteção à infância tal procedimento esteve sempre presente.

Na vigência do Código de Menores foi se naturalizando uma lógica bastante conhecida, mas que ganha força: é preferível a institucionalização de crianças e adolescentes pobres à permanência em suas famílias. Esta lógica ainda é bastante representativa, pois encontramos famílias que solicitam o acolhimento de seus adolescentes e crianças por entenderem que o abrigo é um lugar melhor que sua casa e onde terão oportunidades que, em seu imaginário, não serão possíveis se ficarem com a família. Forma de pensar não só encontrada entre as famílias, mas também entre trabalhadores dos serviços hoje, que por vezes solicitam a retirada da família por motivo de não frequentar a escola, por exemplo. Assim se estabelece uma forte associação entre proteção e governo de condutas, e os motivos que levam ao acolhimento variam entre os mais diversos comportamentos ditos de risco, como por exemplo: adolescentes que deixam de ir à escola, mães que passam o dia na rua trabalhando e não conseguem cumprir com o que lhes é demandado pelos serviços, mau comportamento de criança ou adolescente, suspeita de uso de substância psicoativa, contato com usuário de drogas etc.

Quanto ao governo de condutas, o abrigo institucional, modalidade de serviço do SUAS (2004) e instruído a partir das *Orientações técnicas: Serviços de acolhimento* (2009), vem herdar o papel das grandes instituições totais, como a antiga Febem. Quando a criança ou adolescente necessita ser encaminhado para a medida de proteção em acolhimento institucional, passa a responder por outra categoria: o(a) acolhido(a) deve se comportar conforme o que estabelece a instituição. Se fugirem à regra colocada no cotidiano da instituição, um arsenal de ferramentas é utilizado: consultas psiquiátricas, psicólogo, remédio psiquiátrico, reforço escolar, psicopedagoga, neurologista, missa etc. São lançados mão de uma série de ações e dispositivos com o objetivo de tornar o sujeito mais dócil; assim eles precisam se encaixar ao que é proposto nesse novo espaço de convivência. Para a mãe (pois na maioria dos casos é esta figura que permanece quando há o acolhimento) a demanda é outra: "precisa ter carteira assinada, casa adequada e fazer o tratamento de saúde", assim decreta o juiz.

A proteção, no caso da criança e do adolescente, costuma operar através do conceito de tutela, onde supostamente um terceiro sabe o que é melhor para o sujeito e sua família. Proteção é uma referência a uma formação política pautada em modelos hegemônicos, a uma sociedade "cientificamente planejada" (NASCIMEN-TO & SCHEINVAR, 2005). Cada movimento, cada comportamento é enquadrado em padrões tecnicamente regulados.

Situando o abrigo institucional como parte da governamentalidade, de controle das condutas, pode-se analisar as relações de poder que se inserem na prática de conduzir crianças e adolescentes pobres para esses locais, com procedimentos e argumentos próprios. Essa prática se fortalece não somente vinculando-se à Justiça e à Medicina, mas também a outras disciplinas, como a Psiquiatria, a Psicologia e a Pedagogia. No contexto da experiência aqui considerada, a criança é encaminhada com o objetivo de ser protegida, constituindo-se, ao mesmo tempo, em um "caso" para a assistência, para a saúde, para os especialistas do abrigo e da rede de serviços de atendimento. Tanto é considerado um caso, que sua vida vira um número, sua história será contada em alguns prontuários espalhados em diferentes serviços que são responsáveis por acompanhar tal caso. Não importa para qual abrigo na cidade "o caso" será encaminhado; relevante é que seja acolhido. Assim, muitos acolhimentos acontecem em instituições longe do território em que a família mora, já que são "mais casos" do que vagas. Revendo as situações com as quais tivemos contato, podemos destacar que o acolhimento subjetiva e confirma possibilidades de vida para determinados sujeitos e possibilitam o controle da população por meio da família, pois esta será colocada em questão frente ao processo que se abre quanto à qualidade dos vínculos que estabelece.

O diagnóstico psiquiátrico: Surtos adolescentes

Voltando à nossa história, a filha de 15 anos de Maria envolve-se em brigas recorrentes no abrigo com outros adolescentes (por causa de namorados, "ficantes", dinheiro, mentiras, intrigas). Quando contrariada, agride e ameaça se agredir (em um episódio quebrou os vidros de uma janela). Os educadores receiam que a mesma coloque sua vida em risco e questionam a equipe técnica quanto à necessidade de encaminhamento para consulta psiquiátrica e uso de medicação psicotrópica. Em reunião de equipe chegou-se a cogitar o encaminhamento para Serviço de Emergência Psiquiátrica. Tenta-se questionar o sentido do uso da medicação em casos como esse, já que a maioria dos adolescentes não apresenta nenhum indício que pudesse justificar tal procedimento. São comportamentos que passam a ser tratados como possíveis sintomas e possibilidade de uma doença psiquiátrica. Podemos dizer que, no cotidiano da instituição, o psicólogo é questionado quanto à necessidade de encaminhamento para atendimento psiquiátrico e atendimento psicológico. No serviço de acolhimento institucional, o psicólogo terá que lidar com a pressão e o questionamento quanto à realização de encaminhamento de crianças ou adolescentes para atendimento psiquiátrico e psicológico, assim como para a avaliação quanto à internação psiquiátrica, quando do aparecimento de comportamentos e condutas ditas como desviantes, como por exemplo, agressividade. A maioria dos sujeitos em acolhimento institucional com os quais tivemos contato fazia uso de alguma medicação psicotrópica e realizava atendimento psicológico. E com estes atendimentos e encaminhamentos, o sujeito acaba por receber uma hipótese diagnóstica ou diagnóstico, uma nova denominação para seus comportamentos. Birra passa a se chamar transtorno opositor, mau comportamento e agressividade são nomeados como transtorno de conduta, agitação e energia poderão ganhar o nome de TDHA. Assim, uma série de comportamentos que aparecem no cotidiano passam a ser diagnosticados como patológicos e, assim, passíveis de correção e tratamento.

Na instituição todos os comportamentos que se expressam em outras intensidades que não as consideradas aceitáveis correm o risco de serem enquadrados como surto. É muito comum ouvir ou ler nos livros de registros (ainda chamados de Livro de Ocorrência) que alguém surtou (independentemente da idade do sujeito e das condições de saúde do mesmo). Os pedidos para encaminhamentos para atendimento psiquiátrico tendem a começar cedo na vida de quem está em acolhimento institucional. Seja por que o bebê é filho de uma mãe usuária de drogas, seja uma criança agitada ou ainda um adolescente que altera a voz, frequentemente, quando contrariado. Há o anseio para que as condutas sejam enquadradas e, por consequência, medicadas. Não basta ser alvo de acolhimento institucional, inserido neste dispositivo; o adolescente (principalmente) sofre outros enquadres na busca de um maior controle enquanto população-adolescente. A medicalização da população infantil e adolescente é evento recorrente não apenas no contexto do acolhimento institucional, o que nos faz questionar quanto ao que estamos produzindo de práticas de cuidado para essas parcelas da população.

Quanto à adolescência em um abrigo, percebe-se a necessidade de se normatizar determinados comportamentos. Há uma demanda por parte da instituição de um diagnóstico para aquele que se encontra sob seus cuidados. O transtorno de conduta impera como diagnóstico mais evidente (na falta de evidências de sintomas que possibilitariam outros enquadramentos). Assim, constrói-se uma associação entre adolescência e doença psiquiátrica bastante forte, colocando a demanda e solução na ótica do indivíduo, e para o adolescente resta o acompanhamento de médico psiquiatra. Para muitos a primeira internação é um rito de passagem (assim como festa de quinze anos, p. ex.). No abrigo, alcança-se um novo *status* (alvo de olhares por parte dos adultos) quando se é encaminhado para a internação psiquiátrica. Quando o indivíduo voltar da internação terá histórias para contar. Poderá se incluir no grupo dos adolescentes (que na sua maioria já passaram por pelo menos uma internação).

A partir dos fundamentos oferecidos pelos saberes psi, presenciamos a proliferação de discursos que recaem ora sobre o psiquismo, ora sobre a constituição genética ou neurológica e ora sobre o social (REIS; GUARESCHI & CARVALHO, 2014). Os autores apontam que práticas legitimadas como científicas e supostamente neutras acabam por psicologizar e naturalizar formas de ser e estar no mundo como desviantes e necessitadas de tratamento. Muito cedo se começa a falar de diagnósticos, recaindo-se sob uma individualização e psiquiatrização do cotidiano.

Podemos compreender o encaminhamento de crianças e adolescentes para um abrigo como uma forma de garantir sua segurança, mas também podemos entendê-lo como uma forma de garantir a segurança da sociedade. Essa prática de conduzi-los não se restringe apenas ao encaminhamento em si para o abrigo, mas a uma gestão das formas de permanência e circulação no mesmo.

Por exemplo, usa-se a estratégia de convencimento para fazê-los permanecer no abrigo, sob o argumento de que este será um local bom onde serão acolhidos e atendidos, devendo apenas seguir as regras do abrigo para que isso aconteça (SANTOS & BOUCINHA, 2011). Para seguir no abrigo deve-se, muitas vezes, renunciar à possibilidade de vida, pois se enquadrar irá cobrar um preço alto em termos de saúde mental. Para além do uso da internação, podemos perceber uma grande utilização de medicações psicotrópicas como objetivo para fazer valer o que é demandado para o sujeito.

Pelo menos no Brasil a patologização da infância, desde o seu princípio, contava com um discurso canalizado para a pobreza (GUARESCHI et al., 2015). Segundo Silva et al. (2008), desde a fundação do Hospital Psiquiátrico São Pedro, em 1871, é possível notar determinadas características na população de internos: o patológico estava associado a caracterizações como, por exemplo, de classe, de conduta, ou mesmo de necessidade de um local que abrigasse esses indivíduos tidos como indesejáveis.

A demanda por um diagnóstico é recorrente e reafirmado por outras instâncias como a educação, a saúde e a própria justiça. São frequentes os pedidos das escolas quanto à definição de um diagnóstico para a criança ou adolescente, ou mesmo a demanda por atendimento psiquiátrico. A medicação é uma forma rápida e que responde à urgência do que supostamente se coloca. O corpo é uma realidade biopolítica. A medicina é uma estratégia biopolítica, perdendo o paciente o direito sobre o seu próprio corpo e assim sobre a sua vida ou sua morte. E desse modo, na interface entre cuidados estabelecidos entre assistência social, saúde e educação estabelece-se uma relação perigosa, onde se associam proteção e punição.

Proteção = punição: A internação psiquiátrica

Seguindo nossa narrativa pelo acolhimento institucional, chegamos a um ponto crítico na história de quem é colocado nessa modalidade de serviço: a adolescência e a internação psiquiátrica. Em nome da doutrina da proteção integral, corremos o risco de não escutar o sujeito, perdendo assim o próprio sentido de proteger. Será que para fazer valer a proteção integral não violamos direitos? E o que o adolescente quer? Ele não tem direito a desejar? Essas são algumas perguntas que sempre permearam a construção deste trabalho. Perguntas que nem sempre se pode fazer abertamente no cotidiano das instituições. Com a adolescência, os comportamentos interpretados como "desviantes" são passíveis de mecanismos de controle através da internação psiquiátrica, que mais do que medida de tratamento em muitos momentos alcança o *status* de medida de segurança. Se experimentar alguma substância ilícita, muito provavelmente será encaminhado para atendimento psiquiátrico para avaliação e possivelmente acabará em uma internação psiquiátrica, muitas vezes sob o pretexto de estar se colocando em risco. Em outras situações, a equipe técnica da instituição é consultada quanto à pertinência ou não da internação (não significando que necessariamente sua posição irá ser bem recebida), mas a grande maioria dos episódios se passa nos finais de semana ou fora do turno de trabalho do técnico. Não só a "suspeita" de uso de drogas é motivo para internação psiquiátrica; os conflitos do dia a dia também podem culminar nesta medida, brigas e agressões são situações que podem levar o adolescente para avaliação em emergência psiquiátrica. Os próprios acolhidos provocam situações no cotidiano para que sejam retirados do convívio do dia a dia, afirmando que estão com vontade de se matar, que querem matar alguém etc., pois uma maneira de sair do abrigo (ao menos por um tempo) é mediante internação psiquiátrica; outra alternativa a ser considerada pelo adolescente é a fuga do abrigo (as chamadas "evasões"). Podemos perceber que proteção e punição se misturam facilmente, ficando difícil para o profissional de saúde mental, muitas vezes, problematizar esse processo instituído nos serviços. O papel do psicólogo passa a ser de fomentar nos jovens novas possibilidades de vida nesse ambiente, às vezes até trabalhando com o mesmo e com o estabelecimento quanto a outras formas de lidar com essa proteção institucional, como, por exemplo, dando novos sentidos para os episódios de fuga dos adolescentes. Ao desvelar o sentido que a fuga do abrigo tem para o jovem, pode-se analisar com este jovem o local para onde foi ou com quem esteve durante a evasão. A intervenção pode ser problematizada quanto ao aumento do controle em relação à vida dos adolescentes, mas quando nos propomos a trabalhar em serviços como o abrigo institucional, é preciso colocar em questão constantemente o lugar do controle no trabalho com a doutrina da proteção integral.

Em nome da proteção integral, não raras vezes recorre-se a medidas extremas como a internação psiquiátrica, mesmo não sendo esta a alternativa mais adequada para a situação de oportunizar cuidado com o sujeito em questão. A criação do ECA coloca o Estado como figura central na ação em prol da proteção dessas crianças e adolescentes – nesse caso, em nome de crianças e adolescentes que estão vulneráveis ou não têm acesso a determinados serviços e atendimentos (REIS; GUARESCHI & CARVALHO, 2014). Ao mesmo tempo em que o ECA se constitui como uma ferramenta de garantia de direitos, é por meio dele que se articulam mecanismos de governo que operam politicamente sobre essa parcela de crianças e adolescentes pobres, economicamente desassistidos. Para se pensar a solicitação de internação compulsória ou encaminhamento para comunidade terapêutica, os documentos que balizam tal medida se utilizam da descrição e da exaltação do comportamento e da conduta dos adolescentes para embasar suas justificativas, como, por exemplo: "eles criam situações de conflito, não obedecem às regras, não obedecem às determinações médicas e têm suspeita de uso de drogas, se colocam em risco". Mesmo sendo um pedido de avaliação, a ordem judicial tem uma característica de medida de segurança (GUARESCHI et al., 2015). No ambiente do abrigo institucional, muito do que ocorre com as famílias que têm seus filhos encaminhados para o serviço é repetido: recorre-se à internação psiquiátrica, na maioria das vezes, como alternativa principal para dar conta dos comportamentos do sujeito. Quando técnicos se propõem a estratégias que diferem dessa via, são duramente questionados quanto à viabilidade e o nível de resolutividade das mesmas.

Reis, Guareschi e Carvalho (2014) apontam para a inversão das práticas protetivas em punitivas quando passam a analisar os pedidos de internação psiquiátrica via judicial para adolescentes. Reis (2012) afirma que a internação psiquiátrica aparece como um mecanismo utilizado para dar conta da "ordem pública" e de uma organização e higienização da pobreza: temos um histórico de crianças e adolescentes internados não por apresentarem doença mental, mas por distúrbios de comportamento. O que se percebe, na prática, é que a internação psiquiátrica tem servido para dar conta da falta de serviços de atenção primária ou de promoção de saúde no campo do uso de drogas. Em nome da proteção integral dos adolescentes, corremos o risco de criminalizar e medicalizar comportamentos. No encontro com o intolerável, tendemos a responder com medidas de segurança, e a proteção passa a ser associada à punição. O encaminhamento para o serviço de emergência psiquiátrica pode ser utilizado como ameaça quando há mau comportamento. Assim como no imaginário social, no abrigo as condutas dos adolescentes, quando avaliadas "fora do normal", são submetidas aos aparatos que deveriam ser utilizados apenas como medida de proteção. Como já exposto, o uso de drogas é uma das condutas que mais leva à utilização do recurso da internação psiquiátrica. Havendo a suspeita de que o jovem está fazendo uso de alguma substância psicoativa, o mesmo é enviado para atendimento (caso ainda não esteja) e se não responde ao paradigma da abstinência, é encaminhado para internação psiquiátrica. Ainda é muito complicado discutir a política de drogas quando estamos trabalhando com população adolescente. O paradigma da redução de danos ainda é distante em relação a crianças e adolescentes. Como poderíamos constituir uma política de redução de danos em cenários como o acolhimento institucional?

Sob a justificativa bem-intencionada da proteção ou da prevenção, individualizam-se os desvios de norma, produzindo-se pequenas e grandes variações do deixar morrer. Aliada a essa lógica encontra-se também a da judicialização, que tem como funcionamento a produção massiva de discursos e práticas punitivas e criminalizantes, produzindo, como já apontado por Foucault (2002), os racismos de Estado, os quais podem se manifestar de várias formas, não relacionado apenas à morte física, mas também à morte indireta, à eliminação do que é diferença (SOUZA & GALLO, 2002).

184

Marias e tantas outras... O acolhimento institucional e a configuração de vidas

Maria reclama para os técnicos do serviço de acolhimento que em sua vila há outras mães com problemas e que seus filhos continuam com elas. Sofre porque o juiz "escolheu" seus filhos para mandar para o abrigo, reclama que alguns conseguem escapar do abrigo, e assim viver sua vida sem dar "satisfação"; coloca na figura do juiz a solução para seu problema. Seus filhos (assim como a maioria das crianças e adolescentes que acompanhamos) falam do acolhimento como castigo e afirmam que não veem a hora do juiz libertá-los. Apesar do foco nas famílias como ferramenta de controle e governo da população, não falamos mais em desestrutura ou desorganização, mas sim de vínculos e suas qualidades. Enquanto trabalhadora do SUAS, o imperativo é o fortalecimento de vínculos e o retorno à convivência familiar e comunitária (BRASIL, 2004; 2009). Mas quando surgem os pedidos de avaliação dos casos atendidos, somos convocados a responder se há ou não vínculo entre os sujeitos, e muitos profissionais ainda sucumbem a responder demandas como essa. Rodrigues, Guareschi e Cruz (2013) afirmam que a expressão "vínculos familiares e comunitários" se encontra em todos os documentos, ora focando na necessidade de seu fortalecimento ora na sua reconstrução. As autoras citadas afirmam que já se partem do pressuposto de que eles se encontram fragilizados, inadequados ou fora de uma ordem esperada. Percorremos uma linha muito tênue, podendo a qualquer momento cair na armadilha do julgamento moral.

No abrigo, a vida de crianças e adolescentes necessita seguir as prescrições para uma infância dita saudável/normal: ir ao médico, ao psiquiatra, ao psicólogo, aderir à psicoterapia, tomar medicação psicotrópica, se adequar a ir à escola, ser feliz, não sofrer. Algumas crianças e muitos adolescentes resistem às formas de subjetivação e cuidado que o acolhimento institucional proporciona. Ainda há a fantasia de que o mesmo deve suprir todas as necessidades do sujeito, o que em muitos momentos produz um distanciamento entre o abrigo e a vida real.

Crianças e adolescentes moram em pequenas casas, mas que funcionam ainda com muitos cheiros, cores e moldes das instituições totais. Serviços que ainda prezam pelo excesso de regras, autoritarismo, controle rígido de horários e rotina, enfim, um controle que passa pela disciplina do indivíduo. Para avançar no campo da Assistência Social no que tange à humanização do atendimento na alta complexidade, precisaríamos colocar em prática o acolhimento como nos termos em que a política de saúde o vem construindo e permitir-se entender os sujeitos realmente como sujeitos de direitos, compreendendo seu processo de vulnerabilidade para além das características individuais. A alta complexidade é um longo caminho a ser percorrido para podermos pensar de fato uma política que privilegie os direitos dos usuários, primando pela dignidade e busca da autonomia dos sujeitos para, assim, podermos pensar em acolhimento como cuidado e possibilidade de afeto. Há, enfim, um grande trajeto a se percorrer no entendimento do que se constitui enquanto incompletude institucional.

As questões aqui levantadas não visam moralizar e apontar a prática do acolhimento institucional como um erro ou algo ruim. Haverá situações em que acolher se fará necessário para que as necessidades da família e da criança/adolescente sejam atendidas, cessando a violação de direitos que ocasionou o acolhimento, ou ainda quando não há quem cuide da criança ou adolescente. Contudo, torna-se imperioso problematizar o oferecimento desse serviço, bem como as estratégias de cuidado dos serviços de acolhimento para crianças e adolescentes. Acompanhar famílias como a de Maria coloca o desafio para os trabalhadores de reinventarem suas práticas e o cotidiano dos serviços, buscando a oferta de acompanhamentos mais éticos em relação ao modo de vida do usuário em questão. Repensar o acolhimento de crianças e adolescentes se faz necessário, com a prudência de não produzirmos mais individualização de responsabilidades quanto ao que é gerado nos cotidianos dos serviços.

Referências

BRASIL. *Orientações técnicas: Serviços de acolhimento para crianças e adolescentes.* Brasília: Ministério do Desenvolvimento Social e Combate à Fome/Conselho Nacional dos Direitos da Criança e do Adolescente, 2009.

_____. *Política Nacional de Assistência Social*. Brasília: Ministério do Desenvolvimento Social e Combate à Fome/Secretaria Nacional de Assistência Social, 2004 [Disponível em: <http://www.mds.gov.br/assistenciasocial/arquivo/Politica%20Nacional%20de%20Assistencia%20Social%202013%20PNAS%202004%20e%202013%20NOB Suassem%20marca.pdf/view> acesso em 24/04/2011].

_____. *Lei n. 8.742, de 07 de dezembro de 1993 – Lei Orgânica da Assistência Social (LOAS)*. Brasília, 1993 [Disponível em: <http://www010. dataprev.gov.br/sislex/paginas/42/1993/8742.htm> acesso em: 28/01/2012].

_____. *Lei n. 8.069 – Estatuto da Criança e do Adolescente*. Brasília: Presidência da República/Diário Oficial da República Federativa do Brasil, 13 de julho de 1990 [Disponível em: <http://www.planalto.gov.br/ccivil_03/leis/L8069.htm> acesso em 20/03/2012].

_____. *Constituição da República Federativa do Brasil*. Brasília: Presidência da República, 5 de outubro de 1988 [Disponível em:<http://www.planalto.gov.br/ccivil_03/constituicao/constituicaocompilado.htm> acesso em 20/03/2014].

FOUCAULT, M. A vida dos homens infames. In: MOTTA, M.B. (org.). *Ditos e escritos IV*: Estratégia, poder-saber. 3. ed. Rio de Janeiro: Forense Universitária, 2015, p. 199-217.

_____. *Em defesa da sociedade*. São Paulo: Martins Fontes, 2002.

GUARESCHI, N.M.F.; ECKER, D.D.; SOUZA, F.M. & GALARÇA, L.G. Justiça e saúde mental: Internação, tratamento e alta de adolescentes usuários de drogas. In: SCISLESKI, A.C.C. & GUARESCHI, N.M.F. (orgs.). *Juventude, marginalidade social e direitos humanos*: Da psicologia às políticas públicas. Porto Alegre: EdPUCRS, 2015, p. 131-150.

NASCIMENTO, M.L. Abrigo, pobreza e negligência: Percursos de judicialização. *Psicologia & Sociedade*, São Paulo, v. 24, n. esp., 2012, p. 39-44.

NASCIMENTO, M.L. & SCHEINVAR, E. Infância: Discursos de proteção, práticas de exclusão. *Estudos e Pesquisas em Psicologia*, Rio de Janeiro, ano 5, n. 2, 2005, p. 51-66.

OLIVEIRA, C.F.B. & BRITO, L.M.T. Judicialização da vida na contemporaneidade. *Psicologia: Ciência e Profissão*, v. 33, 2013, p. 78-89.

REIS, C. *(Falência familiar) + (Uso de drogas) = Risco e periculosidade – A naturalização jurídica e psicológica de jovens com medida de internação compulsória*. Porto Alegre: UFGRS/Programa de Pós-Graduação em Psicologia Social e Institucional, 2012 [Dissertação de Mestrado].

REIS, C.; GUARESCHI, N.M.F. & CARVALHO, S. Sobre jovens drogaditos: As histórias de ninguém. *Psicologia & Sociedade*, v. 26, n. esp., 2014, p. 68-78.

RODRIGUES, L; GUARESCHI, N.M.F. & CRUZ, L.R. A centralidade do vínculo familiar e comunitário nas políticas públicas de assistência social. In: CRUZ, L.R.; RODRIGUES, L. & GUARESCHI, N.M.F. (orgs.). *Interlocuções entre a Psicologia e a Política Nacional de Assistência Social.* Santa Cruz do Sul: Edunisc, 2013, p. 11-22.

SANTOS, N.I.S. & BOUCINHA, I. A experiência de morar em abrigos. *Gerais: Revista Interinstitucional de Psicologia*, v. 4, n. 1, 2011, p. 36-49.

SILVA, R.N.; HARTMANN, S.; SCISLESKI, A.C.C. & PIRES, M.L. As patologias nos modos de ser criança e adolescente: Análise das internações no Hospital Psiquiátrico São Pedro entre 1884 e 1937. *Revista Psico*, v. 39, n. 4, 2008, p. 448-455.

SOUZA, R.M. & GALLO, S. Por que matamos o barbeiro? Reflexões preliminares sobre a paradoxal exclusão do outro. *Educação & Sociedade*, v. 79, 2002, p. 39-63.

VULNERABILIDADE E ACESSO

Espaços de resistência e negociações nas políticas sociais

Camilla Fernandes Marques

Anita Guazzelli Bernardes

Priscilla Lorenzini Fernandes de Oliveira

Este capítulo discute sobre práticas cotidianas no campo das políticas sociais. Objetiva pensar a relação entre o acesso às políticas sociais e a vulnerabilidade. Tal foco circunscreve-se no campo das políticas sociais, a partir de articulações entre saúde e assistência, para pensar certos modos de negociação com as formas de condução de condutas. Trata-se de percorrer um caminho no qual conjuntos de acontecimentos se conectam e formam certas modalidades de subjetivação. A partir desse escopo, problematizar as políticas sociais requer algo mais do que análise/discussão de documentos oficiais; torna-se necessário amarrar histórias múltiplas, forjadas em fragmentos, indícios e vestígios do cotidiano.

Assim, este capítulo faz parte de uma pesquisa sobre as formas de acesso às políticas sociais e envolve dois estudos que marcam itinerários nos espaços da cidade, seja pela assistência social seja pela saúde. O que interessa neste texto é abordar o modo como a relação entre acesso e vulnerabilidade vai se constituindo quando entram em jogo diferentes modalidades de subjetividade, que passam a negociar com os regimes de veridicção que sustentam certas políticas sociais. Essa relação entre acesso e vulnerabilidade performa borramentos de fronteiras na saúde e assistência quando aproxima a política social do assistencialismo. Há, nesse sentido, um modo de produção da vulnerabilidade em que tanto saúde quanto assistência social passam a operar como marcas assistencialistas e, ao mesmo tempo, como marcas de certo não assujeitamento ao próprio assistencialismo.

A proposta deste capítulo é apresentar alguns eventos que permitem colocar em análise aquilo que as políticas sociais produzem quando elementos outros passam a operar dentro do campo de intervenções e regulações. Isso implica operar com uma lógica de focos de experiência em que se articulam regiões de visibilidade com campos de enunciabilidade, normativas de comportamento e subjetividades possíveis (FOUCAULT, 2010). Considera-se, assim, não apenas como a política recai sobre os modos de condução das condutas, mas como certas condutas negociam com os próprios regimes de verdade que as governam. Trata-se de um percurso de compreensão não como explicação unívoca, com um sentido por detrás do que foi dito ou interpretações, mas tomando as políticas sociais como práticas a partir da perspectiva de Foucault (2009), de maneira que a investigação de um conjunto de enunciados possa ser pensada por meio de quais seriam suas condições de existência. Problematiza-se assim as formas singulares dos acontecimentos em um espaço-tempo.

Para isso, o conceito de vulnerabilidade será discutido a partir de algumas experiências que se produzem nos espaços da cidade, sobretudo aquelas que saem de uma região de opacidade pelos contatos com as formas de regulação e condução de condutas. Em razão disso, o conceito de vulnerabilidade torna-se um dos fios condutores de nossos itinerários de pesquisa e permite-nos certos percursos em grades de inteligibilidade e relações de poder das políticas sociais. É por meio dele, também, que nos avizinhamos de outros conceitos, como o de práticas de negociação. Além disso, o conceito de vulnerabilidade possibilita-nos uma trajetória em que diferentes políticas se cruzam e muitas vezes borram suas fronteiras, seja pela necessidade da intersetorialidade ou da própria condição na qual o acesso se amalgama com assistencialismo, seja em que política for. Poderíamos elencar diversos autores que explicariam a origem do conceito de vulnerabilidade e seus desmembramentos, mas nosso objetivo é discutir o campo das políticas sociais a partir do rastreio de pistas do assistencialismo que permitem a compreensão de modalidades de subjetivação. Desse modo, os conceitos constituem-se como ferramentas que tomam forma no próprio processo de pesquisar, ou seja, também são eles eventos que permitem a compreensão de processos sociais.

Inicialmente, será apresentado o primeiro fragmento, com uma população em condição de rua; no segundo momento, será discutido outro fragmento, sobre uma pessoa que vai para a rua. Com esses dois percursos, aproximaremos a noção de acesso aos bens sociais e à vulnerabilidade. Nosso objetivo é deslocar a vulnerabilidade de um "conceito" e trabalhá-la como um dispositivo que permite e produz certas práticas. Um caminho que se faz a partir das formas de verdade sobre a existência desses sujeitos, por meio da relação de saber-poder que se institui e que regula essas vidas para as figuras de vulnerável que se constituem para cada grupo e sujeito atendido, sendo que as ações voltadas para cada um desses sujeitos são pensadas no que tange à apresentação de certa vulnerabilidade.

Primeiro fragmento: Indícios do acesso aos bens materiais

O primeiro fragmento de pesquisa[45] se faz com a população em condição de rua que transita por uma das praças de Campo Grande (MS). É um fragmento resultante de encontros com essa população. Esses encontros são feitos em espaços onde a população de rua se localiza durante o dia. Os encontros com os sujeitos são quinzenais, sendo que alguns moradores são fixos no grupo, enquanto outros são flutuantes devido aos seus próprios percursos pela cidade. Os encontros são formas de rastreio pelas quais vão aparecendo indícios que nos possibilitam pensar as políticas públicas, o acesso a elas, as formas de vida que se forjam por meio das relações cotidianas perpassadas por saberes legitimados e locais.

---

45. Trata-se de uma escrita compartilhada com fragmentos de pesquisa de projetos de mestrado e doutorado desenvolvidos sob a orientação da Professora Drª Anita Guazzelli Bernardes na Universidade Católica Dom Bosco, na cidade de Campo Grande (MS).

Descrevemos, então, um dos vestígios que compõem uma das pesquisas: um dos moradores que participam com frequência do grupo, um senhor de 67 anos, que vinha há semanas reclamando que precisava de óculos, alegou que havia perdido os anteriores e que não enxergava direito. Já havia feito o exame com o oftalmologista, e o consultório de rua havia pegado a receita para aviar os óculos. Relatava que o consultório de rua havia falado que traria os óculos, mas que ele não acreditava que o fariam porque estava cansado de esperar. Passaram-se uns dois meses e nada de os óculos chegarem; em todos os encontros, ele pedia óculos e praguejava contra o consultório de rua que havia levado sua receita. Perto do Natal, os óculos foram entregues ao respectivo morador, e este mostrou os óculos novos, que curiosamente estavam guardados e não em seu rosto, como era de se esperar. No retorno em janeiro, foi perguntado sobre os óculos, e ele relatou que os havia perdido. Perguntou-se, então, quando perdeu, e, após um silêncio, ele diz: "Olha, na verdade eu quebrei. Aqueles óculos eram grandes e feios, não combinavam com o meu rosto. Esse povo vem aqui e traz aquilo lá. Eles tinham que ver o que fica bom no rosto da gente. Eu tinha que experimentar, escolher... Não gostei daquele negócio lá, não".

Nesse fragmento, podemos encontrar indícios do que se conforma como vulnerabilidade. Primeiramente, esse senhor encontra-se em uma situação de rua, o que tem como efeito uma precariedade e privação de acesso a bens materiais e sociais, como a moradia e o trabalho formal. Articulado a isso, como parte da política de saúde, constitui-se o consultório de rua. Como tal, o consultório de rua entra na esteira das ações organizadas em razão de uma governamentalidade. A governamentalidade (FOUCAULT, 1979, 2008) focaliza diferentes níveis de realidade, especialmente aqueles que se fazem por meio dos modos de circulação da população. O foco da governamentalidade no que tange à população são os modos de viver. A regulação dos modos de viver tanto se faz por um investimento na vida quanto por um desinvestimento no fazer viver. Essa bifurcação da governamentalidade permite ao mesmo tempo incluir e excluir. O consultório de rua torna-se possível justamente nesse jogo da inclusão/exclusão quando articulado a outras estratégias. Há assim uma condição para a intersetorialidade – seja pela assistência ou pela saúde em razão da precariedade dessas vidas – que a visibilidade que se produz pelo consultório de rua torna possível. O consultório de rua, como estratégia de inclusão, na medida em que aproxima o sujeito de uma política social, só é possível em razão de um mecanismo de exclusão: a própria condição de ser população de rua, portanto, um sujeito vulnerabilizado pelo não acesso. Como se trata de uma estratégia da governamentalidade, o objetivo não é mitigar a problemática da população de rua por meio da diminuição das inequidades sociais, mas regular a vida nas ruas mediante certos modos de controle do acesso dessa população ao direito. Esse controle se faz tanto pelos protocolos que se seguem quanto pela aproximação com práticas assistencialistas. É pelo controle da circulação e regulação dessa população que a vulnerabilidade toma forma e se forja o sujeito vulnerável.

Essa forma de regulação em que óculos são dados a um sujeito indica uma trajetória por uma linha de acesso a bens sociais e materiais na qual a vulnerabilidade se faz como fio condutor. A forma de escolha dos óculos, a apropriação de documentos, dados e exames indicam um controle em que o outro se faz vulnerável não apenas pela precariedade do acesso, mas como sujeito capaz de conduzir a si mesmo. O acesso aos óculos se dá por uma zona de indiscernibilidade entre o governo do outro e o governo de si mesmo. Essa opacidade que assume a fronteira entre a política e o sujeito, por meio da vulnerabilidade, opera-se quando um direito é subsumido por um assistencialismo possível pela figura do vulnerável.

Hillesheim e Cruz (2008) fazem uma análise do modo como a vulnerabilidade se faz presente na articulação com a questão da pobreza, que por sua vez também se avizinha do conceito de risco e, por fim, do de perigo. A articulação dessas três dimensões – vulnerabilidade, risco e perigo – não se constitui por uma única linha que seria um disparador de estratégias de governamentalidade no intuito de prevenir um perigo futuro. O avizinhamento dessas três dimensões também segue trajetórias em que, mais do que o risco de uma periculosidade, a pobreza incita a potencialização da tutela. Esta garante ao vulnerável o acesso, mas um acesso que se faz pela condição de uma não existência ou capacidade de governar a própria conduta.

Além disso, há um percurso do acesso em termos de não captura pelos mecanismos de poder, isto porque, ao referirmo-nos ao conceito de poder, estamos descrevendo relações entre homens livres, de ações sobre ações possíveis (FOUCAULT, 2003). Ao quebrar os óculos, aparece um modo de negociação, uma forma de não assujeitamento ao que se opera. Ao quebrar os óculos, esse senhor faz aparecer uma questão – a lógica assistencialista que permeia as ações em políticas públicas voltadas para a população de rua a qual, em razão das vulnerabilidades em que se encontram estas pessoas, devem sujeitar-se ao modo de serem conduzidas. O jogo se faz justamente entre a tutela e o direito no sujeito vulnerável. A tutela se produz pela incapacidade de governar-se do próprio sujeito; o direito constitui-se pela forma como o próprio sujeito, ao sujeitar-se ao direito, negocia com a tutela. Essa figura do vulnerável é tanto do assistencialismo quanto do direito, porém, ao posicionar-se em relação ao direito, o sujeito ilumina o modo como o direito de acesso torna-se um assistencialismo ao acesso.

Essa lógica assistencialista intensifica-se quando, em uma conversa com o consultório de rua, descobriu-se que os óculos em questão foram uma doação do dono de uma ótica, visto que as políticas não preveem o fornecimento de óculos para a população de rua. O enxergar não é tomado como uma necessidade de saúde, o que vem objetivar a precariedade da visão não como uma demanda de saúde desses sujeitos, mas como um problema de pobreza de um sujeito vulnerável, portanto, uma pobreza mais do que um direito. Entende-se então que há uma inclusão desses sujeitos a partir de situações vulneráveis, estratégias que se direcionam à vida dessa população em regiões opacas da cidade. As intervenções direcionadas a essas vidas dão visibilidade a uma relação de inclusão pela exclusão (AGAMBEN, 2010), visto que a vulnerabilidade não será um dispositivo através do qual os sujeitos terão acesso a direitos – tais como a demanda pelos óculos – mas, sim, pelo risco potencial que a vulnerabilidade, associada a pobreza, perigo e criminalidade, indexa a esses sujeitos. Assim o sujeito é incluso em uma política justamente pelo fato de estar fora, isto é, em situação de vulnerabilidade; contudo, essa vulnerabilidade não operacionalizará ações somente para garantia de direitos, mas a perpetuação de uma relação de abandono dessa vida (AGAMBEN, 2010). No entanto, a garantia de direitos, no que diz respeito a mitigar as vulnerabilidades, não permite uma vida qualificada na medida em que, ao mesmo tempo em que são incluídos, também se cessam certas práticas de investimentos. Esse jogo da inclusão pela exclusão coloca a vida da figura do vulnerável em um limiar de um ordenamento de regulamentação, ou seja, de acesso aos direitos. Opera-se assim uma lógica da inclusão pela exclusão (AGAMBEN, 2010) que marca a forma de acesso dessa população à política pública. A inclusão pela exclusão se faz pelo modo de produção do vulnerável a partir da tutela, ou seja, dão-se óculos como estratégia de captura de uma pobreza, mas esta captura não se faz pela regulação do direito – os óculos não estão previstos como necessidade, portanto, não se trata de uma demanda/direito; eles são dados como resposta a uma precariedade da vida vulnerável. Ao afastar-se do direito, o acesso aproxima-se do assistencialismo ao pobre. A inclusão pelo acesso aos óculos é marcada pelo assistencialismo à pobreza. O vulnerável torna-se uma figura que se produz pela exclusão como pobreza e pela inclusão como assistencialismo. Um jogo estratégico para a governamentalidade na medida em que o investimento na vida se faz pelo assujeitamento ao assistencialismo, portanto, à tutela, e não pelo direito/cidadania.

Nesse jogo entre direito, tutela, acesso e negociações, outros elementos aproximam-se para compor certa cartografia do vulnerável nos espaços da cidade. As experiências nos encontros com essa população de rua permitem diminuir a escala de observação não a fim de evidenciar ou justificar uma determinada prática, mas para percorrer um campo justamente como espaços de negociação. A partir das experiências cotidianas com esses sujeitos, pode-se constituir outro olhar em relação ao tempo; a forma como a população de rua experimenta o tempo é diferente, bem como aquilo que acessam na experiência de certa temporalidade. Se a experiência do acesso a bens materiais coloca em análise a própria figura de vulnerável que a política produz, a relação com o tempo também permite seguir rastros que constituem formas de negociação com a vulnerabilidade.

Outro acontecimento, nesse fragmento, diz respeito ao acesso para um dos moradores da praça a um benefício assistencial, já que ele não contribuiu, como trabalhador, para tornar-se um segurado do INSS, o que acarretava um não direito à aposentadoria. É importante dizer que, em um atropelamento, o morador sofreu uma lesão na coluna que, porventura, mediante um laudo, poderia vir a dar acesso ao direito de um benefício assistencial devido à falta de condições de exercer atividade laborativa, ou seja, uma modalidade de aposentadoria por invalidez, conforme prevê o art. 4, incisos II e III do decreto n. 6.214, de 26 de setembro de 2007.

> II – pessoa com deficiência: aquela que tem impedimentos de longo prazo de natureza física, mental, intelectual ou sensorial, os quais, em interação com diversas barreiras, podem obstruir sua participação plena e efetiva na sociedade em igualdade de condições com as demais pessoas (Inciso com redação dada pelo Decreto n. 7.617, de 17/11/2011).
>
> III – incapacidade: fenômeno multidimensional que abrange limitação do desempenho de atividade e restrição da participação, com redução efetiva e acentuada da capacidade de inclusão social em correspondência à interação entre a pessoa com deficiência e seu ambiente físico e social (BRASIL, 2007).

O acesso então se daria via Assistência Social. Nos encontros, esse sujeito sempre pedia que se conseguisse sua aposentadoria, visto que ainda não teria idade e, segundo suas palavras, "o consultório de rua não faz nada, pegaram meus exames e não me dão resposta". Com a finalidade de acompanhar e compreender os procedimentos já realizados para dar condições a esse acesso foi feito contato com o consultório de rua, a fim de apurar os encaminhamentos que estavam sendo dados ao caso, ou seja, como se articulava uma rede de atenção a esse sujeito. A informação que retorna é que o consultório de rua estava há alguns meses tentando levar o sujeito em questão para o exame médico em que poderia adquirir o laudo necessário para dar entrada no pedido do Benefício de Prestação Continuada (BPC); no entanto, havia uma recusa dele em ir às consultas. Por vezes até ia, mas, segundo o consultório, "fugia antes do atendimento".

Ao tentar negociar com o código, o próprio sujeito escapa das estratégias de regulamentação que dariam acesso ao BPC, já que não fica na consulta para acessar o laudo. No entanto, a consulta realizada, os exames solicitados e executados, o laudo atualizado, bem como a renda dentro do perfil estabelecido de até um quarto do salário mínimo e inscrição no Cadastro Único para programas sociais, conforme preveem o Decreto n. 7.617/2011 (BRASIL, 2011) e o Decreto n. 8.805/2016 (BRASIL, 2016a), não garantem a concessão do benefício. Isso porque, de acordo com o art. 16, "a concessão do benefício à pessoa com deficiência ficará sujeita à avaliação da deficiência e do grau de impedimento" (BRASIL, 2011, p. 16), e essa avaliação se constituirá em dois âmbitos, social e médico, conforme estabelecido em seus parágrafos 1º e 2º. A não garantia da concessão supracitada refere-se ao previsto no art. 39, que diz respeito ao que compete ao INSS na operacionalização do Benefício de Prestação Continuada, sendo este o responsável, em conformidade com o inciso III, por "realizar a avaliação médica e social da pessoa com deficiência, de acordo com as normas a serem disciplinadas em atos específicos" (BRASIL, 2007, p. 16).

O que acontece é que na praça a vida tem outro ritmo, mais lento, mais tranquilo; ninguém tem pressa, porque não se tem nenhum outro lugar para ir. Enquanto nos sentamos no banco da praça, o mundo gira rápido ao redor dela – carros passam correndo, pessoas andam com passos apressados, todos ansiosos para sair de ou chegar a algum lugar. Para a população de rua não funciona assim. Eles saem apenas quando querem e não sabem aonde vão chegar; mesmo que saibam, ainda assim, não há pressa. Ao mesmo tempo, buscam sempre atender aos seus desejos imediatamente, comem na hora em que têm fome, em algum lugar que lhes dá comida, ou com os "trocos" que sempre guardam a fim de ir ao mercado. Eles não precisam esperar porque, se querem ir ao banheiro, dormir, conversar com quem e o que for, apenas fazem. Não há sentido em um planejamento, visto que não se sabe o dia de amanhã, e eles se preocupam em satisfazer suas necessidades no agora.

Em razão disso, entra em cena outra forma de relação com o acesso. O acesso ao direito prevê um conjunto de mecanismos que regulam o modo e o tempo em que as necessidades e demandas devem acontecer. Essa regulação do acesso articula a vulnerabilidade – incapacidade para o trabalho ou a não contribuição por meio do trabalho – à forma de funcionamento da política pública. A vulnerabilidade, nesse caso, não se objetiva como uma urgência a ser respondida, mas como uma urgência a ser regulada. E uma das formas de regulação da urgência da vulnerabilidade se dá por meio da regulação da experiência de tempo.

A relação dessas pessoas com o tempo não é linear e cronológica. O que se forja é uma relação de intensidade e descontinuidade com o tempo; portanto, a relação com o sistema de saúde e da assistência não é a mesma para eles, pois operada em uma linearidade com agendamentos, protocolos e burocracias. O que abre para a questão proposta pela população: Se a necessidade do benefício é imediata, por que agendar um procedimento e percorrer protocolos para acessá-lo? Se o desconforto está agora, para que marcar um médico para daqui um mês? Se um remédio qualquer ou até mesmo a bebida tira a dor, para que um tratamento? Assim, a população de rua é usuária frequente das UPAs e quase nunca das UBSs, assim como de assistencialismos e não da assistência. A distância entre a necessidade e a resposta a ela é preenchida pelo jogo que se produz com a vulnerabilidade.

A vulnerabilidade aqui se faz pelas formas de relação com o tempo. Ela não é, dessa maneira, o não acesso, como no caso dos óculos, mas o modo de acessar. O acesso é marcado pelo presente da necessidade, e a necessidade se desfaz com o tempo. Há assim um distanciamento entre um modo de produção da vulnerabilidade no que se refere à política e ao direito de acesso a ela e um modo de produção de vulnerabilidade pelo tempo em que esta se constitui. Nesse jogo, o risco e a periculosidade que marcam as condições de vulnerabilidade e as possibilidades de acessar do sujeito vulnerável encontram-se com as necessidades de um puro presente da vulnerabilidade. A experiência de tempo não é do risco de o tempo passar e de uma situação se agravar, portanto, de um presente que se projeta para um futuro, mas de um tempo de intensidade do acontecimento.

O modo de acesso à assistência indica uma modalidade de condução de si em que as formas de regulação do acesso são colocadas em análise. Há um estranhamento do sujeito frente a um direito que estabelece um modo de organização do acesso e do tempo para acessar. A relação singular estabelecida com o tempo por parte dessa população cria uma condição de possibilidade de resistência e negociação com um código estabelecido, mesmo que isso implique a intensificação das condições de vulnerabilidade. No caso do sujeito em questão, só concorda em ir ao médico quando está com muita dor, e, quando não está, se recusa a sair da praça. O acesso ao benefício, que se daria por meio da consulta, encontra-se com a experiência de tempo que o próprio sujeito faz. A vulnerabilidade constitui-se pelo descompasso desse encontro: o sujeito sabe que tem direito de acesso ao benefício; o serviço cria uma estratégia para começar a aproximá-lo do benefício; porém, como a marca do acesso nessa população é pelo assistencialismo, quando o serviço estabelece uma forma de articulação com o benefício o sujeito a inflexiona, não pela possibilidade de acesso ao benefício, mas pela necessidade de acessar ou não uma consulta médica.

A experiência de tempo descontínuo, pautado na intensidade e não em uma cronologia, faz com que emerjam práticas de negociação mediante o sistema de atendimento da saúde com o qual esse sujeito tenta argumentar. Então, quando concorda em ir ao médico, ele quer ir naquele momento; não faz sentido que o agendamento seja para vários dias depois. Ele também reclama que, chegando lá, precisa esperar até ser atendido – se foi marcado, por que ele deve esperar? Por isso, já foram feitos vários agendamentos de consultas pelo consultório de rua, às quais ele não foi: "Se eles são o consultório para atender a gente, tinham que vir com uma ambulância aqui, com um médico, e atender a gente aqui na rua. Eles são uma farsa".

A experiência de vulnerabilidade se faz não por não acessar, mas pela forma de regulação do acesso que medeia a relação entre vulnerabilidade, necessidades e tempo. Por meio da fala desse morador, é possível considerar os modos de relação entre acesso e vulnerabilidade que se constituem na articulação desses sujeitos com o consultório de rua. A vulnerabilidade indica uma trajetória pela maneira como se construiu o vínculo, visto que os profissionais que estão para criar estratégias de intervenção a fim de possibilitar acesso a melhores condições de vida o fazem em um trabalho forjado em uma perspectiva cronológica de regulação da circulação. No entanto, não é possível prever, antecipar ações diante da constituição de sujeitos que se relacionam de forma imprevisível com o tempo. A recusa em ir ao médico quando chega o dia da consulta ou levantar-se e ir embora devido à demora para ser chamado na UBS são formas de negociação com um regime de verdade que tenta capturar o sujeito para regular sua condução de conduta em determinado espaço e tempo. Hillesheim e Cruz (2008) discutem a realização de previsibilidade para regular certos comportamentos de risco que possam vir a tornar-se perigosos ou correm risco de periculosidade no futuro, considerando que existe uma prática de intervenção no presente a qual se refere à situação de vulnerabilidade para prevenir uma condição de risco e perigo no futuro. Contudo, assume-se uma relação diferente com esse tempo futuro, cronológico, com o qual estamos acostumados a lidar: opera-se uma experiência a partir de intensidade, descontinuidade, a qual não se pode prever nem controlar, abrindo-se possibilidades que estão por vir entre aquilo que se produz como sujeito vulnerável e o modo como o próprio sujeito negocia com a sua vulnerabilidade.

Segundo fragmento: As coisas da ordem, a ordem das coisas

Este segundo fragmento de pesquisa é decorrente de uma série de discursividades produzidas na ordem do cotidiano a partir de práticas de intervenções no campo da Assistência Social. Por meio da estratégia do rastreio, é possível encontrar certos vestígios nesses discursos que nos mostram como os borramentos de fronteiras entre distintas políticas permitem a compreensão pela qual a vulnerabilidade se torna uma forma de acesso ao assistencialismo, organizado na prática intersetorial.

A história desse fragmento inicia-se justamente por esse borramento de fronteira entre política da assistência e da saúde: certo sujeito, que será nomeado de Sr. Fulano, acessa a Política da Assistência Social devido às más condições de sua moradia, que fora denominada como um barraco. Tal denominação pauta-se em um saber legitimado que caracteriza um espaço sem condição

200

de habitação, devido ao lixo e entulhos acumulados. Esse saber é entendido por certos conjuntos de discursividades científicas, um empenho teórico uno que pretende filtrar, hierarquizar, ordenar em razão de um conhecimento verdadeiro (FOUCAULT, 2005). Nesse sentido, o fio condutor que liga o senhor à política social se faz via saúde.

A vulnerabilidade começa a tecer-se na relação entre condições de moradia e o modo como um saber técnico objetiva essas condições. Neste fragmento, diferentemente do anterior, não está em jogo um sujeito que não tem acesso a um bem material ou a um benefício social, como no caso da população de rua; está em jogo sua relação com as formas de organização de um espaço que habita. A vulnerabilidade aqui não se estabelece pelo movimento que o sujeito faz na direção da política, mas da política em direção ao sujeito. No primeiro fragmento, a vulnerabilidade constituía-se por meio da relação da política com um espaço aberto marcado pela inexistência de acesso e da figura do assistencialismo como estratégia de preenchimento do acesso e de regulação do tempo para o acesso. Agora, este fragmento apresenta outras composições: um espaço fechado para o qual a política se direciona – o domicílio do sujeito em questão. A vulnerabilidade começa a constituir-se também pela incapacidade de condução de si, mas com a marca do espaço em que essa condução se dá.

Em razão da situação de vulnerabilidade, que agora aparece não somente no acesso a bens materiais, mas principalmente relacionada à questão de moradia sem condições de habitação, conforme identificado por parte do que nomeamos de saber legitimado, realizou-se um atendimento pautado na Política Nacional de Assistência Social (BRASIL, 2004) de acompanhamento pelo Serviço de Proteção e Atendimento Integral à Família (Paif) (BRASIL, 2009). Essa estratégia de trabalho social consiste em ações continuadas direcionadas às famílias, com a finalidade de fortalecer a função protetiva da família, prevenir o rompimento de vínculos e promover seu acesso ao gozo de direitos, a fim de colaborar na melhoria da qualidade de vida. A vulnerabilidade, agora domiciliada, encontra-se com o sujeito vulnerável na articulação com a figura da família. Criou-se, então, um planejamento estratégico técnico em parceria com a comunidade, visto que a normatização da política social "prevê o desenvolvimento de potencialidades e aquisições das famílias e o fortalecimento de vínculos familiares e comunitários, por meio de ações de caráter preventivo, protetivo e proativo" (BRASIL, 2009, p. 82), produzindo a emersão de outro fragmento de memória, que é a figura do Sr. Sicrano, proprietário de uma loja de materiais de construção.

De forma coletiva, o saber legitimado articula-se com a rede social local promovendo uma ação direcionada para a reformulação e reconstrução da habitação do Sr. Fulano. Os materiais para reconstruir a casa do Sr. Fulano foram doados a partir da articulação com o território/comunidade, já que esses bens não são disponibilizados pela política social, tampouco são acessíveis pela política de habitação sem estarem amarrados às estratégias e normativas de programas habitacionais. O sujeito vulnerável do direito encontra-se com a tutela do assistencialismo comunitário que se articula pela saúde e pela assistência social.

Tendo em vista a situação do sujeito que, por sua condição de moradia, fora tomado como vulnerável, sua residência foi reformada a partir de uma estratégia com a rede, a fim de assegurar-lhe, em conformidade com a tipificação dos serviços socioassistenciais (BRASIL, 2009), a vivência de experiências que contribuam para o estabelecimento e o fortalecimento de vínculos comunitários, já que o vínculo com os familiares se encontrava rompido devido à impossibilidade de localizá-los, mesmo depois de diversas tentativas. A vulnerabilidade se constituirá no jogo entre a precariedade do domicílio e a precariedade de vínculos familiares. Aqui, a comunidade é acionada também por uma estratégia assistencialista, que irá compor um modo de acesso ao que a política forja como direito: as condições de habitação. O acesso ao direito, neste fragmento, é a via mediante a qual esse sujeito se torna vulnerável, pela forma como a política ilumina o não acesso e a necessidade de acesso. Portanto, a necessidade é transformada em demanda, e a demanda do vulnerável conforma-o como tal por meio da resposta a ela, que se faz pela articulação da política com uma rede comunitária.

A vulnerabilidade social amarra-se à questão da moradia. Mediante esses vestígios discursivos que emergem no campo das práticas, forjam-se indícios de como se conformam certas grades de inteligibilidade, de como se forma a condução de regulação da vida de certo sujeito vulnerável – regulação que se refere à adequação da casa do Sr. Fulano a um padrão de salubridade, a um padrão elencado como "bom de se viver", sendo este considerado a partir de um saber legitimado de superação de determinada vulnerabilidade. A intersetorialidade, nas estratégias da governamentalidade, torna-se um elemento fundamental para a conformação do sujeito vulnerável: é pela precariedade das condições de salubridade que a política se aproxima do sujeito por meio do fortalecimento da função protetiva, que agora não é da família, mas da comunidade, e pela promoção do acesso aos direitos a fim de melhorar a qualidade de vida.

No entanto, após reconstrução da casa do Sr. Fulano, notou-se que ele não habitava mais a residência, por mais que agora ela estivesse limpa, devido à intervenção, e reorganizada no que tange a categorias de normatividade. A intervenção fez com que se produzisse um rearranjo do território para o Sr. Fulano – ou seja, uma reterritorialização (DELEUZE & GUATTARI, 2010) –, que passou a habitar debaixo de uma árvore em uma das avenidas principais de um bairro de periferia da cidade de Campo Grande (MS), onde já era seu costume passar uma parte do dia. Habitar esse espaço constituiu uma desterritorialização (DELEUZE & GUATTARI, 2010); criou-se um novo domínio de realidade, de território no que diz respeito ao modo de vida, tornando-o morador de rua, um modo de negociação com a própria política e com o direito.

A forma como a vulnerabilidade se produz nesse jogo político se dá por um processo um pouco distinto do primeiro fragmento em relação à rua. O sujeito vulnerável, neste fragmento, não habita a rua. Sua vulnerabilidade é relativa às condições de habitação, enquanto que a do primeiro fragmento se fazia por meio da relação com a rua e do não acesso ao direito. No caso deste fragmento, há um acesso ao direito, inclusive uma obrigação de acesso ao direito – há que se ter qualidade de vida, portanto, é preciso conduzir o modo como o sujeito se conduz.

Essa imposição da estratégia de acesso ao direito organiza-se por uma rede entre saúde, assistência e comunidade. Ao acessar o direito, o sujeito torna-se um sujeito de direito, mas agora um sujeito de direito que passa a ser um morador de rua. Ao iluminar essa existência, a governamentalidade coloca-o na condição de assujeitamento ao direito e de sujeito tutelado de uma rede heterogênea. Quando a política o objetiva como vulnerável, o faz por meio da necessidade de responder a uma urgência de torná-lo um sujeito de direitos. E, nesse jogo, o próprio sujeito comparece: um não assujeitamento ao direito – morar na rua. Por mais que o conjunto de práticas dessa intervenção tivesse como objetivo proporcionar uma nova casa, "adequada" a padrões de salubridade para o Sr. Fulano, o efeito em seu modo de vida desconsidera a forma como este senhor se constitui como sujeito singular na relação com o espaço que habitava. Nesse sentido, trata-se de pensar em termos ético-políticos diante de uma violação de direitos desse sujeito.

O percurso descrito possibilita visualizar como, mais uma vez, o borramento de fronteira entre saúde e assistência aproxima a política social do assistencialismo e como as noções de bens sociais e de vulnerabilidade se avizinham, produzindo marcas de um não assujeitamento. Não habitar em um espaço dito adequado de moradia implica uma situação de vulnerabilidade, à qual se devem direcionar intervenções com o objetivo de salvaguardar não apenas a saúde do sujeito, mas sua condição de ocupante/habitante de um espaço. Neste fragmento, contudo, não se coloca em questão que o fato de terem inserido o Sr. Fulano em uma "casa adequada" em termos de higiene e salubridade o tornava vulnerável. E por quê? Ora, o Sr. Fulano foi inserido em um espaço onde não se reconhecia, não por sua subjetividade estar colada ao barraco sujo, mas justamente por sua posição em relação a si mesmo e ao seu lar não ter sido colocada em jogo, ou seja, o modo como se relaciona com certo regime de verdade. A vulnerabilidade foi produzida no momento em que o Sr. Fulano foi colocado dentro de uma casa que não era sua e que não havia pedido. Isso não significa que um espaço insalubre não deva ser alvo de intervenções, visto que determinadas condições de vida se tornam mais precarizadas ainda, e não é isso que está em discussão. A ordem das coisas – a própria política, as prescrições realizadas, seus procedimentos, a prática do operador da política – legitima ações que submetem a singularidade dos sujeitos ao modo como é adequado ser/proceder/intervir, isto é, às coisas da ordem, tais como a vulnerabilidade como dispositivo que produz certo número de ações, a higiene como certo padrão a partir do qual se produz saúde e, ainda, o acesso a bens que marcam uma posição daquele que não demanda atenção/não vulnerável.

Sobre o percurso e seus desdobramentos

Os percursos narrados por meio da experiência vivida na pesquisa permitem-nos visibilizar as formas de acesso às políticas sociais, atravessadas pela vulnerabilidade na articulação entre saúde e assistência, cuja produção de vidas, de modos de viver, resiste a encontros forjados pela política social e pelo assistencialismo que é produzido nas fronteiras de borramentos entre as duas políticas públicas.

O caráter de acesso a direitos concernente às políticas públicas não impede que a população não seja tomada pela via assistencialista. Também não garante que vulnerabilidade se dissolva; muito pelo contrário, o modo pelo qual tem-se operacionalizado a política faz com que a vulnerabilidade seja um dispositivo que possibilita a intervenção na vida, tendo como um dos efeitos o caráter assistencialista de certas ações.

Ressaltamos que o objetivo deste capítulo não é culpabilizar as ações, mas pensar a lógica que sustenta o tensionamento dessas práticas, isto é, como, em meio a estratégias de governamentalidade, em que os investimentos devem direcionar-se a direito e cidadania, há ainda a insistência de um assujeitamento ao assistencialismo. Mais ainda, pensar como essas práticas assistencialistas podem vir a reassumir a regulação da vida dessa população diante do atual quadro político social com a proposta da PEC n. 241/2016, aprovada no Senado como PEC n. 55/2016, configurando-se na Emenda Constitucional n. 95/2016 (BRASIL, 2016b), que se refere ao congelamento de gastos públicos nos próximos vinte anos. Em si, a Proposta de Emenda Constitucional não reduz de imediato os gastos, porém limita o crescimento no futuro com um corte de investimentos nas áreas de Saúde, Educação e Assistência Social.

A problematização das políticas sociais, feitas no texto, trata de um modo de considerá-las como parte de um conjunto estratégico de governamentalidade. Porém, isso não implica a necessidade de desmonte das políticas sociais; pelo contrário, trata-se de percorrer junto com elas o que se considera uma certa "linha feiticeira" dos processos que se voltam para mitigar as vulnerabilidades. Mitigar as vulnerabilidades é um modo de regulá-las, sem, contudo, fazer com que desapareçam. Entretanto, há uma aposta nas políticas sociais como estratégia para a diminuição das inequidades sociais, ponderando-se as fragilidades que apresentam. A diminuição dos investimentos, por meio da Emenda Constitucional, significa não apenas um efeito em termos dos modos como as políticas passarão a operar, mas um recrudescimento daquilo mesmo que torna essas políticas necessárias: as desigualdades sociais.

A redução dos investimentos em políticas sociais aponta para uma estratégia de aniquilamento efetivo da vida, uma estratégia de exclusão não mais pela inclusão. Portanto, não se tratará mais de um limiar entre inclusão e exclusão, operado pelo dispositivo da vulnerabilidade, mas de uma forma de exclusão efetivamente.

Além disso, a Emenda Constitucional dá visibilidade a esse conjunto que faz o tensionamento entre o assistencialismo e o acesso ao direito, pois se há um não investimento nas políticas sociais abre-se um leque de possibilidade para práticas assistencialistas tomarem a vida dessa população e conduzirem suas condutas. Ou seja, a nova política é uma política de intensificação das vulnerabilidades e, portanto, um dispositivo de fazer ou deixar morrer.

Referências

AGAMBEN, G. *Homo sacer*: O poder soberano e a vida nua I. 2. ed. Belo Horizonte: EdUFMG, 2010.

BRASIL. *Decreto n. 8.805*, de 7 de julho de 2016. Altera o regulamento do Benefício de Prestação Continuada, aprovado pelo Decreto n. 6.214, de 26 de setembro de 2007. Brasília: Diário Oficial da União, 2016a, p. 3-4, seção 1.

_____. *Emenda Constitucional n. 95*, de 15 de dezembro de 2016. Altera o Ato das Disposições Constitucionais Transitórias, para instituir o Novo Regime Fiscal, e dá outras providências. Brasília: Diário Oficial da União, 2016b, p. 2-3, seção 1.

_____. *Decreto n. 7.617*, de 17 de novembro de 2011. Altera o regulamento do Benefício de Prestação Continuada, aprovado pelo Decreto n. 6.214, de 26 de setembro de 2007. Brasília: Diário Oficial da União, 2011, p. 15-16, seção 1.

_____. *Resolução n. 109*, de 11 de novembro de 2009. Aprova a Tipificação Nacional de Serviços Socioassistenciais. Brasília: Diário Oficial da União, 2009, p. 82-90, seção 1 [Disponível em: <http://pesquisa.in.gov.br/imprensa/jsp/visualiza/index.jsp?data=25/11/2009&jornal=1&pagina=82&totalArquivos=104> acesso em 18/07/2017].

_____. *Decreto n. 6.214*, de 26 de setembro de 2007. Regulamenta o Benefício de Prestação Continuada da Assistência Social devido à pessoa com deficiência e ao idoso de que trata a Lei n. 8.742, de 7 de dezembro de 1993, e a Lei n. 10.741, de 1º de outubro de 2003, acresce parágrafo ao art. 162 do Decreto n. 3.048, de 6 de maio de 1999, e dá outras providências. Brasília: Diário Oficial da União, 2007, p. 16-17, seção 1.

_____. *Política Nacional de Assistência Social* (PNAS). Brasília: Ministério do Desenvolvimento Social e Combate à Fome/Secretaria Nacional de Assistência Social, 2004.

DELEUZE, G. & GUATTARI, F. *O anti-Édipo*: Capitalismo e esquizofrenia. São Paulo: 34, 2010 [Trad. Luiz B.L. Orlandi].

FOUCAULT, M. *Governo de si e dos outros*. São Paulo: WMF/Martins Fontes, 2010.

_____. *A arqueologia do saber*. 7. ed. Rio de Janeiro: Forense Universitária, 2009.

_____. *Segurança, território e população*. São Paulo: Martins Fontes, 2008.

_____. *Em defesa da sociedade*: Curso no Collège de France (1975-1976). São Paulo: Martins Fontes, 2005.

_____. *Ditos & escritos IV*: Estratégia, saber-poder. Rio de Janeiro: Forense Universitária, 2003.

_____. *Microfísica do poder*. Rio de Janeiro: Graal, 1979.

HILLESHEIM, B. & CRUZ, L.R. Risco, vulnerabilidade e infância: Algumas aproximações. *Psicologia & Sociedade*, v. 20, n. 2, 2008, p. 192-199.

"RÁDIO NO LIVRO"

O dispositivo clínico "Rádio na Rua" em movimento de escrita[46]

Alexandre Missel Knorre

[som de cornetas – vinheta de abertura]

Capítulo: Boooom Diaaaa! [fala animada – música de James Brown]. Estamos começando mais uma *Ráaaadio no Livro-o-o-o-o* [eco – música de James Brown]. Eu sou o Capítulo do Livro, o radialista destas páginas. Acompanharei você durante algumas laudas! [diminui a empolgação para um tom explicativo]. A *Rádio no Livro* é diferente de todas as estações de FM; é uma rádio transmitida em frequências de cores, num contraste entre preto e branco, salientando ícones, letras, frases – como essas que você acabou de ler e segue lendo-o-o-o-o-o [eco]. Uma rádio que tem seu volume acionado sempre que os olhos tocam a folha em qualquer parte da sua estação-parágrafo. Nossos microfones são as teclas, as palavras, que farão falar as experiências, os conceitos, as invenções, os dispositivos [mais música de James Brown]. Como uma "rádio-braile", cada vez que seus olhos-dedos tocam o escrito, decodificam o texto criando automática e simultaneamente

---

46. O texto apresentado neste capítulo não terá o formato usualmente utilizado em livros. Peço aos leitores compreensão à escrita que se desenvolverá; ela é resultado de problematizações sobre a transdução da *performance*/intervenção "Rádio na Rua" aos textos. Um dos intentos é propor um arranjo textual que opere desarticulações no corpo, no formato, no timbre da escrita, tal qual a "Rádio na Rua" opera nos transeuntes, no espaço público, na cidade quando performa na rua. Assim, peço também aos leitores disposição para os encontros e excitações propostos pelo desenrolar da "Rádio no Livro".

uma imagem desse texto em *performance* sonora [som de carrilhão em estéreo, da esquerda para a direita]. Seus olhos e suas hermenêuticas são seus ouvidos [música "Beleza pura", de Caetano Veloso: "Não me agrada dinheiro não, mas formosura..."]. Agora são exatamente 10 horas e 15 minutos e esse programa tem o patrocínio de OpenOffice, o software gratuito de edição de texto, e da UFRGS, a Universidade Federal do Rio Grande do Sul. Vamos aos participantes do dia de hoje [a música "Beleza pura" fica baixinha quando o Capítulo digita, e aumenta quando ele para de escrever]: Relato, Rádio na Rua, Ideias de Jerico, Dispositivo Clínico, e todos os convidados que sentirem-se excitados por nossas conversas durante este programa.

Capítulo: Bom dia, Relato, como está pra essa nossa conversa?

Relato: Olá! Bom dia a todos os leitores dessa rádio. É um prazer poder fazer parte do seu programa, Capítulo, e figurar num livro de psicologia que pode ser chamada de social para entendermos uma linhagem de pensamento diferente de uma psicologia clínica, de uma neuropsicologia, de uma psicologia hospitalar, escolar, familiar, ou sei lá quais sobrenomes mais poderíamos cogitar para essa diferenciação dentro da Psicologia. Enfim, venho falar aqui sobre a Rádio na Rua e contar...

Capítulo: Opa, opa... [interrompendo], não se apresse. Sei que seu *metier* é relatar, relatar e relatar, mas ainda preciso apresentar nossos outros participantes.

Relato: Ah, tá certo, me sinto encabulado de ter passado na frente do roteiro [falando rápido]... É que fico entusiasmado de ter possibilidade de ser relato e ser capítulo de livro, e não ficar no apêndice como reles relato de experiência, desinteressante, comparado aos capítulos de discussão teórica – já me entristeci com isso! Por isso mesmo, estar nessa *Rádio no Livro* me deixa feliz, por que estou dividindo o espaço com conceitos, com outros atores num capítulo e posso...

Capítulo: [interrompendo novamente] Calma, calma... fique tranquilo, Relato, tu terás todas as páginas do mundo para te relatar aqui... agora respira fundo, organize tuas memórias, que logo retomaremos contigo [Capítulo sinaliza ao Relato com um sorriso e um movimento de mãos que sugere que ele relatará depois. A música que está tocando agora é "Sossego", de Tim Maia]. E você, Ideias de Jerico, como está? [começa a tocar a música "Maluco Beleza", de Raul Seixas].

Ideias de Jerico: Gostaria de me desculpar pela Rádio na Rua [muitos risos no estúdio enquanto ele falava]... Embora falaremos dela, ela não pôde comparecer, porque disse que a rua é o seu lugar e que esse papo de ir ao texto é coisa de acadêmico. Pediu que nos virássemos aqui com as fumaças, com os picumãs, com as fragrâncias carregadas por nós depois de a vivenciarmos na rua.

Capítulo: Ideias de Jerico, o que houve com sua voz? [a voz do Ideias de Jerico estava engraçada; ele falou com as bochechas cheias de ar e a língua entre os dentes imitando o jeito de falar do personagem de desenhos animados Pato Donald].

Ideias de Jerico: Ué, qual o problema? Diverte o pessoal e me diverte [Ideias de Jerico começa a falar imitando uma baleia, como o peixe Dolly no desenho animado *Nemo*, falando lento e com a voz ora grave ora aguda, em "baleiês" – todos riem – Capítulo fica um pouco envergonhado pela repercussão disso com a audiência da *Rádio*].

Capítulo: Tá bem, Ideias de Jerico, obrigado por tua presença... [meio sem graça, mudando logo de personagem]. E... você... Dispositivo Clínico, por onde anda?

Dispositivo Clínico: Eu ando por muitos lugares, e pouco me constranjo com o Ideias de Jerico. Inclusive nós dois trabalhamos muito juntos, somos quase inseparáveis.

Capítulo: Sério, q-q-que legal [gaguejando, surpreso e incrédulo]. D-d-deve ser ó-timo tê-lo imitando os personagens de desenhos animados por aí [risadas contidas]...

Dispositivo Clínico: O Ideias de Jerico é bem mais que essas estripulias com vozes. Rapidamente, pra teres uma ideia, jerico é o nome dado a espécie equina dos burros, asnos, mulas. Jerico é um tipo de jumento, um perissodáctilo. A diferença dele para todos os outros equinos é que ele é o mais improdutivo para os humanos. Ele dificilmente obedece a comandos. A subespécie dos jericos é a menos utilizada no trabalho por essa desobediência. Mas os humanos confundiram essa desobediência com ter menos inteligência que o cavalo, por exemplo. Normalmente falam que uma ideia de jerico é uma ideia absurdamente ignorante, desprovida de razão, uma tolice. Acontece que o jerico é um dos poucos equinos que consegue ser preterido ao trabalho, ficando mais livre. Essa improdutividade desobediente do jerico faz dele um insubordinado, um parceiro de ideias indomáveis. O Ideias de Jerico é um parceiro e tanto! Ele não tem limites a propor. Ele sonda o inimaginável, o infinito, o ilimitado. Ele tangencia [enquanto isso o Ideias de Jerico, no corredor do estúdio, escrevia com tinta de impressora em seu corpo: "O LÍQUIDO COM O LITRO MAIS CARO DO MUNDO", "Minha pele agora vale mais que ouro", esfregando seu peito no vidro numa dança sensual e debochada. Alguns riem, outros acham bizarro].

Capítulo: Uau, agora entendi melhor essas extravagâncias do Ideias de Jerico, Dispositivo Clínico. Lembrei de uma vez que ele enfiou a cabeça dentro de um buraco de alfinete só para buscar a única linha de trem que o levaria ao mar azul da íris dos olhos de uma andorinha [todos olhando pela janela, imaginando a andorinha ao longe]. Mas nos diga, ele tem algo a ver com esse teu papo de andar por todos os lugares?

Dispositivo Clínico: Com certeza! Você sabe, Capítulo, você mesmo recebe infinitos tipos de escritas diferentes em livros variados. Você é infinitas possibilidades de composição. Comigo também é assim. Sou muitas possibilidades. Estou em todo lugar que alguém convidar, propondo relações e experimentações intensas, mobilizadas por uma vontade de diferença, por sutilezas, por afecções, por histórias insólitas, dramas inaudíveis. Sou um inquieto, vivo de excitações múltiplas. Me realizo no surfe das linhas de uma cartografia.

Capítulo: Nos explique melhor isso de surfe, de linhas, de cartografia...

Dispositivo Clínico: Confesso que preciso de parceria para te explicar. Talvez fosse interessante a parceria do Relato, do Citação, do...

Citação: [chegando ao microfone-teclas rapidamente] "Os dispositivos têm então como componentes linhas de visibilidade, linhas de enunciação, linhas de força, linhas de subjetivação, linhas de ruptura, de fissura, de fratura" (DELEUZE, 1999, p. 158).

Capítulo: Obrigado, Citação, por te fazer presente no programa.

Citação: "Vale a pena experimentar também a ingratidão para encontrar um homem grato" (SÊNECA, 2006, p. 18) [Citação fala olhando ressentidamente para o Relato, que fica desconcertado].

Dispositivo Clínico: Bom, na frase anterior trazida pelo Citação, Deleuze também fala sobre mim. Mais precisamente ele escreve sobre dispositivos em Michel Foucault; pouco importa para ele se será um dispositivo clínico que vasculha a diferença, histórias insólitas ou inaudíveis. No texto, dispositivo é algo como a Revolução Francesa, cheio de linhas constitutivas operando prescrições e disposições, sendo resultado de redes de forças ao mesmo tempo em que cria novos agenciamentos. Como sou o Dispositivo, mas com o sobrenome Klínico, dimensiono no apelido algumas funcionalidades pretendidas à minha disposição: estou menos ligado à clínica médica com "C", do profissional que se inclina sobre o paciente convalescente estudando seus sintomas, do que aliado à Klínica, com "K", derivada do Klinamen[47] grego, que é o desvio imprevisível da rota de átomos gerador de choques mútuos, inventor de novas combinações e realidades. Um dispositivo klínico será a proposta que percorre/pretende/procura os desvios, as tangentes, as entropias[48] envolvidos na produção da diferença.

---

47. Termo encontrado nos livros *Introdução à esquizoanálise* (BAREM-BLITT, 2010) e *Lógica do sentido* (DELEUZE, 2009).

48. Entropia é a desagregação irreversível de um ente qualquer: quebrar um copo de vidro, desagregar em partes e tentar colá-las novamente não nos trará o mesmo copo. Em termodinâmica fala-se em uma quantidade grande de energia para manter entes unidos, evitando sua entropia. A entropia na história das ciências, inclusive econômicas e sociais, é vista como algo negativo, pois degrada uma desejada "estabilidade" anterior. Atualmente, há um esforço para pensar as desagregações como possibilidades ao novo, como a multiplicação de modos de existir (ULGIATI, 2016).

Capítulo: Então talvez seja melhor já começarmos a te chamar de Dispositivo Klínico.

Dispositivo Klínico: Tá aí! Gostei! Já assimilei. Fica mais fácil de entender minha disposição aos desvios.

Relato: Talvez seja o momento de eu entrar na conversa novamente. Eu estou organizado, mais calmo. E posso trazer algumas relevâncias a toda essa coisa de desvios.

Dispositivo Klínico: Tá bem, Relato, vamos falar das fragrâncias da Rádio na Rua. Ela e eu somos juntos, inseparáveis. Relato, por favor nos espalhe aqui nessa *Rádio no Livro*.

Relato: Ok, deixa comigo! Tô nervoso, mas tô nervoso de feliz, de poder ser o que sou, ser Relato. Vamos lá. A Rádio na Rua (daqui para a frente utilizar-se-á a sigla RNR) acontece eventualmente, na rua, ocupando o espaço público em localizações diferentes, centrais e de grande circulação de pessoas na cidade. Executa-se músicas, danças, entrevistas, faz-se sorteios, conta-se "causos", piadas, fala-se de dores e amores. Os equipamentos de som, caixas de som, cabos, mesa de som, microfones, *banners*, balões coloridos, performam na ocupação da calçada e na abordagem poética dos transeuntes/anônimos. O Alexandre, como mediador das conversas e técnico dos equipamentos articula, junto a pessoas em situação de rua trabalhando de repórteres da rádio, a abordagem inusitada dos transeuntes, abordando com humor e delicadeza o trânsito dos passantes. Toda a rua tem o potencial para tornar-se notícia. Qualquer pessoa que passe pela rádio pode ser surpreendida pelos microfones: ambulantes, doutores, desocupados, consumidores, turistas, estudantes, amantes. As intervenções pretendem desarticular trajetos na cidade. Interferem no movimento do corpo pelo espaço e, também, pelos afetos e ideias. Os sujeitos da rádio compartilham suas vidas e histórias se cruzam. Cria-se um plano de consistência pela desestratificação do discurso dos envolvidos no ambiente da rádio, disparando multiplicidades...

Citação: [complementa] "[...] num movimento de desterritorialização generalizada onde cada um pega e faz o que pode, segundo seus gostos, que ele teria conseguido abstrair de um Eu, segundo uma política [...]" (1996, p. 19).

Relato: ...como diriam Deleuze e Guattari (1996) sobre a construção de um campo de imanência na desarticulação de estratificações...

Dispositivo Klínico: Nesse cenário a RNR sou eu. Quando numa RNR alguém vem falar sobre a política partidária no nosso país, por exemplo, normalmente utiliza falas com jargões e bordões, com as opiniões marcadas e idênticas a discursos e enunciados reiterados, com entonações conhecidas em comícios, em palanques, em denúncias. Isso não é um problema, necessariamente, mas nos interessa para além de sua análise política, para além da denúncia, o que ela comeu no almoço, por exemplo, ou onde ela estava antes de chegar à nossa Rádio ou, ainda, de quem ela ganhou o pingente no seu pescoço. A reação das pessoas a perguntas como essas é de estranhamento, sugerem que esperavam continuidade aos discursos pré-pautados como importantes de serem veiculados em público. Respondem a essas perguntas desconcertadamente. Quando se fala do que se comeu, de como se preparou a comida, de como a pessoa escolhe seus alimentos, quais práticas de consumo, de preparo, de apetite, de preferência culinária, cria-se a visibilidade de outras camadas de sentido e de micropráticas cotidianas que também renovam e/ou reiteram o mundo social. A política partidária, ou a política econômica nacional e internacional, bem como políticas públicas sociais, da Educação ou da Saúde e do Estado são relevantes às conversas dos microfones da Rádio, mas quando se fala de comer refeições com batata comprada de agricultores ecologistas na feira orgânica dos sábados de manhã no Parque da Redenção, que plantam em suas pequenas propriedades, ao mesmo tempo em que uma pessoa em situação de rua acrescenta na conversa que come as mesmas batatas recebidas no apoio do mesmo feirante, fritas na gordura de porco e na lata, temos um espectro ampliado de política que flerta com usos ordinários, criativos, singulares do cotidiano – um cotidiano inventivo, fugidio, tangencial ao discurso macro ao mesmo tempo em que incluído nele. E o pingente, herança da avó judia vinda da Alemanha durante a Segunda Guerra Mundial para se exilar no Brasil, que vendeu lata e garrafa de vidro para sobreviver... O pingente de latão no pescoço da neta marca os momentos de força necessários à reinvenção de sua vida no Sul. Ou antes de alguém falar na Rádio, a ida ao banco onde lhe cortaram o cheque especial porque seu contracheque não existe mais em função da demissão do mês passado de um trabalho de que nem gostava tanto, que não era o que tinha estudado anos para fazer, e que os sentimentos desses momentos eram ambíguos porque traziam dor e alívio ao mesmo tempo, mas nada que uma cerveja não ajudasse a resolver, a mesma cerveja inclusive que J., o morador de rua, usa na rua. Esses microcosmos presentes nos silêncios das falas institucionalizadas e politicamente estereotipadas ao microfone surgem da desarticulação operada pela RNR e são técnicas e táticas cruciais a esse dispositivo na rua. Desculpe, Relato, ocupar tuas perspectivas aqui [Relato acenou positivamente com a cabeça em silêncio, pois estava contemplando as imagens trazidas pelo Dispositivo Klínico – o Ideias de Jerico animou-se tanto que apareceu ao lado de fora da janela do estúdio pendurado por uma corda de *rapel* na cintura, vestido de atirador de elite de preto com a cabeça tapada aparecendo só os olhos, mirando os convidados com um *laser*: a imagem a *laser* nas roupas era de asas; numa pessoa a asa esquerda, na do lado a asa direita; na asa da esquerda escrito "voem" e na da direita escrito "juntos", finalizando a frase "voem juntos", sugerindo que para terem as duas asas pra voar precisar-se-ia da pessoa ao lado. De repente acontece uma intromissão no estúdio].

Alexandre: Oi, pessoal! Estou tão entusiasmado com essa *Rádio no Livro* que gostaria de participar. Peço licença aos convidados do Capítulo para seguir com minhas escritas enquanto cocriador e participante ativo da RNR. É que essas narrativas do Relato e do Dispositivo Klínico se referem aos acontecimentos nas RNR mais recentes, que acontecem apenas na ocupação do espaço público, na rua. Mas a RNR começou num trabalho que realizei dentro do Centropop. Escreverei em primeira pessoa, mas todos vocês estarão comigo nas páginas seguintes.

Todos: [em uníssono, pareciam um coral] Sim, Alexandre, todos estaremos contigo! Pode continuar [Ideia de Jerico criou rapidamente um grupo num aplicativo de *smartphone*, compartilhando *slogans* brilhosos com os dizeres: "Vai Alexandre!" Ficou tão insistente que todos tiveram que desligar os celulares].

Alexandre: A história da RNR é a história da minha inserção nas políticas públicas de Assistência Social do Estado com as pessoas em situação de rua no Centropop.

O Centropop foi implementado pelo Decreto n. 7.053/2009, constituindo-se numa unidade de referência de média complexidade, de natureza pública e estatal. A tônica do atendimento é a proteção, a ressocialização, com reinserção na família e/ou comunidade, respeito às diferenças, dignidade do humano, direito à cidadania, resgate de autoestima, autonomia e, principalmente, a saída da rua (BRASIL, 2009).

O Centropop I, no qual me inseri, foi construído nas adjacências do prédio de um abrigo municipal na zona central da cidade. O espaço físico foi reorganizado para garantir o atendimento de sessenta pessoas por dia (trinta pessoas por turno). A equipe era formada por psicólogos, assistentes sociais, enfermeira, professor de Educação Física, equipe administrativa, atendentes, monitores, segurança, agentes de limpeza, estagiários, porteiro e oficineiros. A rotina envolvia seleção de casos prioritários no portão, elaborando-se uma lista por ordem de chegada para ingresso no serviço. Acontecia uma reunião inicial de acolhida. As pessoas eram chamadas uma a uma à triagem. Após esse primeiro momento, aguardavam o encaminhamento necessário ao técnico correspondente da demanda relatada[49], caso houvesse. Se não precisavam de qualquer intervenção técnica ou encaminhamento específico, restringiam-se a tomar banho, lavar roupa, fazer lanche, assistir TV, descansar da rua. Sistematicamente acontecia uma assembleia onde equipe e usuários conversavam e deliberavam sobre necessidades, direitos, demandas e usos do serviço. A equipe do Centropop também tinha uma reunião semanal tanto para discussão de casos individuais dos usuários quanto para organização geral do espaço.

O cotidiano de trabalho envolvia desde a distribuição dos usuários entre os técnicos do serviço, as pessoas de referência dos casos, até a mediação de ocasionais embates no grupo. Nesse sen-

---

49. Exemplo de demandas: usuários que haviam sido roubados e precisavam de documentos novos; pessoas chegadas do interior encaminhadas a albergues; doenças e encaminhamentos a unidades de saúde; encaminhamento à rede de assistência, seguridade e saúde; necessidade de banho, alimento, roupas novas, conversa etc.

tido, o vínculo entre equipe técnica e usuários era fundamental ao trabalho e ao manejo dos conflitos no estabelecimento. Havia a demanda por trabalhos grupais com os usuários. A aderência a propostas grupais de longo prazo era facilmente desfeita.

A equipe do Centropop e a FASC entendiam os conflitos no centro, a falta de adesão a grupos e uma ociosidade constante como motivos para procurar estratégias a fim de qualificar as propostas de atividades aos usuários. Nessa busca de estratégias, a FASC enxergou no convênio com a ONG Rede do Circo[50], pelo projeto Circo da Cultura no SCFV[51], essa possibilidade de qualificar as atividades e o tempo de permanência dos usuários. Ingressei no estabelecimento contratado pela ONG Rede do Circo, através do projeto Circo da Cultura: ações culturais no Centropop.

Todos: Baaaah[52]...

Relato: Com licença. Daí, quando se propôs a trabalhar, o Alexandre enfrentou diversas dificuldades por nunca ter convivido com essa população. Aproveitou os modos institucionais de funcionamento realizando grupos de "artistagem" dentro de uma sala, dividindo atenção com uma televisão, uma mesa de sinuca velha,

---

50. A Rede do Circo é uma ONG de um coletivo de artistas que trabalha com arte e educação. Realiza peças de teatro, performances, oficinas e organização de festivais, como o Festival Internacional de Teatro de Rua de Porto Alegre, já na 9ª edição. Através do projeto artístico pedagógico Circo da Cultura, da atriz Luciana Paz, a ONG negociava com a coordenação de artes cênicas da Secretaria de Cultura da Prefeitura de Porto Alegre a criação de um centro de estudo das artes cênicas e circenses para crianças. Na época havia um prédio municipal em tratativas de liberação para esse propósito. O projeto Circo da Cultura reformulou-se, vinculando-se também à Fasc, transformando-se numa unidade móvel: os artistas-educadores iam até os CRAS nos bairros para ministrarem oficinas às crianças do SCFV.

51. Serviço de Convivência e Fortalecimento de Vínculo (SCFV). O projeto inicial do Circo da Cultura era apenas voltado às crianças que frequentavam o SCFV. Eram desenvolvidas oficinas semanais para a montagem de um espetáculo artístico.

52. Interjeição da linguagem coloquial do Sul do Brasil. Significa surpresa, espanto, comemoração.

sofás, poltronas e cadeiras. Nessa sala se realizavam os grupos, intervenções coletivas, festas, encontros, jogos. Ela também funcionava como acesso ao pátio do abrigo municipal e ao refeitório desse abrigo, utilizado pelos abrigados e pelos usuários do Centropop para o lanche. Não era fácil realizar grupos nesse espaço...

Alexandre: Isso mesmo, Relato! Tentei nos primeiros meses trabalhar nos moldes esperados e normalmente usados pelos profissionais que faziam grupos com os usuários dentro de salas do serviço. Mas o envolvimento do pessoal não acontecia. Quando começava um grupo, em minutos ele se esvaziava. Aos poucos fui abandonando a sala, migrando para o pátio onde a maioria dos usuários ficava aguardando os trabalhos. A informalidade do pátio foi crucial para conhecer com outros filtros outras nuanças dos usuários. Observava. Conversava. Ouvia histórias de vida, depoimentos, muita opinião sobre futebol, ladaias[53].

Dispositivo Klínico: No pátio, o violão com sua desterritorialização musical, como um artefato de convergência de interesses, olhares, curiosidade, foi um dos dispositivos de relação: com suas possibilidades de tocar músicas conhecidas enturmando o Alexandre com o pessoal, realizando conversas sobre canções, saudades, amores, ao mesmo tempo em que se cantava.

Relato: Mas nenhuma proposta de relação se estabilizava. Em alguns dias o violão não surtia o efeito aglutinador de antes.

Alexandre: Bem lembrado! Nesse sentido, nossa equipe do Circo da Cultura estudava constantemente como desarticular os comportamentos estereotipados dentro do Centropop com inusitados artísticos. Entendíamos a inclusão de outros agentes como possibilidades de movimentar os trânsitos disparando outros fluxos no Centropop. Junto com a coordenação do Circo da Cultura, decidiu-se realizar um circuito de *performances* artísticas interativas no pátio. Cada artista da nossa equipe ocuparia um lugar diferente no estabelecimento. Com as *performances* montadas e posicionadas, funcionaríamos como ilhas por onde os usuários navegariam conforme suas motivações.

---

53. "Ladaia" é a palavra utilizada na gíria da rua para definir problema, mentira, roubo, tráfico, confusão, enganação.

Ideias de Jerico: A ilha do Alexandre foi composta por equipamentos de som. Levamos uma caixa de som, um pedestal, um microfone com cabo e o pedal de *looping*[54]. Esses equipamentos eram para ser "diversões provocativas". Não fazíamos ideia do que aconteceria. Montamos os equipamentos, mostramos como funcionavam para uma ou duas pessoas. As vozes e sons começaram a ser repetidos em *looping* pelas caixas de som. Não demorou para formar um grande ajuntamento de pessoas querendo manusear o microfone e ouvir as reproduções sucessivas. O truque da repetição do som, do ouvir a própria voz repetidamente, encantou a muitos. Aconteceram falas, músicas, brincadeiras, piadas excitando o pessoal. A vida dos usuários ao microfone com o *looping* transformou-se em-em-em... [eco – puxou o Citação para o microfone, rapidamente]...

Citação: "[...] uma substância deformável, arrastada, carregada por uma torrente de expressão sonora" (DELEUZE & GUATTARI, 2014, p. 15).

Alexandre: É... o som foi fundamental para abrir luminosidades às diferenças. Essa ideia do pedal de *looping*, embora tenha sido uma das mais razoáveis do Ideias de Jerico, desse momento em diante tornou a aparelhagem eletrônica de som uma ferramenta de trabalho. Não necessariamente o pedal de *looping*, mas o fato de o som ser amplificado, a conversa ganhar volume, a expressão oral ser microfonada com o manuseio do microfone. A expressão pelo som, com suas músicas, grunhidos, ladainhas, junto ao que escutei nas conversas pelo pátio seriam um tipo de força a ser coletivizada pelos alto-falantes.

---

54. *Looping* é uma palavra da língua inglesa traduzida para o português, que significa fazer laços, fazer voltas; pedal porque o músico o aciona com uma pisada. Quando se pisa a primeira vez, ele começa a gravar todo o som que passa por ele através de cabos vindos de instrumentos musicais ou microfones. Quando se pisa pela segunda vez, ele cessa a gravação do som e, automaticamente, reproduz o que foi gravado, voltando ao início registrado do som a partir da primeira pisada. Assim, quando se registra uma música, ou se registra uma conversa, através desse procedimento do pedal de *looping*, o som gravado ficará repetindo até o pedal ser desligado.

Após o evento com o pedal de *looping* surgiram propostas de jogos, brincadeiras, entrevistas para manterem os sujeitos exercitando o uso da fala nos microfones e nos aparelhos eletrônicos, construindo o ambiente de uma rádio. Em seguida, criei uma "rádio-poste" dentro do Centropop [Ideias de Jerico coça a garganta, chamando a atenção].

Ideias de Jerico: Criamos...

Alexandre: Isso, Ideias de Jerico, CRIAMOS uma rádio [o Ideias de Jerico ficou faceiro com a inclusão e saiu saltitando, dançando porta a fora do estúdio]. Instalei caixas de som pequenas no perímetro do pátio interno de convívio. Assim, criava meu ambiente de encontros sem precisar estar em "salas para oficinas". A presença constante de caixas de som, de cabos, *plugs* inventava o pátio como um local de trabalho. O pátio era o lugar mais apto aos encontros onde, inclusive, sentia os usuários mais animados e abertos à minha presença. Eles podiam participar da rádio sentados, na espera. A rádio no Centropop gerou um outro platô de relação, compartilhando o espaço físico, histórias, expressões. O pátio, as conversas públicas, os equipamentos eletrônicos de sonorização nos agruparam. O som abraçou a todos, o volume conectou nossos ouvidos.

Tive a intenção de envolver técnicos e usuários na realização da rádio do Centropop. Imaginava a rádio funcionando diariamente, mesmo sem a minha presença. Instruí pessoas a lidarem com um "kit" envolvendo microfones, mesa de som, tocador de MP3. Bastava o "kit" ser ligado e a rádio estava no ar[55]. No entanto, a rotina de afazeres da equipe de trabalho e dos usuários não encontrou brechas para a realização sistemática da rádio. A realização dependeu da minha presença. Eu conseguia ir apenas um dia por semana. Isso não era suficiente para consolidar uma rádio no Centropop. Para continuar a mobilização senti a necessidade de criar uma rede interna de rádio, relacionando outros

---

55. Existe uma reportagem do jornal da emissora pública TVERS sobre essa rádio-poste dentro do Centropop. Disponível em: <https://www.youtube.com/Watch?v=T2GhxecUoiE&index=49&list=LLdXVp1TUiLdi0nf1cmF8pwQ>

aparelhos e estabelecimentos da FASC entre si. Desejei colocar os abrigos, albergues, os Centropops I e II, até os CAPS[56], em comunicação, criando um sistema de diálogo entre os usuários desses locais para gerar novas mobilizações entre os estabelecimentos e diminuir distâncias e desentendimentos, criando conexões. A expansão da rádio não aconteceu. Ficar dentro do Centropop se tornou limitante. A rua foi o local de ampliação mais profícuo que não dependia do apoio financeiro da FASC. Algumas pessoas em situação de rua preferiam a rádio acontecendo apenas na rua, justificavam que era da rua que elas eram.

Relato: Acho importante escrever que o pessoal da rua tem uma série de demandas cotidianas que fazem seu envolvimento em atividades diárias ser espaçado. Desse modo, a frequência de participação na rádio, por exemplo, era claudicante. Participar ativamente num determinado evento da rádio não garante assiduidade nos seguintes.

Alexandre: Relato, aceitar esse modo de participação do pessoal da rua só foi possível por estarmos abertos a como as pessoas da rua constituíam suas redes e como transitavam nelas. Respeitar essas forças de ação em nossas propostas e expectativas ampliou a parceria e o horizonte.

Capítulo: Mas então o pedal de *looping* foi fundamental pra invenção da rádio no Centropop. E como a rádio no Centropop se tornou RNR?

Dispositivo Klínico: Quase isso, Capítulo. O *looping* foi fundamental mesmo. Mas a vontade de abandonar a "sala de oficinas" do Centropop, que já era um desejo do Alexandre desde o ingresso nesse estabelecimento, foi um operador importante também. Queríamos o pátio onde os usuários se concentravam, onde experimentaríamos suas histórias, suas intensidades, suas entropias. Com a falta de continuidade da FASC ao projeto da rádio no Centropop, a rua se tornou o local mais propício às necessidades políticas, éticas e estéticas da *performance*.

---

56. Centro de Atendimento Psicossocial (CAPS).

Alexandre: Perceberam os locais importantes à rádio? O pátio e a rua. No pátio os usuários receptores de designações sociais estigmatizadas de fracasso, de inaptidão, de violentas, de doentes, de inaptas, de invalidas, compartilharam outros aromas, outras coragens, outras linguagens, outras assiduidades, outros sucessos inumeráveis e impronunciáveis em coisas inúteis ao Estado, à ciência, às políticas públicas, aos técnicos, ao "cidadão de bem", ao mercado.

Relato: Por exemplo, algumas pessoas estavam na rua por abuso de álcool/drogas. Mas o abuso de álcool/drogas vinha de um agenciamento complexo de elementos como busca e perda de emprego, desmotivação e incômodo com o tipo de trabalho, sensação de enclausuramento familiar, rompimento de relacionamento amoroso, luto, ressentimento, insubordinação, intolerância, impulsividade, inadaptação a papéis sociais, desejos indomáveis. Em cada pessoa em situação de rua uma singularidade desenhando a diferença em trajetos controversos de vida. Pessoas escolhendo determinados caminhos após movimentos de ruptura com instituições, grupos primários, padrões normativos.

Alexandre: Os movimentos de ruptura em suas vidas, como um ato muitas vezes impulsivo, violento, mas de reorganização, de mudança de rumo[57], explodindo segmentariedades, fazendo fugirem algumas estratificações. Uma ruptura-fuga em controversa coabitando com definições rígidas sobre a vida, gerando impasses. Mas, ainda assim, uma variação da forma estabilizada. As pessoas que estão em situação de rua fazem e fizeram fugir o cidadão, o pai, a mãe, o filho, o aluno, o trabalhador, o sóbrio, e também vacilar a escola, a fábrica, a família, o empreendimento, a

---

57. As normas, leis, instruções normativas dos documentos do SUAS tendem a perceber o morador de rua como um desviante a ser reguiado, um vulnerável com suas intempéries insondadas que precisam ser acolhidas, consoladas, conduzidas para que se reconstrua um novo projeto de vida (BRASIL, 2004). Dessa forma, parece que a vida em processo de vida que procura o Centropop não é digna de ser, em si, um projeto de vida. Confunde-se o estado atual da vida da pessoa com um resultado de más condutas.

calçada. Suas rupturas[58] com papéis sociais e instituições podem ser entendidas klinicamente como linhas de fuga que fazem a vida "normal" evadir-se rompendo com espaços geográficos, institucionais, afetivos, com territórios, padrões morais, com filiações.

Mas essas rupturas-fugas são sobrecodificadas, na maioria das vezes, como fracassos pessoais e inaptidões sociais e/ou patológicas, enquadrando as dissidências em categorias estigmatizadas, em formatos identificados por indicadores binários. Dessa forma, desqualifica-se a agência, a intensidade, a entropia, a complexidade das forças em expressão contidas no formato inaceitável do viver. O formato sobrecodificado como vida indigna invisibiliza a potência desterritorializante; invisibiliza o procedimento de ruptura enquanto fuga intensiva potente, enquanto um devir. No entanto, as formas (ou deformações indesejadas socialmente), ou até mesmo as reterritorializações do pessoal da rua em seus estereótipos sociais, não enfraquecem seus insistentes agenciamentos intensivos de fuga.

Dispositivo Klínico: Inclusive o fato de a rádio preferir a rua tem a intenção de criar um campo de consistência para a multiplicação de agenciamentos intensivos do desejo na produção da vida no espaço público da cidade.

Citação: "[...] eles pensam que fugir é sair do mundo, místico ou arte, ou então alguma coisa covarde, porque se escapa dos engajamentos e das responsabilidades. Fugir não é renunciar às ações, nada mais ativo que uma fuga. É o contrário do imaginário. É também fazer fugir não necessariamente os outros, mas fazer alguma coisa fugir, fazer um sistema vazar como se fura um cano.

---

58. A opção neste capítulo por chamar o movimento de fazer o instituído diferir de ruptura, ou linha de fuga, se dá pela filiação das palavras "instituído" e "instituinte" a uma perspectiva de análise institucional (LOURAU, 2014), que pretende reagregar as forças instituintes, ou no caso, aqui no texto, ruptivas, dentro da instituição. No filtro hermenêutico da RNR a ruptura estaria mais perto desse processo da entropia, onde a ruptura difere e cria algo novo. A linha de fuga não teria compromisso com a categoria/instituição da qual fez-se fugir. Na análise institucional o termo instituinte faz parte do desenvolvimento do novo dentro da instituição e não de um novo fora, ou de um fora.

[...] Fugir é traçar uma linha, linhas, toda uma cartografia. Só se descobre mundos através de uma longa fuga quebrada" (DELEUZE & PARNET, 1998, p. 30).

Alexandre: Isso mesmo, Citação! Obrigado por essa frase. Esse desvio da vida "dominante" em movimentos intensivos de fuga pode fazer determinada realidade normativa ruir para a pessoa, com a pessoa e na pessoa – o desviar, o tangenciar, o fugir, o diferir, como ações poderosas de variação da vida.

Citação: "Uma verdadeira ruptura pode se estender no tempo; ela é diferente de um corte significante demais, ela deve ser continuamente protegida não apenas contra suas falsas aparências, mas também contra si mesma, e contra as reterritorializações que a espreitam" (DELEUZE & PARNET, 1998, p. 32).

Alexandre: É possível, Citação, me repetindo um pouco, que os movimentos ruptivos se reterritorializem ou sejam reterritorializados. O novo território, formato ou deformação, não torna visível a força entrópica agida. A intensidade dessa força ruptiva pode ser enfraquecida por sua imagem-foto-formato não ser palatável socialmente. E a importância do procedimento de romper e de dar consistência ao movimento da diferença se enfraquece na dificuldade paradigmática cognitiva, sensível, ontoepistêmica que as pessoas podem ter na não percepção desse processo.

Citação: "A velocidade transforma o ponto em linha" (DELEUZE & GUATTARI, 2004, p. 36).

Alexandre: Isso... a velocidade das ações intensivas deforma o irreconhecível. O movimento da ruptura padece no julgamento das consequências ou desdobramentos posteriores ao seu romper. A ruptura perde sua legitimidade e inteligência se a reterritorialização no decorrer da vida for algo diagnosticado como negativo: hoje drogado, desempregado, imundo e solitário é porque desfiliou-se da família, evadiu da escola, fracassou no trabalho, viciou-se numa droga, foi indisciplinado ou inábil. A forma esconde a ação.

Citação: "[...] sua forma e sua deformação não são consideradas por elas mesmas, não se pode achar saída verdadeira, mesmo no nível dos conteúdos. Só a expressão nos dá o procedimento" (DELEUZE & GUATTARI, 2014, p. 35).

Alexandre: [acenando com gratidão] O formato não facilita a percepção do procedimento, dos "protocolos de expressão" (DELEUZE & GUATTARI, 2014, p. 15), da intensidade da variação. Essa importância, visibilização e potência do movimento de ruptura, possíveis no pátio do Centropop, permitiu conhecer os biografemas[59], rastreando agenciamentos maquínicos do desejo na história das pessoas (DELEUZE & GUATTARI, 2004).

Relato: Conhecemos pessoas que estavam há 25 anos em situação de rua – foram para a rua aos 8 anos de idade, fugindo da família, da escola. Outros há menos tempo, sensíveis, habilidosos e indomáveis.

Ideias de Jerico: E fugiam da escola por buracos na grade do pátio [falou orgulhoso].

Citação: "[...] não importa onde, mesmo sem sair do lugar, intensamente; não se trata de liberdade por oposição à submissão, mas somente de uma linha de fuga, de uma simples saída [...]" (DELEUZE & GUATTARI, 2014 p. 15).

Alexandre: Procurar saídas, o fora da vida ordinária... Numa perspectiva de perceber a vida de algumas pessoas em situação de rua prenhe de procedimentos de saída, pensamo-la como uma "vida menor" – referindo-me ao conceito de menor, da literatura menor do livro de Deleuze e Guattari, *Kafka: Por uma literatura menor* (2014). Vida menor, no caso, porque difere intensivamente de um projeto de vida comum, de filiação, de carreira. A vida menor acontece na ruptura com os indicadores de uma "vida maior".

---

59. "[...] a prática biografemática volta-se para o detalhe, para a potência daquilo que é ínfimo numa vida, para suas imprecisões e insignificâncias" (DA COSTA, 2010, p. 4). Ao relatarem-se as vidas nos microfones da rádio acontecem focos, perguntas que redesenham a história e a contação. Atualizam a história para quem as viveu e conta-as novamente e para que as ouçam. Os detalhes e os inusitados das entrevistas podem desacomodar os discursos e visibilizar potências e outras forças nas narrativas.

Citação: *"Menor* não qualifica mais certas literaturas [vidas[60]], mas as condições revolucionárias de toda a literatura [vida[61]] no seio daquela que se chama grande [e estabelecida]" (DELEUZE & GUATTARI, 2014, p. 39).

Alexandre: Valeu, Citação! A vida de muitos da população de rua parece ter uma dessas articulações menores. Filtrar a vida na rua como vida menor é visibilizar uma política de variação dos axiomas em procedimentos expressivos que fazem a "vida verdadeira" vazar. Segundo Hillesheim:

Citação: "Menores são, assim, as linhas de fuga, as quais escapam às imagens homogêneas, operando desterritorializações e abrindo passagem para devires. Considerar que o menor está do lado de fora não significa que o mesmo esteja excluído, mas que se localiza fora das imagens formadas pelas maiorias, desafiando a imposição de um só dogma, de uma imagem de verdade" (HILLESHEIM, 2006, p. 27).

Alexandre: Enfim, isso da vida menor serve menos para defender o formato atual da vida das pessoas e mais para salientar suas intensidades singulares em fuga/desvio de determinados formatos normativos.

Todos: Baaaaah... [estavam vidrados nessa fala alongada. O Ideias de Jerico tentou encolher para entrar num vidro vazio de maionese com um rótulo escrito a mão: vida menor].

Dispositivo Klínico: Nesse sentido, Capítulo, depois de toda essa fala te situando teoricamente, tentamos problematizar tua pergunta. Não foi exatamente o pedal de *looping* que originou a RNR. Mas o fato de o pátio ser esse encontro dos usuários com a disposição klínica do Alexandre, fabricando-se conjuntamente filtros onde a vida do pessoal sugeriu uma vida menor[62], com agen-

---

60. Inseriu-se a palavra vida no meio da citação de Deleuze e Guattari usando o conceito de menor vinculado à vida.

61. Idem.

62. A vida menor não se restringe a pessoas em situação de rua. Todas as pessoas têm suas intensidades que fazem a vida variar. A "vida maior"

ciamentos potentes e peculiares em seus desvios, entendendo isso como potências a serem visibilizadas, onde a *performance* do pedal de *looping* com o microfone engravidaram as ideias. Os equipamentos de som da RNR só tiveram sentido nesse contexto de visibilização da potência de intensidades desviantes em locais com bastante gente, na rua. As pessoas em situação de rua, para além da aparência e de definições simplificadoras (de mendigo, vagabundo, drogado etc.), com o microfone na mão usam o som para embaralhar os significados sociais e multiplicam camadas de sentido pela cidade.

Capítulo: Ah, tá... a gente às vezes acha que a coisa nasce pronta, ou tem uma origem específica tipo o pedal de *looping* [deu uma risadinha envergonhada].

Ideias de Jerico: As coisas são agenciamentos, excitações, fluxos, cortes e fluxos, redes, máquinas de máquinas, políticas [Ideias de Jerico falou isso sério e depois continuou sentado, quieto, olhando em silêncio para os amigos da *Rádio no Livro* – ninguém entendeu muito bem esse comportamento sóbrio do Ideias de Jerico. Talvez, para o Ideias de Jerico, ser desse modo, sóbrio, também seja uma ideia de jerico].

Alexandre: Nossa, Ideias de Jerico, obrigado por essa frase! E por isso, nos agenciamentos potentes à radio, a rua se tornou o melhor aliado. Além de a rua ser o local onde a população de rua sente-se espontânea e ativa, os inusitados da rua abrem brechas para uma multiplicidade de forças do mundo em conexão. A diversidade de pessoas em trânsito na rua produz encontros e assuntos imprevisíveis, alianças inimagináveis, desterritorializações constantes. As alianças são fundamentais à RNR por serem resultados de excitações, desconfortos criativos, conectando fluxos heterogêneos nos microfones. Na intensidade do encontro faz-se laço independente da presença de um decalque estigmatizador (roupa, cheiro, cor). Aliar-se difere de se filiar. Filiação supõe um

---

é uma especulação, uma transcendência, com uma função moralista restritiva de agenciamentos. A população de rua traz formatos de vida facilmente identificáveis como diferentes.

meio fechado de conexões, uma descendência, uma linhagem, indicadores previsíveis e identidades. Um limite aos entes possíveis de serem envolvidos e ao que pode cada um. A filiação remete ao decalque transcendente, colonizando os entes e determinando encontros. Enquanto filiações tendem à arborescência, alianças são rizomáticas (DELEUZE & GUATTARI, 2004). A rua é vitalidade, é infinitas possibilidades de conexão, de múltiplas entradas e saídas, cartografias. Ao pessoal da rua que vive de aliar-se, de apoios anônimos, aliando-se uns aos outros, aos animais, às lixeiras, ao papelão, à moeda, à cidade, às políticas públicas, a RNR funciona como uma microfonação de suas alianças.

Dispositivo Klínico: Na rua, a RNR é um pequeno enclave num pedaço de chão da cidade (BEY, 2010), propício a usar som alto durante duas horas. Um lugar que faça sentido à população de rua, por exemplo: um parque, uma praça, numa remoção feita pela prefeitura; nos aniversários do jornal *Boca de Rua*; num congresso de antropologia. Um local central, um *chakra* urbano, funcionando como um brete onde os transeuntes necessariamente precisam passar. Uma zona de convergência de fluxos. Passando, são excitados pelas músicas, conversas, brincadeiras, poesias, histórias, diálogos com o pessoal da rua.

Imagem:

Capítulo: Muito legal essas fotos, Imagem! Mostram alguns locais ocupados pela *performance* da RNR. Mas fora do Centropop/FASC, como a RNR faz para seguir acontecendo?

Alexandre: A RNR atualmente não tem vínculo direto com as políticas públicas financiadas pelo Estado. Sua continuidade se dá em parcerias com entidades não governamentais, com coletivos, com feiras, com grupos militantes: indígenas e ecologistas, por exemplo.

Ideias de Jerico: [pegando rapidamente o microfone] ...E eu criei a vontade de levar a RNR ao mestrado na Pós-Graduação em Psicologia Social e Institucional da UFRGS [disse sorridente e orgulhoso. Todos se olharam debochadamente em dúvida em ter sido uma ideia tão sorridente].

Dispositivo Klínico: Isso é desafiador... pelo menos assim a RNR segue aliando-se a outros lugares, com outras linguagens, outras ferramentas. Em função dessa ida para a UFRGS estou precisando me reinventar constantemente, pois ao levarmos a RNR ao mestrado, fui problematizado a descobrir como ser um dispositivo klínico na academia, na dissertação, no livro, propondo o desvio e não apenas falando do desvio operado na RNR e pela RNR...

Alexandre: E isso é ótimo, Dispositivo Klínico! Nossa escrita acadêmica precisa operar em variados platôs. Além do mestrado, a gente continua propondo as *performances* na cidade. O Movimento Nacional da População de Rua (MNPR) e a EPA[63] convidam a RNR seguidamente para suas atividades e mobilizações na cidade.

Ideias de Jerico: E... também... seguimos pensando a organização de projetos em editais públicos que custeiem sua continuidade e desenvolvimento [Ideias de Jerico estava de óculos, com *laser* e caneta escrevendo numa lousa branca, apontando os gráficos dos custos dos novos projetos].

Capítulo: Que legal ver toda essa mobilização, muito interessante conhecer esse trabalho de vocês [começa a tocar a música "Eu quero botar meu bloco na rua", de Sérgio Sampaio]. Mas infelizmente estamos terminando nosso programa de hoje na nossa *Ráaaadio no Livro-o-o-o* [eco – Ideias de Jerico está de pé, sem camisa, com os braços levantados mexendo-se dum lado pro outro e cantando "eu quero é botar meu bloco na rua..." – o Citação cantou junto, timidamente].

Todos: Aaaaaaahhh... [Relato ficou chateado, pois tinha mais detalhes para serem descritos].

---

63. Escola Porto Alegre, especializada em educação para a população de rua da cidade de Porto Alegre.

Alexandre: Tá certo, Capítulo! Foi muito legal estar com todos por aqui. Compreendemos a tua pressa em finalizar, afinal já são 6 para as 15.

Todos: 6 para as 15?

Ideias de Jerico: É... 6 linhas para o final da última página das 15 permitidas a esse programa.

Divulgação: Antes de terminar gostaria de convidar as pessoas a conhecer a página da RNR no *Facebook* e acompanhar nossas *performances* pelas cidades.

Alexandre: Bem lembrado, Divulgação! Por fim, gostaria de agradecer às organizadoras Neuza Guareschi, Lílian Cruz e Bruna Battistelli pelo carinho de convidar a RNR ao livro.

Capítulo: Tá certo. Obrigado a todos. E assim termina mais um programa da nossa *Ráaadio no Livro-o-o-o* [eco]. Tchau-au-au-au [eco]!!!!!

[Enquanto segue a música bem alta, todos se cumprimentam e se abraçam. A Dissertação pede ao Capítulo todas as suas páginas em branco para que ela possa seguir escrevendo em outro momento].

Referências

BAREMBLITT, G. *Introdução à esquizoanálise*. Belo Horizonte: Biblioteca da Fundação Gregório Baremblitt/Instituto Félix Guattari, 2010 [Coleção Esquizoanálise e Esquizodrama].

BEY, H. *Zonas autônomas*. Porto Alegre: Deriva, 2010 [Org. Coletivo Protopia].

BRASIL. *Decreto n. 7.053*, de 23 de dezembro de 2009. Brasília: Presidência da República/Casa Civil/Subchefia para Assuntos Jurídicos, 2009 [Disponível em: <http://www.planalto.gov.br/ccivil_03/_ato2007-2010/2009/decreto/d7053.htm> acesso em 21/05/2017].

_____. *Política Nacional de Assistência Social (PNAS)*. Resolução CNAS n. 145, de 15 de outubro de 2004. Brasília: Ministério do Desenvolvimento Social e Combate à Fome, 2004 [Disponível em: <http://www.

assistenciasocial.al.gov.br/sala-de-imprensa/arquivos/PNAS.pdf/ view> acesso em 18/05/2017].

DA COSTA, L.B. *Biografema como estratégia biográfica*: Escrever uma vida com Nietzsche, Deleuze, Barthes e Henry Miller. Porto Alegre: UFRGS/Faculdade de Educação, 2010 [Tese de Doutorado em Educação].

DELEUZE, G. *Lógica do sentido*. 5. ed. São Paulo: Perspectiva, 2009 [Trad. Luiz Roberto Salinas Fortes].

_____. ¿Que és un dispositivo? In: BALIBAR, E.; DREYFUS, H. & DELEUZE, G. *Michel Foucault, filósofo*. Barcelona: Gedisa, 1999.

DELEUZE, G. & GUATTARI, F. *Kafka*: Por uma literatura menor. Belo Horizonte: Autêntica, 2014 [Trad. Cíntia Vieira da Cunha].

_____. *Mil platôs*: Capitalismo e esquizofrenia. São Paulo: 34, 2004, v. 1.

_____. *Mil platôs*: Capitalismo e esquizofrenia. São Paulo: 34, 1996, v. 3.

DELEUZE, G. & PARNET, C. *Diálogos*. São Paulo: Escuta, 1998 [Trad. Eloisa Araújo Ribeiro].

GUMBRECHT, H.U. *Produção de presença*: O que o sentido não consegue transmitir. Rio de Janeiro: Contraponto/PUC-Rio, 2012 [Trad. Ana Isabel Soares].

HILLESHEIM, B. *Entre a literatura e o infantil*: Uma infância. Porto Alegre: Faculdade de Psicologia da PUC-RS, 2006 [Tese de Doutorado em Psicologia] [Disponível em: <http://meriva.pucrs.br/dspace/ bitstream/10923/4772/1/000385853-Texto%2BCompleto-0.pdf> acesso em 30/10/2017].

LOURAU, R. *A análise institucional*. 3. ed. Petrópolis: Vozes, 2014 [Coleção Psicologia Social].

QUIJANO, A. Colonialidade do poder, eurocentrismo e América Latina. In: *A colonialidade do saber*: Eurocentrismo e Ciências Sociais. Perspectivas latino-americanas. Buenos Aires: Clacso/Consejo Latinoamericano de Ciencias Sociales, 2005 [Disponível em: <http:// bibliotecavirtual.clacso.org.ar/clacso/sur-sur/20100624103322/12_ Quijano.pdf> acesso em 21/10/2017].

SÊNECA, L.A. *A vida feliz*. São Paulo: Escala, 2006 [Trad. Luiz Feracine].

ULGIATI, S. Entropia. In: D'ALASIA, G.; DEMARIA, F. & KALLIS, G. *Decrescimento*: Vocabulário para um novo mundo. Porto Alegre: Tomo Editorial, 2016.

ORTOPEDIAS POLÍTICAS E A PRODUÇÃO DE "MULHERES UNIVERSAIS" NA POLÍTICA NACIONAL DE ASSISTÊNCIA SOCIAL (PNAS)

Simone Maria Hüning

Érika Cecília Soares Oliveira

Paradoxos da proteção social no Estado neoliberal

A Lei n. 13.014, de julho de 2014, alterou a Lei Orgânica de Assistência Social n. 8.742, de 1993, determinando que o pagamento de benefícios monetários eventuais e de transferência de renda para pessoas assistidas pela Política Nacional de Assistência Social (PNAS) seja pago preferencialmente à mulher responsável pela unidade familiar. Neste capítulo, a partir de uma análise dessa e de outras leis que instituem e regulamentam a Assistência Social no Brasil, problematizamos contradições e efeitos dessa política que, ao tomar como foco as mulheres pobres, cria uma posição identitária essencialista para as beneficiárias da assistência social recrudescendo estereótipos. Para desenvolvermos nosso argumento começaremos discutindo os atravessamentos da instituição da política pública de assistência social com o neoliberalismo e a constituição do sujeito de direito.

Inicialmente, é fundamental destacar que a formulação de uma Política de Assistência Social no Brasil é resultado de um importante processo de lutas que tem seu marco institucional na Constituição de 1988 (CRUZ & GUARESCHI, 2009). O texto constitucional, ao situar a assistência social como uma das bases da seguridade social, redimensiona tanto a posição do Estado quanto a da/o beneficiária/o em relação às ações e programas de assistência social. Do lado do Estado, fica definida sua responsabilidade pela proteção a todas/os que dela necessitem, independente de qualquer forma de contribuição. Do lado das/os beneficiárias/os, ainda que estas/es definam-se a partir de uma condição de vulnerabilidade social, tal responsabilidade não pode sobrepor-se à sua condição de cidadã/ão e sujeito de direito. Assim, no marco da instituição da Assistência Social como um direito da/o cidadã/ão e dever do Estado, em uma história em que a assistência era até então caracterizada por práticas de caridade e assistencialismo, vê-se a configuração de uma nova relação entre o Estado e os indivíduos no que diz respeito às práticas de assistência social, que continuará, entretanto, permeada por algumas contradições.

Para apontá-las, tomaremos as políticas públicas como formas de governo da população, como estratégias biopolíticas que organizam as ações do Estado no sentido da promoção da autonomia dos indivíduos e maximização da vida forjando, simultaneamente, modos de existência (FOUCAULT, 2008). Para investir desse modo na vida, os indivíduos são agrupados pelas políticas públicas por ferramentas como as estatísticas populacionais, a partir de marcadores identitários, etários, geográficos e sociais, entre outros, em grupos específicos sobre os quais se estabelecerão as estratégias de intervenção.

Como ponto de partida, recorremos a Guareschi, Lara e Adegas (2010), que se fundamentam na abordagem foucaultiana do Estado moderno para problematizar as políticas públicas a partir do conflito entre os interesses do sujeito e os do mercado. As autoras destacam a Declaração dos Direitos Humanos Universais como um elemento fundamental para a constituição do sujeito de direito das políticas públicas como aquele que possui direitos inerentes à sua condição de humano, assegurando a igualdade entre todas/os. Destacam também a necessidade de atentar para a dimensão econômica, particularmente para o neoliberalismo, na constituição das formas de governo dos estados modernos. Ao enfatizar a produção de sujeitos autônomos, o neoliberalismo faz emergir outra figura, a do *homo oeconomicus* que, não se sobrepondo à figura do sujeito de direitos, vai com ela coexistir engendrando as dinâmicas entre indivíduos e Estado na formulação e execução das políticas públicas. A partir disso, sinalizam uma "contradição inerente ao contexto neoliberal e, portanto, à formulação e implementação das políticas públicas" (GUARESCHI, LARA & ADEGAS, 2010, p. 338). A figura jurídica do sujeito de direito, alvo das políticas públicas, vai coexistir e entrar em contradição com a figura emergente do mercado neoliberal (*homo oeconomicus*). Vejamos agora como essas contradições se expressam na PNAS para, em seguida, discutirmos o modo como as mulheres são posicionadas nessa política.

A Lei Orgânica de Assistência Social (LOAS), de 1993, regulamentando o que estava previsto pela Constituição de 1988, situa a assistência no "campo dos direitos, da universalização dos acessos e da responsabilidade estatal" (BRASIL, 2005, p. 31). Inserida no campo da seguridade social, a assistência passará a fazer parte do âmbito das estratégias de proteção social do Estado, visando à garantia de direitos e de condições de vida dignas ao conjunto de sua população e à promoção da autonomia dos indivíduos, como destaca o texto da PNAS. Embora essa política tenha como princípio a "supremacia do atendimento às necessidades sociais sobre as exigências de rentabilidade econômica" (BRASIL, 2005, p. 32), não é possível pensar em sua constituição fora de uma racionalidade econômica neoliberal. Assim, ao lado do princípio mencionado encontramos ao longo do texto da PNAS a ênfase na busca pela autonomia da/do beneficiária/o das políticas de assistência social como sua finalidade.

Vemos aí que os dispositivos legais que instituem e regulamentam a assistência social no Brasil buscam, de certo modo, "conciliar" as duas imagens apontadas por Guareschi, Lara e Adegas (2010): por um lado, o sujeito de direito e a construção de um direito social, que parte de um princípio de igualdade entre todas/os; e, por outro, o valor da autonomia, que vincula-se à noção de indivíduo e de propriedade, valores fundamentais para o neoliberalismo.

A existência de paradoxos como estes está, para Castel (2005), na base da construção dos sistemas de seguridade, que ele define como "construções complexas e frágeis que trazem em si mesmas o risco de falhar em sua tarefa e de decepcionar as expectativas que elas suscitaram" (CASTEL, 2005, p. 8). A fragilidade e contradição desses sistemas engendra nos próprios sistemas de proteção, não como seu oposto mas como seu efeito, a sensação de insegurança própria dos Estados modernos. A promoção do indivíduo nessas sociedades estaria diretamente ligada à produção de sua vulnerabilidade e aos sistemas de proteção vinculados à propriedade a um só tempo. Diferente do sistema de proteção pré-moderno, no qual a segurança estava atrelada à família e à comunidade, na lógica capitalista moderna a propriedade garantiria a segurança dos indivíduos diante de situações adversas da vida. O Estado moderno teria sua existência vinculada ao mesmo tempo à proteção da propriedade (direito previsto na Declaração dos Direitos Humanos Universais) e dos direitos sociais dos indivíduos, gerando uma contradição em seu funcionamento visto que, muitas vezes, proteger a propriedade de algumas/ns significaria a negação da proteção social para outras/os ou vice-versa.

O que os trabalhos mencionados evidenciam em comum é o modo como se configura no Estado moderno o conflito entre direito e mercado, expresso também em nossa Política de Assistência Social. Assim, essa mesma política vai se configurar simultaneamente em torno da proteção social e da promoção da autonomia do indivíduo em risco ou vulnerável. Como vimos, a noção de vulnerabilidade do indivíduo produz-se exatamente pela lacuna que emerge da contradição entre o sujeito de direitos e o *homo oeconomicus*; entre o direito universal à proteção social e a capacidade de produção e consumo dos indivíduos.

Hüning e Scisleski, ao discutirem a noção de vulnerabilidade na PNAS, afirmam que ela é produzida a partir de uma lógica da redução da autonomia individual nas sociedades neoliberais – já que é vulnerável aquela/e que não consegue garantir de forma autônoma sua existência, necessitando, portanto, do Estado. Assim, a constituição de determinados grupos populacionais como mais vulneráveis precisa ser historicizada. Nesse sentido, é importante não apenas defender a proteção a certos segmentos populacionais considerados vulneráveis, mas traçar estratégias para que deixem de ser produzidos como tal.

A LOAS (1993) estabelece como alvos especiais de proteção a família, a maternidade, a infância, a adolescência, a velhice e as pessoas com deficiência. De forma ampla, define a vulnerabilidade social como uma situação decorrente da pobreza, da fragilização ou da privação de vínculos afetivos (BRASIL, 2005). Ao passo que reconhecemos a necessidade de atenção a esses segmentos, cabe a problematização de como, historicamente, eles são constituídos como vulneráveis e como essa posição permite que o Estado esquadrinhe e regule a vida desses sujeitos.

Mas a delimitação de um grupo como vulnerável é apenas uma das formas como a política opera na segmentação do social. Quando tomamos a determinação do pagamento de benefícios monetários eventuais e de transferência de renda da PNAS preferencialmente às mulheres responsáveis pela unidade familiar, podemos discutir como essa determinação também atua a partir de uma segmentação que não deixa de conter elementos essencialistas, recrudescendo uma identidade naturalizada para as mulheres: Quem são as mulheres aptas (ou dignas) de recebê-los? Como são escrutinadas e avaliadas pela política e suas/seus agentes? Como são capturadas por uma rede de saberes e poderes que prescreve modos de vida considerados adequados? Como essa captura opera como forma de governo de seus/suas corpos/subjetividades? Levantamos esses questionamentos para refletir que embora essa priorização das mulheres possa sugerir, e até mesmo alcançar, uma vontade de promoção de sua autonomia, ela traz consigo o perigo das amarras de práticas hegemônicas em torno das "mulheres responsáveis pela unidade familiar". Fica portanto evidente que a transferência de renda não é suficiente para mudar as assimetrias de gênero na sociedade, de modo que essas posições assimétricas e essencialistas também precisam ser historicizadas e enfrentadas com outras estratégias.

Desse modo, colocamos em análise a posição que é assumida e produzida para as mulheres pela PNAS, trazendo para o debate as contradições e paradoxos dessas biopolíticas e suas implicações na produção de ortopedias políticas que normalizam subjetividades. Tal análise entende a existência de relações estreitas entre as estratégias biopolíticas operadas pelas políticas públicas e a produção de modos de subjetivação em torno das performatividades de gênero. Compreendemos que os mecanismos adotados pelo

236

Estado na formulação e execução de suas políticas públicas, ao transitarem pelas figuras do sujeito de direitos e do sujeito empreendedor de si mesmo do pensamento neoliberal (FOUCAULT, 2008), embora acenem como possibilidade de resistência têm produzido, muitas vezes, posições identitárias essencialistas, fundamentais para perpetuar formas conservadoras e patriarcais de governo. Essas são as questões que passaremos a abordar agora.

Articulações entre gênero e políticas governamentais de proteção social

Nas últimas décadas tem havido uma institucionalização de perspectivas de gênero nas políticas governamentais. De acordo com Meyer (2004), essa institucionalização não se dá de modo linear e, portanto, não pode ser atribuída exclusivamente a um único governo ou a partidos políticos, tampouco resulta de ações isoladas de grupos, instituições e entidades sociais. Ao contrário disso, a emergência de políticas que envolvem gênero é decorrente de processos complexos e disputados, fruto de articulações e demandas de diferentes movimentos sociais, feministas e de mulheres desde a segunda metade do século XX.

No Brasil, os anos de 1990 caracterizam-se pela hegemonia de um Estado patriarcal neoliberal, momento em que a noção de gênero é utilizada como uma variável despolitizada, operando de maneira transversal em diferentes políticas públicas (MATOS & PARADIS, 2014). Esse período também se caracteriza pela entrada de feministas nas mais variadas instituições masculinistas (ALVAREZ, 2014). De acordo com essa autora, a noção de gênero, nesse momento, torna-se parte integral do receituário neoliberal de muitos programas latino-americanos e instituições intergovernamentais. Essa fase do neoliberalismo caracteriza-se por uma dupla confluência: por um lado representa uma série de conquistas reais, que levam à incorporação de elementos da agenda feminista por alguns partidos, governos e instituições e, por outro, o termo gênero acaba por figurar na chamada "Nova Agenda Anti-Pobreza" que, por meio de uma abordagem tecnocrática, incorpora essa noção com o objetivo de aumentar o capital social das mulheres, em especial daquelas pobres e negras. É justamente esse capital social feminino que passa a ser compreendido como primordial para que as mulheres se integrem em um desenvolvimento de mercado, demandando políticas voltadas para grupos ditos vulneráveis. A partir dessa perspectiva, criam-se programas e planos sociais compensatórios com vistas a reparar a brutal desigualdade de distribuição de riqueza e bens materiais socialmente produzidos à qual estava submetida grande parcela da população brasileira. Os programas de transferência de renda são estratégias acionadas por países da América Latina nessa época na tentativa de dirimir e atenuar as fissuras produzidas na ordem social diante do novo regime político e econômico que vai gradativamente se instaurando e, nele, as mulheres participam como as principais gerenciadoras dos valores monetários recebidos (SILVA & SILVA, 2007; 2014; YASBEK, 2012).

Algumas autoras têm identificado a inclusão de mulheres nas políticas sociais como um fenômeno de feminização, apontando para o fato de que esse tipo de ação tem sido responsável por criar um novo sujeito político entre as mulheres pobres, a saber: a "mulher parceira do Estado". Um conjunto de estratégias passa a ser acionado para que tais mulheres operem de modo que a questão social seja enfrentada por meio de políticas estatais, colocando-as como suas mediadoras e como corresponsáveis por seu enfrentamento (CARLOTO & MARIANO, 2010; MEYER, KLEIN, DAL'IGNA & ALVARENGA, 2014; KLEIN, MEYER & BORGES, 2013). Os efeitos dessa inclusão têm sido pensados e discutidos para refletir a respeito dos impactos – não apenas materiais mas simbólicos – que provocam em suas vidas.

De acordo com Fraser (2006; 2007), "remédios afirmativos" têm como função corrigir efeitos desiguais de arranjos sociais sem abalar a estrutura subjacente que os engendra. No que diz respeito aos "remédios" utilizados para se alcançar uma certa justiça econômica, encontram-se aqueles que estão historicamente associados ao Estado de Bem-Estar Social que, ao buscar compensar a má distribuição, deixam intacta a estrutura econômica e política, não modificando a divisão social do trabalho, a qual se mantém injusta. Programas de transferências de renda são compreendidos por essa autora como "remédios de redistribuição afirmativa", oferecendo auxílios focalizados ao "exército de reserva" de desempregadas/os e subempregadas/os. Ao invés de abolirem as divisões de classes, esses programas as sustentam. Um efeito disso é que a focalização nos grupos mais pobres se dá não somente via auxílio, mas também pela hostilidade que eles criam ao produzirem diferenciações entre grupos antagônicos, deixando intactas as estruturas que engendram as desvantagens de classe. O resultado é marcar as classes que deles necessitam como insaciáveis e ineficientes, eternas dependentes de programas, o que acaba por abrir possibilidades de que injustiças de reconhecimento surjam a partir daí. Os grupos que recebem tais benefícios, ao serem vistos como ineficientes, sofrem estigmas que os inferiorizam e os colocam como portadores de uma cidadania de menor valor, seres abjetos. É preciso, com isso, refletir se tais programas modificam a estrutura desigual de distribuição de poder para as mulheres, por um lado, e, por outro, é necessário pensar no modo como "remédios" que focalizam mulheres pobres acabam por legitimar construções estereotipadas do que é ser mulher. No caso de programas de assistência social, muitos deles incluem as mulheres tomando como base sua função de esposas e mães e não seus direitos de cidadania, daí Carloto e Mariano, ao discutirem alguns deles, chegarem à conclusão de que os mesmos promovem uma "cidadania fragilizada e sexuada" (2010, p. 466). Isso porque, ao colocarem a mulher como parceira e mediadora do Estado, tais programas não avançam de modo a garantir que mulheres pobres e extremamente pobres participem daquilo que realmente importa no mundo público: trabalho e política, esferas das quais elas têm sido historicamente apartadas.

Programas de transferências de renda cujas destinatárias são as mulheres podem auxiliar na garantia de alguns direitos, permitindo, de algum modo, a saída da pobreza extrema e, consequentemente, o comando de suas vidas e de suas/seus dependentes. Contudo, é necessário que problematizemos o fato de que algumas políticas sociais, programas, ações, estratégias e legislações formuladas em prol dessas mulheres podem, muitas vezes, funcionar como técnicas de regulação de processos de subjetivação e assim, de gestão de corpos femininos, construindo determinados tipos de mulheres a partir de um ideal de mulher universal. Isso se deve, em alguns casos, porque a própria formulação dos documentos voltados para essas políticas trazem concepções referendadas em perspectivas familistas, que colocam a mulher numa posição essencializada ou, em outros, porque as equipes responsáveis por executar as ações e estratégias acabam atuando a partir de um fazer despolitizado que, baseado em crenças pessoais e preconceitos, impede efetivamente que direitos sejam assegurados (SCHRAIBER, 2012). Em outro trabalho (OLIVEIRA, PEZZATO & MENDES, no prelo), discutimos as consequências dessas concepções essencialistas na vida de uma usuária atendida por uma equipe de saúde e apontamos para as violências a que esteve sujeita durante o período em que acompanhamos sua trajetória. Ficou muito evidente para a equipe de pesquisadoras que o corpo da usuária era palco de inúmeras tentativas de normalizações e disputas de poder (vacinas para sífilis, pré-natal, possibilidade de laqueadura), além de protocolos a serem seguidos para que seu filho não figurasse nas estatísticas de mortalidade infantil daquele território. Uma vez tendo dado à luz e a criança ter sido retirada dela sem seu prévio conhecimento, a usuária deixou de ser preocupação da equipe. Ela não se encaixava nas ficções que a colocariam como uma boa mãe: não tinha higiene alguma, não tinha rotina, seu barraco era sujo, não realizava o pré-natal, tampouco comparecia nos dias da vacina para sífilis. Era, como disse uma agente comunitária, uma espécie de "alma penada".

Assim, parece-nos que em alguns casos, para operacionalizar as ações programáticas instituídas por essas políticas, é necessário que certas ficções somáticas sobre o que é ser mulher se sobressaiam e não outras. Essas ficções apelam para velhos estereótipos que modelizam os processos de subjetivação de mulheres, muitas vezes recolocando-as na esfera doméstica, no cuidado das crianças e da casa. Trata-se de uma ecologia política que, nesse caso, produz a redução do trabalho sexual, de gestação, com crianças e no cuidado dos corpos a um trabalho não remunerado (PRECIADO, 2014b). Essa redução de que fala Preciado é responsável por reinscrever a existência feminina em uma suposta essência – ser mãe, cuidadora, prestativa, carinhosa – valendo-se, para tanto, de uma desigualdade social estrutural. Isso permite que o Estado, representado por assistentes sociais, agentes de saúde, psicólogas/os, a própria vizinhança, vasculhe as vidas e condutas dessas mulheres, vigiando-as para ver se elas seguem os protocolos estabelecidos pelas políticas das quais são beneficiárias. Tais regulações funcionam como ortopedias políticas (PRECIADO, 2014b), agindo como "sistemas duros" de produção de subjetividades.

De acordo com Preciado (2014a; 2014b), a certeza de ser uma mulher ou um homem repousa nessa ficção somatopolítica que é produzida por um conjunto de tecnologias de domesticação do corpo que delimita nossas potencialidades somáticas funcionando como filtros que produzem distorções permanentes na realidade que nos rodeia. Produzem-se, com isso, percepções sensoriais que se personificam em afetos, desejos, ações, crenças, identidades e que produzem a consciência de que somos mulheres, homens, homossexuais, heterossexuais etc. Cada uma dessas formulações atua como núcleos biopolíticos e simbólicos duros em torno dos quais se aglutinam um conjunto de práticas e discursos; algo que a autora chama de programação de gênero. Essa programação diz respeito a uma tecnologia psicopolítica de modelização da subjetividade que produz sujeitos que pensam e atuam como corpos individuais com uma identidade de gênero e uma sexualidade fixas. Tais arranjos demonstram que em nossos corpos são encenadas complexas transações de poder.

A partir dessa perspectiva fica possível compreender como algumas políticas estatais acabam por demandar – e, com isso, modelizar – um tipo ideal de família, a considerada "boa família", na qual a mulher não somente é a protagonista como também é a grande mediadora e gestora dessas ações, uma vez que tais políticas têm como foco, usualmente, as crianças. Segundo Carloto e Mariano (2010, p. 457) a boa família deve suprir financeiramente, manter as crianças na escola e cuidar de sua higiene, alimentação e vestuário, não praticar violência doméstica etc. Exaltação de valores familiares, maternidade, heterossexualidade compulsória ainda persistem nos documentos da política nacional de assistência analisados pelas autoras e mostram como mulheres são construídas dentro do sistema heterossexual de produção e reprodução, de modo que este mesmo sistema continua autorizando sua sujeição como força de trabalho sexual e como meio de reprodução, de acordo com certas finalidades reprodutivas e econômicas (PRECIADO, 2014b). Ao analisar programas voltados para a maternidade e as representações veiculadas por eles, Meyer constata:

> O exame de tais representações vem nos permitindo perceber que a noção de indivíduo mulher-mãe ainda supõe, ou supõe com força renovada, a existência de um ser que incorpora e se desfaz em múltiplos – a mãe como parceira do Estado, a mãe como agente de promoção de inclusão social, a mãe como esteio de sua família e, mais especificamente, a mãe como responsável única e direta por seus filhos. Nesse contexto, gerar e criar filhos "equilibrados e saudáveis" passa a ser social e culturalmente definido, também, como um "projeto" de vida, responsabilidade individual de cada mulher que se torna mãe, independentemente das condições sociais em que essa mulher vive e dos problemas que ela enfrenta [...] (MEYER, 2004, p. 16).

Preciado (2014b) alerta para o fato de que o investimento no corpo heterossexual – mãe como esteio da família, mãe responsável pelas/os filhas/os – continua sendo um dos artefatos de maior êxito governamental da sexopolítica – e também, diríamos, de gestão da pobreza. Ele utiliza-se de uma divisão do trabalho da carne segundo a qual cada órgão – seios, útero, vagina, nesse caso – se define a partir de sua função tanto reprodutora como produtora de feminilidade, normalidade, perversão. A necessidade desses dispositivos sexopolíticos disciplinares cotidianos deflagra o modo como o estatuto das mulheres "cis"[64] é tecnicamente produzido, uma vez que depende de reconhecimento visual, de produções performativas e de um rigoroso controle morfológico. Trata-se, como demonstra Preciado (2014a), de uma poderosa construção tecnológica e teatral da verdade natural dos sexos numa "mesa de operação" performativa. Documentos elaborados pelo governo e práticas de equipes se conjugam em torno de uma verdade sobre o

---

64. De acordo com Preciado (2014b), cis-homem/cis-mulher diz respeito àquelas pessoas que se identificam com o sexo com o qual foram designadas no momento do nascimento.

que é ser mulher e de como esta deve funcionar de modo a conseguirem obter assistência, saúde, educação, benefícios, fazer parte de programas etc. Tais documentos e práticas que deles derivam produzem as "outras" mulheres, aquelas que poderão ser punidas por seus excessos e desvios; por não se inscreverem naquilo que se procura e se espera de uma mulher.

É possível falar que no Brasil as instituições estatais configuram-se por um viés patriarcal, o que leva Matos e Paradis (2014) a falar de um patriarcado estatal contemporâneo. Esse Estado patriarcal tem como função sustentar a subordinação das mulheres nas distintas dimensões da esfera pública. Separações que ainda persistem nesse modelo dizem respeito às dicotomias como: público/privado; quem pode ser incluída/o politicamente pelo Estado como cidadã/ão; binarismo e divisão sexual do trabalho, na qual homens são vistos como pertencentes ao espaço público, dotados de cultura e racionalidade, e mulheres ficam restritas à esfera doméstica, sendo mães, cuidadoras. Além disso, esse modelo ainda delimita quais demandas poderão fazer parte das principais preocupações governamentais e quais estarão excluídas. Como toda instituição social e política, o Estado possui dinâmica de perpetuar rotinas, sendo corresponsável por facultar ou bloquear agendas e oportunizar o desenvolvimento político de certos grupos. Ainda que, segundo as autoras, a partir dos anos 2000 seja possível observar iniciativas de desestabilização por meio de ações políticas feministas que reivindicam políticas públicas que atendam as mulheres, bem como pela criação de mecanismos institucionais de mulheres, o Estado continua operando numa perspectiva que torna a sujeição feminina naturalizada.

Nesse sentido, chamamos a atenção para o alerta que Fraser (2006) faz sobre a necessidade de pensarmos, articuladamente, lutas por redistribuição e lutas por reconhecimento. Privação econômica (ter um trabalho indesejável e malremunerado ou mesmo não ter um trabalho, não ter acesso a um padrão de vida material digno) e desrespeito cultural (ser invisibilizada, ser tratada como inferior, ser violentada e ter essa violência socialmente legitimada) são injustiças que estão entrelaçadas. São códigos semióticos-técnicos (PRECIADO, 2014b) que tentam produzir mulheres em escala nacional que se conformam a determinados parâmetros de condutas, afetos, disposições. É preciso ter em mente que gênero se estrutura a partir de dimensões político-econômicas (não fosse assim, as mulheres não teriam que lutar pelo direito ao voto, direito a um salário justo, direito a ocupar esferas de poder e representação) e também a partir de dimensões culturais (basta ver a luta para que mulheres não sejam representadas, nos meios de comunicação, como meros objetos sexuais). Ao reforçarem estereótipos para as mulheres, políticas estatais colocam-nas em situações de desvantagem, impedem que sua participação social se dê em pé de igualdade. Participação em pé de igualdade tem a ver com desfrutar de bens simbólicos, materiais e culturais, de modo a produzir a ampliação do regime democrático. Muitas vezes, as vidas de milhares de mulheres são reguladas por uma série de violências que, na perspectiva de Welzer-Lang (2001), têm como função preservar os poderes que são atribuídos aos homens às custas delas.

Os perigos da produção de "mulheres universais"

A análise sobre o modo como o Estado captura e produz uma posição essencialista para as mulheres, como parte de suas estratégias biopolíticas, não pode desconsiderar os efeitos que sofre da associação entre a noção de independência como vinculada à propriedade ou à segurança econômica. Nesse sentido, as ortopedias políticas que se produzem sobre e para as mulheres pelas políticas públicas estão imbricadas com a forma como se concebe a proteção social em uma racionalidade neoliberal. Estão, portanto, diretamente relacionadas com a busca da otimização de forças produtivas e econômicas, onde cada agente individual tem uma função a cumprir e para quem são prescritos modelos de cidadania e de *performance* de gênero a serem seguidos. Ser mulher responsável pela unidade familiar e estar apta a receber os benefícios de transferência de renda é, consequentemente, uma construção que responde não apenas a uma potência para a autonomia das mulheres, mas também a uma captura que as coloca como alvo das estratégias biopolíticas na construção de um modelo ideal, socialmente produtivo, concebido ainda a partir de configurações hegemônicas sobre os gêneros. Há, assim, um enredamento das mulheres pobres como parceiras do Estado no desenvolvimento de suas políticas e a criação de um consentimento para serem governadas desse modo que corresponde a um modelo moralizante de ser mulher, mãe, responsável pela família...

Esse entendimento perpetua desigualdades e assimetrias advindas tanto das situações de disparidade econômicas – que não são efetivamente alteradas a partir desses programas de transferência, ainda que tomem a mulher como referência para seu recebimento – quanto de outras dimensões das relações sociais, como as decorrentes das assimetrias das relações de gênero, cujo enfrentamento não pode ser feito apenas por políticas de transferência de renda. Tais medidas não alcançam, de fato, a complexidade de questões que envolvem as mulheres na interface com as questões de proteção social e as políticas públicas.

Assim, podemos afirmar que essa forma de situar as mulheres nas políticas públicas de assistência social vincula-se à questão paradoxal da proteção e da garantia de direitos, e de um exercício de cidadania limitado e modelado por uma racionalidade neoliberal e patriarcal.

Para concluir, é preciso enfatizar que colocar em questão as contradições da PNAS em relação às mulheres não corresponde à desqualificação da política ou a negação de sua importância. O que queremos demarcar é a necessidade de estarmos atentas/os para seus perigos – e como marcava Foucault, tudo é perigoso! É pelo reconhecimento de sua importância e de seus efeitos políticos e sociais que insistimos na necessidade de atentar para suas contradições e, a partir destas, pensar outras formas de se produzir e operar as políticas de proteção social. Trata-se de um exercício de atenção para com aquilo que instituem, naturalizam e limitam sob a bandeira da proteção e da promoção da autonomia. Colocam-se assim sempre novas exigências que envolvem a necessidade de reflexão e crítica constantes sobre aquilo que chamamos de conquistas sociais, suas formas de operacionalização e as subjetividades que forjam – cada vez mais fundamentais diante dos ataques que nossos sistemas de garantias de direitos vêm sofrendo na atualidade.

Referências

ALVAREZ, S.E. Para além da sociedade civil: Reflexões sobre o campo feminista. *Cadernos Pagu*, n. 43, 2014, p. 13-56.

BRASIL. *Lei n. 13.014*, de julho de 2014. Brasília: DOU, 2014.

_____. *Política Nacional de Assistência Social (PNAS)*. Brasília: Ministério do Desenvolvimento Social e Combate à Fome, 2005.

_____. *Lei Orgânica da Assistência Social (LOAS)*, n. 8.742, de 7 de dezembro de 1993, publicada no DOU de 8 de dezembro de 1993. Brasília: Presidência da República, 1993.

_____. *Constituição da República Federativa do Brasil*. 1988. Brasília: Senado Federal, 1988.

CASTEL, R. *A insegurança social*. O que é ser protegido? Petrópolis: Vozes, 2005.

CARLOTO, C.M. & MARIANO, S.A. No meio do caminho entre o privado e o público: Um debate sobre o papel das mulheres na Política de Assistência Social. *Estudos Feministas*, v. 2, n. 18, 2010, p. 451-471.

CRUZ, L. & GUARESCHI, N.M.F. A constituição da assistência social como política pública: Interrogações à Psicologia. In: CRUZ, L. & GUARESCHI, N.M.F. *Políticas públicas e Assistência Social*: Diálogo com as práticas psicológicas. Petrópolis: Vozes, 2009.

FOUCAULT, M. *Nacimiento de la biopolítica*. Buenos Aires: Fondo de Cultura Económica, 2008.

FRASER, N. Reconhecimento sem ética? *Lua Nova*, n. 70, 2007, p. 101-138.

_____. Da redistribuição ao reconhecimento? Dilemas da justiça numa era "pós-socialista". *Cadernos de Campo*, São Paulo, n. 14/15, 2006, p. 231-239 [Disponível em: <http://dx.doi.org/10.11606/issn.2316-9133.v15i14-15p231-239>].

GUARESCHI, N.M.F.; LARA, L. & ADEGAS, M. Políticas públicas entre o sujeito de direitos e o *homo oeconomicus*. *Revista Psico*, Porto Alegre, v. 41, n. 3, jul./set. 2010, p. 332-339.

HÜNING, S.M. & SCISLESKI, A.C.C. *A noção de vulnerabilidade na Política Nacional de Assistência Social* [no prelo].

KLEIN, C.; MEYER, D.E. & BORGES, Z.N. Políticas de inclusão social no Brasil contemporâneo e educação da maternidade. *Cadernos de Pesquisa*, v. 150, n. 43, 2013, p. 906-923.

MATOS, M. & PARADIS, C.G. Desafios à despatriarcalização do Estado brasileiro. *Cadernos Pagu*, n. 43, 2014, p. 57-118 [Disponível em: <http://dx.doi.org/10.1590/0104-8333201400430057>].

MEYER, D.E. Teorias e políticas de gênero: Fragmentos históricos e desafios atuais. *Rev. bras. enferm.* [online], v. 57, n. 1, 2004, p. 13-18.

MEYER, D.E.; KLEIN, C.; DAL'IGNA, M.C. & ALVARENGA, L.F. Vulnerabilidade, gênero e políticas sociais: A feminização da inclusão social. *Estudos Feministas*, v. 3, n. 22, 2014, p. 885-904.

OLIVEIRA, E.C.S.; PEZZATO, L. & MENDES, R. Às margens do cuidado: Regulações de gênero em uma equipe de saúde. *Physis: Revista de Saúde Coletiva* [no prelo].

PRECIADO, B. *Manifesto contrassexual*: Práticas subversivas de identidade sexual. São Paulo: Nº 1 Edições, 2014a.

_____. *Testo yonqui*. Madri: Editorial Espasa Calpe, 2014b.

SILVA & SILVA, M.O. Panorama geral dos programas de transferência de renda na América Latina e Caribe. *Revista Pol. Públ.*, número especial, 2014, p. 299-306.

_____. O Bolsa Família: Problematizando questões centrais na política de transferência de renda no Brasil. *Ciência & Saúde Coletiva*, v. 12, n. 6, 2007, p. 1429-1439.

SCHRAIBER, L. Necessidades de saúde, políticas públicas e gênero: A perspectiva das práticas profissionais. *Ciência & Saúde Coletiva*, v. 17, n. 10, 2012, p. 2635-2644 [Disponível em: <http://dx.doi.org/10.1590/S1413-81232012001000013>].

YASBEK, M.C. Pobreza no Brasil contemporâneo e formas de seu enfrentamento. *Serv. Soc. Soc.*, n. 110, 2012, p. 288-322 [Disponível em: <http://dx.doi.org/10.1590/S0101-66282012000200005>].

WELZER-LANG, D. A construção do masculino: Dominação das mulheres e homofobia. *Estudos Feministas*, v. 9, n. 2, 2001, p. 460-482.

SOBRE AS/OS AUTORAS/ES

Organizadoras

Lílian Rodrigues da Cruz

Psicóloga. Docente do Departamento de Psicologia Social e Institucional e do Programa de Pós-Graduação em Psicologia Social e Institucional (UFRGS). Doutora em Psicologia (PUC-RS). Integrante do núcleo de estudos *e-politcs*. Realiza pesquisas na área das Políticas Públicas, principalmente em relação à Política de Assistência Social.

Neuza Maria de Fátima Guareschi

Psicóloga. Docente do Departamento de Psicologia Social e Institucional e do Programa de Pós-Graduação em Psicologia Social e Institucional (UFRGS). Pesquisadora na área de Psicologia e Políticas Públicas. Coordenadora do núcleo de estudos *e-politcs* e do grupo de pesquisa Estudos Culturais e Modos de Subjetivação. Doutora em Educação pela University of Wisconsin (Madison). Pesquisadora Produtividade Nível 1 CNPq.

Bruna Moraes Battistelli

Psicóloga. Especialista em Instituições em Análise (UFRGS). Mestre em Psicologia Social e Institucional (UFRGS). Doutoranda do Programa de Pós-Graduação em Psicologia Social e Institucional (UFRGS).

Autoras/es

Adriana Garritano Dourado

Mestre em Psicologia da Saúde pela Universidade Católica Dom Bosco. Psicóloga, servidora pública na Prefeitura Municipal de

Dourados (MS). Pós-graduada em Psicopedagogia pela Uniderp e em Gestalt-terapia pelo Instituto de Gestalt-terapia de Mato Grosso do Sul.

Alexandre Missel Knorre

Psicólogo. Mestrando do Programa de Pós-Graduação em Psicologia Social e Institucional (UFRGS).

Andrea Scisleski

Docente e pesquisadora do Programa de Pós-Graduação em Psicologia da Universidade Católica Dom Bosco. Mestre em Psicologia Social e Institucional pela Universidade Federal do Rio Grande do Sul. Doutora em Psicologia pela Pontifícia Universidade Católica do Rio Grande do Sul. Realiza pesquisas em áreas como: políticas públicas, juventude, segurança pública, psicologia social e justiça, direitos humanos, sistema prisional e socioeducativo.

Anete Regina da Cunha

Psicóloga. Mestre em Psicologia Social e Institucional (UFRGS). Especialista em Análise Institucional (UFRGS). Especialista em Psicologia Clínica (Ulbra). Servidora na Secretaria de Desenvolvimento Social da Prefeitura Municipal de Novo Hamburgo (RS).

Anita Guazzelli Bernardes

Psicóloga. Doutora em Psicologia pela Pontifícia Universidade Católica do Rio Grande do Sul. Pós-doutorado no Centro de Estudos Sociais da Universidade de Coimbra, Portugal. Pesquisadora em produtividade CNPq. Docente do Curso de Psicologia, professora e pesquisadora do Programa de Mestrado e Doutorado em Psicologia e do Programa de Mestrado e Doutorado em Desenvolvimento Local da Universidade Católica Dom Bosco. Atualmente é coordenadora do Programa de Mestrado e Doutorado em Psicologia da Universidade Católica Dom Bosco.

Betina Hillesheim

Psicóloga. Docente do Departamento de Psicologia e do Mestrado e Doutorado em Educação na Universidade de Santa Cruz do Sul (Unisc). Doutora em Psicologia (PUC-RS). Pesquisadora de Produtividade em Pesquisa CNPq. Atua principalmente nos seguintes temas: políticas públicas, inclusão, território, nomadismo, infância, literatura infantil. Líder do grupo de pesquisa Políticas Públicas, Inclusão e Produção de Sujeitos (PPIPS).

Camilla Fernandes Marques

Psicóloga. Mestre em Psicologia com ênfase em Saúde e Doutoranda em Psicologia – Bolsista Capes pela Universidade Católica Dom Bosco (UCDB).

Érika Cecília Soares Oliveira

Psicóloga. Docente e pesquisadora do Programa de Pós-Graduação em Psicologia da Universidade Federal de Alagoas, sendo uma das coordenadoras do grupo de estudos em Diversidades e Políticas. É doutora em Psicologia pela Universidade Estadual Paulista (Unesp/Assis).

Fernanda Spanier Amador

Psicóloga. Docente-adjunta do Departamento de Psicologia Social e Institucional do Instituto de Psicologia (UFRGS). Docente e pesquisadora no Programa de Pós-Graduação em Psicologia Social e Institucional (UFRGS). Mestrado em Psicologia Social e da Personalidade (PUC-RS) e Doutorado em Informática na Educação (UFRGS). Pós-Doutorado em Educação (UFRGS).

Gabrielly da Fontoura Winter

Psicóloga. Professora do Departamento de Psicologia da Universidade de Santa Cruz do Sul. Mestre em Educação pelo Programa de Pós-Graduação em Educação da Universidade de Santa Cruz do Sul. Doutoranda no PPG de Psicologia Social e Institucional da UFRGS.

Helena de la Rosa da Rosa

Psicóloga. Servidora pública na Fundação de Assistência Social e Cidadania de Porto Alegre. Especialista em Saúde Coletiva pela Escola de Saúde Pública do Rio Grande do Sul (2009). Mestre em Psicologia Social e Institucional (UFRGS).

Luciana Rodrigues

Psicóloga. Mestre em Psicologia Social e Institucional (UFRGS). Doutora em Psicologia Social e Institucional (UFRGS).

Luciane De Conti

Psicóloga. Docente e pesquisadora do Departamento de Psicanálise e Psicopatologia e da Pós-Graduação em Psicanálise: Clínica e Cultura do Instituto de Psicologia da Universidade Federal do Rio Grande do Sul. Possui Bacharelado e Licenciatura em Psicologia, Mestrado e Doutorado em Psicologia do Desenvolvimento (UFRGS). Realiza pesquisa que abrangem principalmente os seguintes temas: políticas públicas, sofrimento psíquico, dispositivos clínicos e vulnerabilidades.

Luis Artur Costa

Psicólogo. Docente-adjunto do Departamento e do PPG em Psicologia Social e Institucional da UFRGS. Colaborador no grupo de pesquisa Corpo, Arte e Clínica; Nucogs e no CRDH-Nupsex.

Maria Dornelles de Araújo Ribeiro

Psicóloga. Especialista em Atendimento Clínico: Ênfase em Psicanálise (Clínica de Atendimento Psicológico/UFRGS). Mestre em Psicanálise: Clínica e Cultura (UFRGS).

Maria Luiza Rovaris Cidade

Psicóloga. Mestre em Psicologia. Discente do Doutorado do Programa de Pós-Graduação em Psicologia da Universidade Federal do Rio de Janeiro (UFRJ). Bolsista CNPq.

Marisa Batista Warpechowski

Psicóloga, psicanalista, associada efetiva do Instituto Appoa, especialista em Infância e Adolescência pelo Centro Lydia Coriat de Porto Alegre. Mestre em Psicanálise: Clínica e Cultura (UFRGS). Servidora na Fundação de Assistência Social e Cidadania (FASC) – Prefeitura Municipal de Porto Alegre.

Pedro Paulo Gastalho de Bicalho

Psicólogo. Professor-associado do Instituto de Psicologia, do Programa de Pós-Graduação em Psicologia e do Programa de Pós-Graduação em Políticas Públicas de Direitos Humanos da Universidade Federal do Rio de Janeiro (UFRJ). Mestre e doutor em Psicologia. Bolsista de produtividade em pesquisa (CNPq).

Priscilla Lorenzini Fernandes Oliveira

Psicóloga. Mestre em Psicologia com ênfase em Saúde pela Universidade Católica Dom Bosco (UCDB).

Sandra Djambolakdjian Torossian

Psicóloga. Docente do Instituto de Psicologia da UFRGS/ Departamento de Psicanálise e Psicopatologia. Docente do PPG Psicanálise: Clínica e Cultura na UFRGS. Psicanalista, membro da Appoa.

Simone Maria Hüning

Psicóloga. Docente-pesquisadora do Programa de Pós-Graduação em Psicologia da Universidade Federal de Alagoas, onde lidera o grupo de pesquisa Processos Culturais, Políticas e Modos de Subjetivação. Possui doutorado em Psicologia pela PUC-RS (CNPq) e pós-doutorado pelo King's Brazil Institute, King's College London (Capes).

COLEÇÃO PSICOLOGIA SOCIAL

– *Psicologia social contemporânea*
Vários autores
– *As raízes da psicologia social moderna*
Robert M. Farr
– *Paradigmas em psicologia social*
Regina Helena de Freitas Campos e
Pedrinho Guareschi (orgs.)
– *Psicologia social comunitária*
Regina Helena de Freitas Campos e outros
– *Textos em representações sociais*
Pedrinho Guareschi e Sandra Jovchelovitch
– *As artimanhas da exclusão*
Bader Sawaia (org.)
– *Psicologia social do racismo*
Iray Carone e Maria Aparecida Silva
Bento (orgs.)
– *Psicologia social e saúde*
Mary Jane P. Spink
– *Representações sociais*
Serge Moscovici
– *Subjetividade e constituição do sujeito em Vygotsky*
Susana Inês Molon
– *O social na psicologia e a psicologia social*
Fernando González Rey
– *Argumentando e pensando*
Michael Billig
– *Políticas públicas e assistência social*
Lílian Rodrigues da Cruz e Neuza
Guareschi (orgs.)
– *A identidade em psicologia social*
Jean-Claude Deschamps e Pascal Moliner
– *A invenção da sociedade*
Serge Moscovici
– *Psicologia das minorias ativas*
Serge Moscovici

– *Inventando nossos selfs*
Nikolas Rose
– *A psicanálise, sua imagem e seu público*
Serge Moscovici
– *O psicólogo e as políticas públicas de assistência social*
Lílian Rodrigues da Cruz e Neuza
Guareschi (orgs.)
– *Psicologia social nos estudos culturais*
Neuza Guareschi e Michel Euclides
Bruschi (orgs.)
– *Envelhecendo com apetite pela vida*
Sueli Souza dos Santos e Sergio Antonio
Carlos (orgs.)
– *A análise institucional*
René Lourau
– *Psicologia social da comida*
Denise Amon
– *Loucura e representações sociais*
Denise Jodelet
– *As representações sociais nas sociedades em mudança*
Jorge Correia Jesuíno, Felismina R.P.
Mendes e Manuel José Lopes (orgs.)
– *Grupos, organizações e instituições*
Georges Lapassade
– *A psicologia social da comunicação*
Derek Hook, Bradley Franks e Martin W.
Bauer (orgs.)
– *Crítica e libertação na psicologia*
Ignacio Martín-Baró
– *Psicologia social do trabalho*
Maria Chalfin Coutinho, Marcia Hespanhol
Bernardo e Leny Santo (orgs.)
– *Psicologia e Assistência Social*
Lílian Rodrigues da Cruz, Neuza Guareschi
e Bruna Moraes Battistelli (orgs.)